職業生涯規劃與輔導

呂厚超 主編

本書介紹了職業生涯規劃與輔導的各種理論和記述，閱讀本書將有助於你理性地規劃自己的職業生涯。

崧燁文化

職業生涯規劃與輔導
目錄

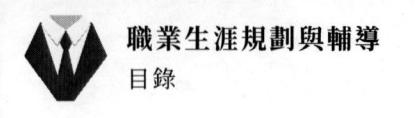

目錄

前言

第一章 職業、職業生涯與職業生涯規劃

第一節 職業、職業生涯和職業生涯規劃的概念 ————— 13
  一、職業 ————— 13
  二、職業生涯 ————— 17
  三、職業生涯規劃 ————— 21

第二節 職業生涯規劃的原則、意義和任務 ————— 25
  一、職業生涯規劃的原則 ————— 25
  二、職業生涯規劃的意義 ————— 26
  三、職業生涯規劃的任務 ————— 29

第二章 職業生涯規劃的理論

第一節 特質因素論 ————— 35
  一、基本觀點 ————— 36
  二、職業選擇的「三步範式」————— 36
  三、威廉姆斯對特質因素論的發展 ————— 38
  四、綜合評價 ————— 39
  五、特質因素論在職業生涯規劃中的應用 ————— 40

第二節 心理動力論 ————— 41
  一、基本觀點 ————— 41
  二、八項基本要素 ————— 42
  三、綜合評價 ————— 43

第三節 生涯發展論 ————— 44
  一、職業生涯發展階段 ————— 45
  二、生涯彩虹圖 ————— 48
  三、綜合評價 ————— 52

第四節 類型論 53
　　　一、主要觀點 53
　　　二、人格類型 54
　　　三、職業環境 56
　　　四、霍蘭德 6 種類型之間的關係 57
　　　五、綜合評價 58
　　第五節 生涯決定論 59
　　　一、影響生涯決定的因素 59
　　　二、在職業選擇中的應用 61
　　　三、綜合評價 61

第三章 職業生涯規劃的內容和方法

　　第一節 職業生涯規劃的內容 65
　　　一、職業生涯規劃的準備 65
　　　二、職業生涯目標設定 73
　　第二節 職業生涯規劃的方法 80
　　　一、個體職業生涯規劃的方法 80
　　　二、職業生涯規劃策略 87
　　　三、個體職業生涯規劃的特點和評價 93

第四章 職業生涯規劃的模式

　　第一節 「5W」模式 99
　　　一、「5W」模式概述 99
　　　二、「5W」歸零思考模式操作方法 100
　　第二節 職業錨模式 103
　　　一、職業錨的含義 103
　　　二、職業錨的發展及類型 104
　　第三節 勝任特徵模式 106
　　　一、勝任特徵的基本內容 107

二、用勝任特徵評價法完善職業定位 109
　　三、用勝任特徵評價法完善職業定位的步驟 111

第五章 職業生涯規劃設計

　第一節 職業生涯規劃設計的步驟 117
　　一、正確的自我評估 117
　　二、職業環境評估 120
　　三、職業目標定位及目標分解 120
　　四、行動計劃的制定與實施 122
　　五、回饋與調整 124
　第二節 職業生涯規劃設計的注意事項 126
　　一、樹立正確的職業理想 126
　　二、確定短期、中期和長期職業生涯規劃 127
　　三、科學的自我評估 127
　　四、認清職場，把握正確的求職方向 129

第六章 自我認知的內容

　第一節 職業心理特徵認知 135
　　一、氣質與職業 135
　　二、性格與職業 141
　　三、能力與職業 145
　第二節 職業心理傾向認知 149
　　一、職業價值觀 149
　　二、職業興趣 151
　　三、職業動機 155
　第三節 職業人格認知 158
　　一、職業人格的含義 158
　　二、人格類型及理論 159
　　三、人格與職業 162

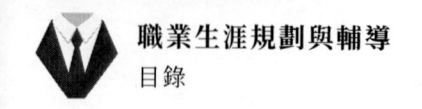

第七章 自我認知的方法

第一節 喬韓窗口理論和SWOT分析法 167
一、喬韓窗口理論 167
二、SWOT分析法 170

第二節 職業心理測評 171
一、職業能力測驗 171
二、職業性格測驗 172
三、職業價值觀測驗 175
四、職業興趣測驗 179
五、人格測驗量表 180

第三節 投射測驗 184
一、羅夏墨跡測驗 185
二、主題統覺測驗 187

第四節 日常生活分析法 189
一、比較法：從「我與人」的關係認識自我 189
二、經驗法：從「我與事」的關係認識自我 190
三、自省法：從「我與己」的關係中認識自我 190
四、他人回饋 191
五、交流法 191
六、內外歸因分析法 192

第八章 職業期望與職業聲譽

第一節 職業期望 197
一、職業期望的概念 197
二、職業期望的分類 199
三、職業期望的相關理論 200
四、大學生在職業期望方面存在的問題 201
五、制定合理的職業期望 203

第二節 職業聲譽 205
　　　　一、職業聲譽的概念 205
　　　　二、職業聲譽的排序 206

第九章 職業訊息收集

　　第一節 職業訊息的類型 213
　　　　一、職業訊息的含義與內容 213
　　　　二、職業訊息的特點 216
　　　　三、職業訊息的分類 218
　　第二節 職業訊息收集的方法與途徑 222
　　　　一、職業訊息收集的方法與途徑 222
　　　　二、職業訊息收集需注意的幾個問題 231

第十章 家庭、學校和社會環境認知

　　第一節 社會認知概述 237
　　　　一、社會認知的概念、特徵和途徑 237
　　　　二、社會認知的影響因素 242
　　第二節 家庭環境認知 247
　　　　一、家庭環境分析 247
　　　　二、家庭環境對個人職業發展的影響 250
　　第三節 學校和社會環境認知 251
　　　　一、學校環境的分析 251
　　　　二、社會環境的分析 252

第十一章 社會職場探索與社會能力

　　第一節 社會職場探索 257
　　　　一、基本內容 257
　　　　二、職場禮儀 258
　　　　三、職場文化 259
　　　　四、衝突 261

五、休閒活動 262

　　　六、探索的方法 264

　第二節 社會能力 265

　　　一、社會技能 266

　　　二、社會適應性 270

第十二章 職業生涯目標

　第一節 職業生涯目標概述 277

　　　一、什麼是職業生涯目標 278

　　　二、影響職業生涯目標的因素 281

　第二節 職業生涯目標確立的方法 287

　　　一、確立職業生涯目標的意義 287

　　　二、確立職業生涯目標的原則 290

　　　三、確立職業生涯目標的方法 293

　　　四、確立職業生涯目標的注意事項 298

第十三章 職業生涯的心理輔導

　第一節 職業生涯心理輔導概述 305

　　　一、職業生涯心理輔導的含義 305

　　　二、職業生涯心理輔導的原理和技術 306

　　　三、職業生涯心理輔導的策略 312

　第二節 職業生涯心理輔導的模式 318

　　　一、個別諮詢模式 319

　　　二、團體諮詢模式 321

　　　三、環境支持模式 326

第十四章 職業選擇

　第一節 職業選擇的概念和方法 333

　　　一、職業選擇的概念 333

　　　二、職業選擇的步驟和方法 334

三、影響職業選擇的因素 337
第二節 職業選擇的心理誤區及克服 341
　　一、職業選擇的誤區及困惑 341
　　二、走出職業選擇的心理誤區 347

附錄一 問卷

附錄二 參考答案

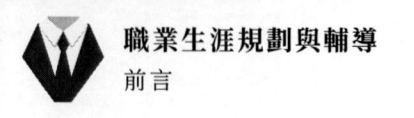

職業生涯規劃與輔導
前言

前言

招聘單位對應屆大學畢業生的招聘量減少，使本已嚴峻的就業形勢雪上加霜。大學生畢業後找不到合適的工作，就業無門，不僅嚴重浪費寶貴的人才資源，影響學生家長對子女教育的投資熱情，也會影響社會經濟的可持續發展，甚至危害社會穩定。因此，輔導大學生理性就業和幫助其進行合理的職業生涯規劃就顯得尤為重要。

職業生涯規劃（career planning）是在對一個人職業生涯的主客觀條件進行測定、分析及總結的基礎上，確定最佳的職業奮鬥目標，並為實現這一目標做出行之有效的安排。人的一生，絕大部分時間是在職業生涯中度過的，職業生涯規劃的成敗在某種程度上對人的一生具有決定性的影響。因此職業生涯規劃對於輔導學生求職和未來職業發展具有重要的現實意義。本書透過十四章內容，使讀者學習和掌握職業生涯規劃的基礎理論和方法，學會如何運用職業生涯規劃的技能有效地對自己的職業生涯進行規劃和管理，從而做到「人得其位，事得其人」。本書十四章內容的安排如下：職業、職業生涯與職業生涯規劃；職業生涯規劃的理論；職業生涯規劃的內容和方法；職業生涯規劃的模式；職業生涯規劃設計；自我認知的內容；自我認知的方法；職業期望與職業聲譽；職業訊息收集；家庭、學校和社會環境認知；社會職場探索與社會能力；職業生涯目標；職業生涯選擇的心理輔導；職業選擇。以上內容所遵循的內在邏輯為：知己—知彼—抉擇。書中內容不僅介紹職業生涯規劃的基本知識和理論，也包含了拓展閱讀和案例分析；每節和每章之後不僅有複習鞏固題，還給出了要點小結和習題參考答案，附錄部分還包含了一些有趣的心理測試量表，這有利於讀者快速掌握所需要的知識，學會如何使用心理測量工具全面、客觀地瞭解自己。

本書的順利出版，得益於很多人的合作和幫助。本書的策劃和組織者任志林、編輯劉露在成書過程中提供了諸多方便，付出了辛勤汗水。參與編寫的諸位作者：副主編張鋒副教授、趙然教授、李敏老師，研究生郭婧、敖玲敏、皮鋒、范富霞、蔣旭玲、付彩紅、華生旭、沈文、肖倩、龐雪、翟天宇、謝瓊霜，

職業生涯規劃與輔導
前言

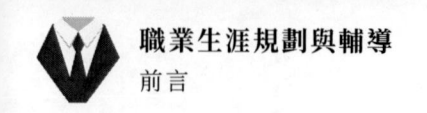

均做了大量工作，在此一併表示真誠的感謝。在本書撰寫過程中，由於作者時間緊迫，水平有限，錯誤與不當之處在所難免，敬希讀者批評指正。

第一章 職業、職業生涯與職業生涯規劃

人生在世，面臨著很多追求和選擇。大體而言，有三大抉擇：一是求學，二是求偶，三是求職。職業伴隨著人的大半生，既是人生價值的體現，也占據著生活的主導地位，構成每個人生活的重要組成部分。在對未來充滿期待和憧憬時，每個人可能都會思考：在當今嚴峻的就業形勢下如何擇業？我要從事什麼樣的工作？我的職業發展的領域在哪裡？什麼工作適合自己的特點？這些問題均涉及職業生涯規劃，也是職業生涯規劃所要探討的主題。個人的職業生涯規劃是否正確，不僅影響自身的發展，也影響心理健康。職業生涯規劃可以幫助我們合理地規劃未來，在人生旅途中少走彎路，揚長避短，順利地邁向職業和人生的成功。本章主要論述職業、職業生涯以及職業生涯規劃的概念意義和任務。

第一節 職業、職業生涯和職業生涯規劃的概念

一、職業

職業是人類社會發展到一定階段的產物，也是社會勞動分工發展的必然產物。職業是人的一種社會活動和生活方式，又是一種經濟行為，也是人們從社會中謀取多種利益的資源，對於每個人都非常重要。正確認識職業的概念和特性是正確制定個人職業生涯規劃的基礎。

職業的英文是「occupation」或「vocation」，前者是一個比較大而廣的概念，是在社會制度上或社會分工意義上的使用，例如職業分類；後者是一個比較狹窄的概念，是在個人和心理意義上的使用，例如職業興趣、職業價值觀等。關於職業的概念界定，從不同的角度出發，對職業有不同的理解。

（一）職業的概念

職業的概念由來已久，對職業內涵的理解概括起來有兩個方面。

1. 社會學定義

從社會學的角度來界定職業的概念，主要有以下研究者：日本社會學家尾高邦雄認為職業是某種一定的社會分工或社會角色的持續實現，因此職業包括工作、工作的場所和地位。美國的泰勒認為職業可以解釋為一套成模式的與特殊工作經驗有關的人群關係。這種成為模式的工作關係的結合，促進了職業結構的發展和職業意識形態的出現。研究者姚裕群和朱啟臻認為職業是人的社會角色的一個極為重要的方面。總之，社會學的職業界定主要包括四個方面的內容：

（1）職業是社會分工體系中的一種社會位置。該位置是個體進入社會之後獲得的，獲得途徑可能是透過社會資本的繼承或社會資本的獲取。

（2）職業是已經成為模式並與專門工作相關的人群關係和社會關係或者工作關係的組合。它是從事某種相同工作內容的職業群體。

（3）職業同權力和利益相聯繫。例如，擁有壟斷權，每種職業在社會分工中都有自身的位置和作用，使別人依賴他們，在一定程度上擁有對他人的權力，而且總要維護這種權力，保持自身的壟斷領域。還擁有經濟收益權，任何一職業群體憑其被他人所需要、所依賴，獲得經濟收入。

（4）職業是國家認可和確定的。任何一種職業的產生，必然為社會所承認，為國家的職業管理部門所認可，並具有相應的職業標準。因此職業的存在具有法律效力，為國家授予和認可。

2. 經濟學定義

經濟學的職業概念與社會學有所不同。經濟學意義上的職業，同勞動的精細分工緊密相連。勞動者相對穩定地擔當某項具體的社會勞動分工，或較為穩定地從事某類專門的社會工作，並從中獲取收入，這種社會工作就是勞動者賴以生存的職業。總體而言，從經濟學的角度來界定職業概念，主要包括四個方面：

(1) 職業是社會分工體系中勞動者所獲得的一種勞動角色。職業根源於社會分工，職業是處於最底層、最具體、最精細的社會分工，可以稱為某一種職業的分工。

(2) 職業是一種社會性的活動，具有社會性。職業是勞動者所進行的社會生產勞動或社會工作，均為他人所必須並為國家所認可，因此，職業是社會的職業。

(3) 職業是具有連續性、穩定性、專門性和具體性的社會活動。

(4) 勞動者從事某項社會職業，必定獲得一定的報酬，並得到滿足。

總之，關於職業的概念界定，從不同的角度出發有不同的理解。綜合起來可以界定如下（方俐洛，凌文銓，劉大雄，2002）：職業是人們為了維持生計，承擔社會分工角色，發揮個性才能的一種持續進行的社會活動。它具有時代性、差異性和層次性特徵（鄢敬新，2005）。

（二）職業的功能

1. 維持生計

每個人都有各種各樣的需求，對金錢的需求在現代社會中是非常強烈的。在社會生活中，金錢代表著物質享受，只有透過某種職業的勞動獲得收入，才能夠滿足日益豐富的生活需求。因此，維持生計是職業功能中必不可少的一個方面。短期、臨時性的工作，例如義務勞動、工讀等不能算作職業。

2. 承擔社會角色

職業是因社會需要而產生的，因此必須承擔某種社會角色。在原始社會自給自足的狀態下就沒有職業存在。人們為了生存和發展，對能力和經驗進行專業化分工，就是職業。

3. 發揮個性

選擇職業，要能最大限度地發揮自己的個性和才能，這是非常重要的。唯有如此，才能滿足自己的職業需求，使自己不斷成長和發展，更好地扮演所承擔的社會角色，從而獲得心理上的滿足。

（三）職業的意義

職業不僅具有個人意義，也具有社會性意義。它是個人自我實現和社會性貢獻的雙重體現（王一敏，1998）。

1. 個人性意義

職業沒有高低之分，具有同等的社會價值。人們透過選擇能夠發揮自己個性的職業，對社會做出貢獻，並獲得心理上的滿足感。按照馬斯洛的需要層次理論，人們在滿足了基本的生活保障之後，會越來越多地追求高層次的自我實現，使自己的能力和才能得以最充分地發揮和挖掘。

2. 社會性意義

職業的第一種社會性意義在於，職業滿足人的需要，保證社會的安定，為社會提供了人的生活物質和精神文化，成為社會構成必不可少的要素。第二種社會性意義是社會的連帶作用。在人類的經濟活動有了職業分工的同時，社會上不同職種和從事不同職種的人互相在心理上協力和依存，逐漸成為一種默契，並透過在生產過程中的合作與協力，使人與人之間產生了共同為社會做貢獻的相互連繫感。第三種社會性意義是職業的社會評鑑。職業選擇，除了關心經濟因素之外，人們可能更為關心所從事職業的社會評鑑。職業的社會評價決定著該職業的社會地位。在當代社會，職業的社會評價顯示著個人的能力和社會地位。

（四）職業的分類

現代職業門類眾多，職業分類極為複雜。由於經濟和社會條件不同，又有不同的管理需要，因此各國分類標準也有所不同。1958年，國際勞工組織（ILO）編制了第一部《國家標準職業分類》，它是各國編制本國職業分類的依據和進行國際交流的標準。在這個分類體系中，每種職業都有一個5位的職業編碼，一個名稱，一個定義。職業定義說明職業工作者的一般職權、主要職責和任務。基於國際標準，職業主要劃分為4個層次，包括8個大類、66個中類、413個小類、1838個細類（職業）。每個大類的名稱，以及中類、小類和細類如下表：

表1-1　職業的類型

類別號	類別名稱	中類	小類	細類（職業）
第一大類	國家機關、政府組織、企業、事業單位負責人	5	6	25
第二大類	專業技術人員	14	115	379
第三大類	辦事人員和有關人員	4	12	45
第四大類	商業、服務業人員	8	43	147
第五大類	農、林、牧、漁、水利業生產人員	6	30	121
第六大類	生產、運輸設備操作人員及有關人員	27	195	1119
第七大類	軍人	1	1	1
第八大類	不便分類的其他從業人員	1	1	1

二、職業生涯

（一）生涯的概念

「生涯」這一術語由來已久。《莊子·養生主》中有「吾生也有涯，而知也無涯」的論述，原謂生命有邊際、限度，後指生命、人生。生涯的英文為「career」，在字源上來自羅馬文字「via carraria」以及拉丁文字「carrus」，含義均指古代的戰車。後來引申為道路，即人生發展的道路，還蘊含著競賽的意思；後又指人或事物所經歷的途徑或人一生的發展過程及一生中所扮演的系列角色與職位等（沈之菲，2000；林澤炎，林春苗，2003；邱美華，董華欣，1997）。從字面上理解，「生」指活著，「涯」為邊際，「生涯」就是「一生」的意思。不同學者對生涯的界定存在分歧，目前多數學者較為接受舒伯（Super，1976）對生涯的界定：生涯是生活中各種事件的演進方向和歷程，它統合了個人一生中各種職業和生活角色，由此表現出個人獨特的自我發展形態。生涯的發展是以人為中心的，只有個人尋求它的時候，它才存在。舒伯還認為，生涯作為一個人終其一生所扮演角色的整個過程，由三個層面構成：

第一，時間，即個人的年齡或生命的歷程；

第二，經歷，即每個人一生所扮演各種不同的角色；

第三，個人所扮演的各種角色投入的程度。

從生涯的定義來看，具有下面幾個特徵：

第一，終生性。生涯概括了一個人一生中所擁有的各種職位、角色，因此生涯不是個人在某一階段所特有的，而是終生發展的過程。

第二，獨特性。每個人的生涯都有所不同，是個體依據自己的人生理想，為了實現自我而逐漸展開的獨特生命歷程。

第三，發展性。生涯是活躍和動態的發展歷程，個體在此歷程中表現出主動性。雖然個體在人生的不同階段有不同的發展任務和追求，但這些任務和追求會不斷地調整、變化與發展。

第四，期望性。生涯不僅需要適合個人的特質，同時也是個人所期望的。

第五，工作性。個體在一生中所扮演的角色有多種，其中，工作是最重要的一個角色，因此個人的生涯以工作為中心。

第六，綜合性。生涯並不是某一時段個人所擁有的職位、角色，而是一生中所有的職位、角色的總和。

（二）職業生涯的概念

1. 職業生涯的含義

職業生涯是一個人的終生職業經歷。不僅包括一個人的過去、現在和未來可以實際觀察到的連續從事的職業發展過程，還包括個人對職業生涯發展的見解和願望。具體而言，職業生涯是一個人一生中所有與工作相聯繫的行為與活動，以及相關的態度、價值觀、願望等的連續性經歷的過程。是以心理開發、生理開發、技能開發等人的潛能開發為基礎，以工作內容的確定和變化，工作業績的評價、工資待遇、職稱、職務的變動為標誌，以滿足需求為目標的工作經歷和內心體驗的經歷。職業生涯是人生中最重要的歷程，是追求自我實現的重要人生階段。職業生涯包括了個人的自我概念、家庭生活以及個人所處的環境、文化氛圍的方方面面。廣義地講，職業生涯涵蓋人的一生，從出生到死亡的生命全程就是職業生涯的廣義體現。狹義地說，職業生涯始於人生的第一份職業，終結於個人退出職業場合。

職業生涯伴隨人的大半生，甚至更長遠，擁有成功的職業生涯是實現完美人生的基本保障。

第一，職業生涯是滿足人生需求的重要手段。作為個人生命中投入時間和精力最多的人生歷程，職業生涯使我們體驗到愛與被愛的幸福、受人尊敬、享受成就感的快樂等等。

第二，職業生涯是促進人全面發展的重要手段。人在渴望擁有健康、知識、能力、良好人際關係的同時，也渴望事業的成功，並享有幸福和諧的家庭生活以及豐富的休閒時光。追求成功的職業生涯，最終目標是要獲得個人的全面發展。

2. 職業生涯的影響因素

職業生涯體現個人發展的歷程。在此過程中，職業生涯會受到各種主客觀因素的影響，是多方面因素相互作用的結果。

（1）教育。個體透過教育或培訓，形成自己的知識結構、個性和才幹，對人的職業生涯影響巨大。首先，獲得不同教育程度的人在職業選擇時，具有不同的優勢。其次，個人所學的專業及職業種類對職業生涯有著決定性的影響。此外，個體所接受的來自不同院校的教育思想，會使受教育者形成不同的思維模式，從而採用不同的態度來對待自己，對待社會，對待職業生涯的發展。

（2）家庭。家庭是人的第一所學校。首先，個人的價值觀和行為模式受到家庭的深刻影響。其次，個人學習某些職業知識或技能也受到家庭潛移默化的影響。此外，家庭會影響個人的擇業以及就業之後的職業流動。因此，家庭對人的職業生涯具有很大的影響。

（3）人格。人心不同，各如其面。毫無疑問，人格是影響職業生涯的重要因素。個體擇業和職業生涯的發展均受到個體人格特徵的影響。例如，從事與自己性格相適合的工作，才能讓人充分施展自己的才華，全身心地投入工作，取得好的績效。人格的其他方面，例如需求、動機、價值觀等都會直

接影響職業生涯的發展，同樣的工作對不同的人有著不同的價值，而同一個人對不同的職業也會有不同的態度與抉擇。

（4）社會環境。個人所在的社會環境也是影響職業生涯的重要因素。例如，社會的政治經濟形勢、社會文化與風俗、職業的社會評價等，均決定著社會職業職業的數量與結構，也決定著人們對不同職業的認定和步入職業生涯、調整職業生涯的決策。再比如，在當今的人才市場擇業時，性別因素仍具有重要的影響。因此，每個個體，尤其對於女性，都必須合理地考慮自己的職業前景和期望，充分發揮自己的性別優勢，使自己獲得成功。

另外，其他一些因素，例如身體健康狀況、個人機遇等因素也對職業生涯產生重要的影響作用。

3.職業生涯的階段

每個人的職業生涯都會經歷不同的發展階段，每個階段都要完成不同的核心任務。正確地認識職業生涯發展規律以及自己所處的發展階段，對於制定有效的職業生涯規劃是非常重要的。大體而言，人的職業生涯可以分為6個階段（鄢敬新，2005）：

（1）職業準備階段（大約14、15歲到18～22歲，或如果讀研究所延續到25～28歲）。該階段是個體在就業之前學習專業、職業知識和技能的時期，也是人素質形成的主要時期。

（2）職業選擇階段（大約17、18歲到30歲之前）。個體在該階段從學校走上工作職業，是人生事業發展的起點。個體需要根據自己的素質和社會需要進行職業選擇。這是職業生涯的關鍵一步。如果選擇失誤會導致職業生涯的不順利。

（3）職業適應階段（就業後1、2年）。該階段屬於工作初期，是對剛走上工作職業的人進行的素質檢驗。具備職業的素質要求，個體就能順利適應某個職業；素質較差則需要透過職業培訓達到職業的要求；如果自身素質與職業要求差距太大，則需要重新擇業。但是，如果個人素質遠遠超出職業的要求，也可能面臨重新擇業。

(4) 職業穩定階段（大約從 20～30 歲開始，到 45～50 歲）。該階段屬於工作中期，是人的職業生涯的主體。如果個體在這個時期能夠得到發展和提高，潛力得以實現，就可能抓住機會逐步取得成果，成為某一領域的行家，並得到晉升，從而獲得職業生涯的成功。

(5) 職業素質衰退階段（大約從 45～50 歲開始，到 55～60 歲）。該階段屬於工作後期，人開始步入老年。由於生理條件的變化，能力緩慢減退，心理需求逐漸降低。一般來說，個體在這個階段尋求職業上升空間的機會已經很小，因此會規劃全身退休，以及退休後如何轉移人生目標，享受晚年生活。但是，對一些老年人而言，隨著知識、經驗的積累，人生閱歷的豐富，反而會出現職業的第二次高峰期，這些人往往是所在領域裡的專家權威或專業方面的學術帶頭人。

(6) 職業結束階段。該階段是由於年老或其他原因而結束職業生涯的過渡期，往往比較短暫。

三、職業生涯規劃

（一）職業生涯規劃的含義

職業生涯規劃（career planning）是指個人與組織相結合，在對一個人職業生涯的主客觀條件進行測定、分析及總結的基礎上，對自身素質，例如興趣、愛好、能力、特長、經歷及不足等各方面進行綜合分析與權衡，結合時代特點，根據自己的職業傾向，確定最佳的職業奮鬥目標，並為實現這一目標做出行之有效的安排。從時間的角度劃分，職業生涯規劃包括短期規劃（2 年以內）、中期規劃（2 年～5 年）、長期規劃（5 年～10 年）和人生規劃四種類型。

職業生涯規劃包括個人職業生涯規劃和組織職業生涯規劃兩個方面。本書內容僅限於個人職業生涯規劃。個人職業生涯規劃分為擇業設計和調整職業規劃兩個部分，兩者都受各種因素，尤其是社會環境的直接影響和制約。一般來說，良好的職業生涯規劃應該具備以下特徵：

1. 可行性

職業目標的確定要建立在主客觀因素分析的基礎上，不能空想、幻想。

2. 時效性

職業生涯規劃要可預測，對於已經確定的未來規劃目標，要具備詳細的步驟和完整的時間安排。

3. 開放性

良好的職業生涯規劃不僅需要分析個人所處的主客觀環境，聽取多方面的意見，也要進行多次修改和挑戰，絕非一成不變。

4. 持續性

良好的職業生涯規劃需要確保職業生涯的每個階段的持續發展，並做到有效地銜接。

5. 個性化

由於每個人的成長環境、性格類型等主客觀因素不盡相同，職業生涯規劃也不可能雷同。因此個人的職業生涯規劃應該是一種個性化的職業發展藍圖。

（二）職業生涯規劃的要素

職業生涯規劃是一種個性化的過程，不同的人在制定職業生涯規劃時考慮的要素會有所不同。但是，一些內容是共同的，是必須考慮的（圖1-1）。

第一，瞭解自己。包括年齡、性格、興趣、侷限性、生活方式等。

第二，瞭解工作環境。包括工作要求、環境、發展機會、前景等。

第三，抉擇能力。選擇適合自己的工作。

第四，培養自己面對調整和轉變的彈性（樊富珉，費俊峰，2006）。

因此，擇己所長、擇己所愛、社會所需和受益最大是判斷抉擇是否正確的重要準則。

```
       知己  ←──────→  知彼
                │
                ↓
              抉擇
                │
                ↓
            制定目標
                │
                ↓
              行動
```

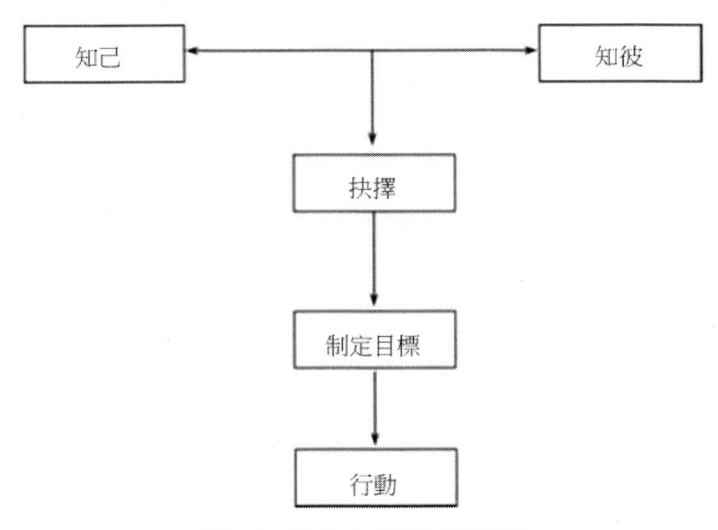

圖1-1　職業生涯規劃要素圖

(三) 職業生涯規劃的步驟

職業生涯規劃應該包括以下幾個環節：自我評估、職業環境分析、確定職業目標、實施方式和途徑、反饋調整，見圖 1-2。

```
┌─────────────┐
│  自我評估   │
└──────┬──────┘
       ↓            ↑
┌─────────────┐     │
│ 職業環境分析 │    │
└──────┬──────┘    │
       ↓            │
┌─────────────┐     │
│ 確定職業目標 │    │
└──────┬──────┘    │
       ↓            │
┌─────────────┐     │
│  實施方式   │     │
└──────┬──────┘    │
       ↓            │
┌─────────────┐     │
│  反饋調整   ├─────┘
└─────────────┘
```

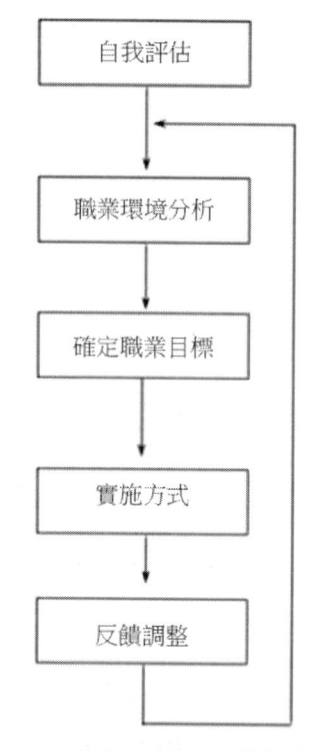

圖1-2　職業生涯規劃步驟流程圖

擴展閱讀

李開復的選擇

世界著名的電腦專家李開復11歲赴美留學，畢業於常青藤名校之一的哥倫比亞大學，獲卡內基·梅隆大學電腦系博士學位；他所開發的全球第一個「非特定人連續語音識別」系統被美國《商業週刊》評為最重要的科學發明；他開發的「奧賽羅」人機對弈系統，則擊敗了人類世界象棋冠軍。在過去20多年的職業生涯中，他曾先後在蘋果、SGI、微軟、谷歌等世界著名公司擔任要職，在賈伯斯、比爾·蓋茨、施密特等人身邊學習成長，目睹了三個世界一流公司的成長與成功，並親手創辦了微軟中國研究院（後更名為微軟亞洲研究院），任微軟公司全球副總裁；後加入谷歌公司，任谷歌全球副總裁兼大中華區總裁。這位傳奇人物在對人生各個關鍵階段的回顧時，對自己在職

業興趣方面的重大抉擇至今難以忘懷。「我剛進入大學時，想從事法律或政治工作。一年多後我才發現自己對它沒有興趣，學習成績也只在中游。但我愛上了電腦，每天瘋狂地編程，很快就引起了老師、同學的重視。終於，大二的一天，我做了一個重大的決定：放棄法律學習，轉學電腦。若不是這一決定，今天我就不會擁有在電腦領域所取得的成就，而很可能只是在美國某個小鎮上做一個既不成功又不快樂的律師。」

複習鞏固

1. 簡述職業的含義和功能。

2. 如何理解生涯的概念？

3. 簡述職業生涯規劃的含義和要素。

第二節 職業生涯規劃的原則、意義和任務

一、職業生涯規劃的原則

職業生涯規劃不僅要有利於個人職業內部的良好發展，也要利於家庭生活質量的提高以及個人的全面、整體發展。良好的職業生涯規劃必須考慮以下幾個原則：

（一）長期性原則

長期性原則又稱為全程性原則。要把職業生涯規劃的整個過程進行長期、全程性地考慮，也要把職業生涯規劃作為系統工程，從一個人一生的角度去實施和調整。規劃一定要從長遠考慮，著眼於大方向，進行長期規劃。

（二）差異性原則

人與人之間存在差異是心理學的一條基本原理。在職業生涯規劃時也要充分考慮個體之間的差異性。適合他人的職業生涯規劃並不一定適合自己。因此在進行職業生涯規劃時要注重個性化因素和針對性特徵，體現差異性原

則。例如，個體之間存在性別、年齡、個性、文化背景、家庭和社會背景差異。這些均需要在職業生涯規劃中有所體現。

（三）發展性原則

在人的一生中，心理和身體均在發生著變化，處在發展過程中。職業生涯規劃要考慮個體的發展變化。在制定和實施職業生涯規劃的具體措施時，要充分考慮變化與發展性因素，考慮自己制定的目標和措施是否能順利實施，是否需要根據自身和社會發展的需要對職業生涯規劃進行調整和完善。

（四）階段性原則

眾所周知，個體的發展具有明顯的階段性，在規劃職業生涯時也需要遵循這一原則。要充分考慮個人所處的不同發展階段，例如，大學階段應該以專業學習為主，為以後擇業奠定良好的專業基礎和技能；剛剛走入社會，應該以適應工作職業為主，盡快提升自己的職業適應性，為今後的職業發展積累經驗。因此，需要有目的、有步驟、有計劃地調整和安排自身各個階段的職業生涯規劃。例如，可以根據職業生涯規劃的情況，進行短期計劃、中期計劃和長期計劃。

（五）挑戰性原則

心理學研究表明，目標過低或過高，都不利於獲得好的結果。職業生涯規劃也是如此，過於平庸的職業發展目標不僅不利於個人職業生涯的發展，也阻礙個人職業目標的實現。反之，好高騖遠的職業發展目標同樣不利於個人的職業發展。因此，在制定職業生涯規劃時應注意考慮制定的目標是否具有挑戰性。例如，目標選擇是否對自己具有內在的激勵作用？完成計劃之後自己是否產生成就感？

二、職業生涯規劃的意義

職業生涯規劃是個人自我發展和自我開發的重要內容，也是人力資源管理領域的一項重要課題。為什麼個人或組織必須重視職業生涯規劃呢？具體而言，職業生涯規劃在社會層面、組織層面和個人層面均具有重要的意義。

（一）社會層面

1. 有助於適應快速變化的社會

進入 21 世紀以來，科學技術高速發展，社會急劇變革，人類面臨的挑戰愈發激烈。

當前，科技發展主要呈現出三個特點。

第一，科技發展速度具有超常規發展和急劇變革的特點。截止到 1980 年，人類社會獲得的科學知識中的 90% 是第二次世界大戰以後的 30 年獲得的；人類的科學知識，在 19 世紀大約每 50 年增加 1 倍，20 世紀中期每 10 年增加 1 倍，當今則是每 3 到 5 年就增加 1 倍。

第二，科學發展呈現出高度分化又高度綜合的整體化趨勢，但又以高度綜合為主。21 世紀將是不同領域科技創造性融合的時代。

第三，科學技術轉化為生產力的速度越來越快，而且發展勢頭越來越猛。因此，對人才的合理開發和計劃利用成為當今社會的重要課題。職業生涯規劃將為個人提供適應社會的工具和輔導，增加個人迎接社會調整的勇氣和實力。

2. 有助於適應終身學習的社會

1965 年，聯合國教科文組織在主持召開成人教育促進國際會議期間，提出了終身教育（life-long learning）的理念。半個世紀以來，關於終身教育概念的討論在全世界受到廣泛的關注。1986 年，聯合國教科文組織又提出了教育的四大支柱，也可以說是教育的四大目標：即學會求知（learning to know）；學會做事（learning to do）；學會合作（learning to co-operate）；學會生存與發展（learning to be）。終身教育是個主動、積極地終身接受教育的發展過程。關心未來的學習能力和發展的可能性是終身教育的重要特點。而職業生涯的發展就是要求實現未來社會所需要的人的發展目標。首先，學會求知是職業生涯規劃中個體學習能力的發展目標。學習是個體為了提高生活質量，實現人的價值追求的途徑。在學習過程中，既要重視書本知識的學習，也要重視現實生活能力的發展；既要重視接受性學習，

更要重視健全人格的養成，以便為未來的職業生涯規劃和發展奠定良好的基礎。其次，學會做事要求個體要適應各種工作職業的發展目標，要求個體在人生的各種社會經歷的範圍內學會做事，學會應對各種問題，並發展各種能力。再次，學會合作是職業生涯規劃的重要內容，是個體合作精神的發展目標。合作可以以互相補償的方式讓個體和組織的需要、利益和興趣得到最大滿足。最後，學會生存和發展是個體學會適應和改變自己的生活、生活環境的發展目標。學會生存和發展能夠把握各種利於個體發展的機會，肩負時代賦予的責任，擁有成功的人生。

（二）組織層面

1. 有助於組織開發人力資源

企業發展的一個重要目標是實現組織和員工的共贏。組織必須使員工得到適時性地發展，即員工適合做什麼工作就讓其從事這個工作；適合朝哪個方向發展就設法幫助其往哪個方向發展。因此，職業生涯規劃不僅有利於組織的發展，也有助於員工的成長，有利於組織和個體未來目標的達成，這無疑對組織開發人力資源具有重要的作用。

2. 有助於減少人才流失

人才對於組織的重要性不言而喻。當前，很多企業面臨人才流失的困擾，這給自身的生存和發展帶來前所未有困難。因此引進人才、留住人才成為很多企業人力資源管理和人才戰略的核心內容。人才流失的主要原因主要集中在：專業是否對口、報酬與待遇，以及社會角色問題（即是否擔當一定的社會職務）。那麼，解決上述三個問題就一定能留著人才嗎？這樣做固然可以滿足員工的某些需要，但是勢必會造成組織的匹配功能失衡，甚至會形成個人利益的惡性膨脹，對企業發展極為不利。因此，要想真正留住人才，減少人才流失，最重要的是要透過職業生涯的科學規劃，對人才進行詳細分析與評估，根據員工的具體情況，制定符合員工發展的職業生涯道路。只有當員工正當的發展需要得到滿足，其職業生涯發展目標與組織的發展目標相一致時才能真正留住他們。

（三）個人層面

1. 有助於促進個人的成功

人生的目標是多元的，人生的成功也表現出多元性，具有高低之分。生存需要的滿足、安全需要保障、人生內容的豐富、家庭生活的幸福、人生理想的實現等等，均可視為人生的成功。總之，生活掌握在自己手中，機會、名譽、地位、財富等需要自己付出努力，職業生涯規劃為每個人提供了有效、明確的技術和方法，對於個人的職業準備、職業選擇、職業發展和成功極為重要。

2. 有助於認識自己和環境

常言說，1980年代以前的人，職業是被家人首先規劃的；1990年代的人，職業是被社會環境所規劃的；21世紀的人，職業將由自己規劃。正如前文所述，職業生涯規劃必須做到知己、知彼，才能進行正確的抉擇和行動。因此，職業生涯規劃對個體認識自己、認識社會環境是非常重要的過程。例如，透過各種職業測評方法認識自我，透過客觀地環境分析認識職場，這樣才能樹立明確的發展目標，較好地完善自我，正確地選擇職業。

三、職業生涯規劃的任務

職業生涯規劃的任務涉及內容非常廣泛。廣義來說，職業生涯規劃對個人因素（心理特質、生理特質、學歷資歷、家庭背景等）、組織因素（組織狀況、人力資源管理與評估、工作分析、人際關係等）和環境因素（社會環境、政治環境、經濟環境、科技發展等）均有涉及。狹義而言，職業生涯規劃的任務主要包括（張添洲，1994；張再生，2002）：

（一）幫助個體開展職業生涯規劃與開發

學校或企業組織為學生或員工提供職業發展上的技術支援、工作資料分析、工作描述、經營理念的宣傳以及人力資源開發的政策等，個體據此設定自我發展目標和開發計劃，使個人目標與組織目標相匹配。

(二) 確定組織發展目標與職業需求規劃

根據組織的現狀、發展趨勢和規劃，明確組織的發展目標，據此確定不同時期組織的職業發展規劃與職位需求，並發布此類訊息，告知擇業者。

(三) 開展與職業生涯規劃相結合的績效評估

透過績效評估結果，配合組織發展的目標和方向，晉升優秀員工，提供職業生涯發展的路徑，確認有潛力的個體，使員工公平競爭。

(四) 職業生涯發展評估

幫助個體規劃職業生涯目標，並進行科學評估，發現其優缺點，分析職業生涯發展的可行性，制定適合個體的職業生涯規劃。

(五) 工作與職業生涯的調適

根據職業生涯發展評估的結果，對個體的工作或職業生涯目標進行適當的調整，使個體的工作、生活與目標相融合。

(六) 職業生涯的發展

提供各種教育與培訓、工作的擴大與豐富化、責任的增加、職位的晉升、激勵措施等。

擴展閱讀

職業生涯的先驅者

在職業生涯輔導運動中，最有影響的人物是弗蘭克·帕森斯（Frank Parsons），後人稱他為職業生涯輔導運動之父。1909年，帕森斯出版《選擇職業》（Choosing a Vocation, 1909）一書，這是最早的職業輔導書籍之一。帕森斯本人的生活經歷使他有資格寫這本書：他學過土木工程，在一家鋼廠做過普通工人，又在幾所大學教過書，學習過法律，競選過波士頓市長，沒有成功，最後投身於社會工作。帕森斯在書中詳細敘述了系統職業輔導的輔導思想和技術。他概括了職業輔導的三個要素：

(1) 清楚地瞭解自己的態度、能力、興趣、智謀、侷限和其他特性；

（2）提供職業的知識與訊息，即成功的條件及所需知識，在不同工作職業上所占有的優勢、不足和補償、機會和前途；

（3）上述兩個條件的平衡，即根據自身調節及職業訊息恰當地判斷職業方向。因此，解決個人選擇職業的關鍵，就在於個人的特質和特定行業的要求條件是否匹配。這種步驟被稱為特質—因素理論（trait-and-factor theory），成為專科院校中許多職業輔導方案的基礎。自此之後，職業輔導運動得到社會的廣泛認可，政府和學校也採取了積極支持的態度。1913年，美國的全國職業輔導協會（NVGA）宣告成立。

複習鞏固

1. 簡述職業生涯規劃的原則。
2. 概述職業生涯規劃的意義。

本章要點小結

職業、職業生涯和職業生涯規劃的概念

1. 職業是人類社會發展到一定階段的產物，也是社會勞動分工發展的必然產物。關於職業的概念界定，從不同的角度出發，對職業有不同的理解。主要有社會學定義和經濟學定義兩個方面。綜合起來可以界定如下：職業是人們為了維持生計，承擔社會分工角色，發揮個性才能的一種持續進行的社會活動。具有時代性、差異性和層次性特徵。職業具有維持生計、承擔社會角色和發揮個性等功能。

2. 職業的分類。現代職業門類眾多，職業分類極為複雜。由於經濟和社會條件不同，又有不同的管理需要，因此各國分類標準也有所不同。

3. 職業生涯，是一個人的終生職業經歷。不僅包括一個人的過去、現在和未來可以實際觀察到的連續從事的職業發展過程，還包括個人對職業生涯發展的見解和願望。具體而言，職業生涯是一個人一生中所有與工作相聯繫的行為與活動，以及相關的態度、價值觀、願望等的連續性經歷的過程，是以心理開發、生理開發、技能開發等人的潛能開發為基礎，以工作內容的確

職業生涯規劃與輔導
第一章 職業、職業生涯與職業生涯規劃

定和變化，工作業績的評價、工資待遇、職稱、職務的變動為標誌，以滿足需求為目標的工作經歷和內心體驗的經歷。職業生涯的影響因素主要有：教育、家庭、人格、社會環境。職業生涯分為6個階段。

4. 職業生涯規劃，是指個人和組織相結合，在對一個人職業生涯的主客觀條件進行測定、分析及總結的基礎上，對自身素質，例如興趣、愛好、能力、特長、經歷及不足等各方面進行綜合分析與權衡，結合時代特點，根據自己的職業傾向，確定最佳的職業奮鬥目標，並為實現這一目標而做出的行之有效的安排。職業生涯規劃的要素包括知己、知彼、抉擇、制定目標和行動。職業生涯規劃的步驟包括自我評估、職業環境分析、確定職業目標、實施方式和途徑、回饋調整。

職業生涯規劃的原則、意義和任務

職業生涯規劃的原則包括長期性原則、差異性原則、發展性原則、階段性原則、挑戰性原則。職業生涯規劃在社會層面，組織層面和個人層面上均具有重要的意義。職業生涯規劃的任務涉及內容非常廣泛。具體而言，職業生涯規劃的任務主要包括6個方面。

關鍵術語表

職業 生涯 職業生涯 職業生涯規劃

本章複習題

1. 職業的功能主要包括（　）。

A. 維持生計、承擔社會角色和發揮個性　B. 維持生活、掙錢和勞動

C. 掙錢、勞動和發揮自我　D. 工作、生活和掙錢

2. 下面的描述中，哪個不屬於生涯的特徵（　）。

A. 終生性　B. 獨特性　C. 發展性　D. 共同性

3. 生涯作為一個人終其一生所扮演角色的過程，由三個層面構成，分別是（　）。

A. 時間、經歷和事業　B. 時間、經歷和角色投入程度

C. 時間、事業和角色　D. 角色、時間和職業

4. 良好的職業生涯規劃應該具備的特徵不包括（　）。

A. 可行性　B. 持續性　C. 個性化　D. 一致性

5. 聯合國教科文組織提出的教育四大支柱是（　）。

A. 學會求知；學會做事；學會合作；學會生存

B. 學會求知；學會技術；學會合作；學會生存

C. 學會學習；學會做事；學會外語；學會合作

D. 學會合作；學會做事；學會生存；學會關心

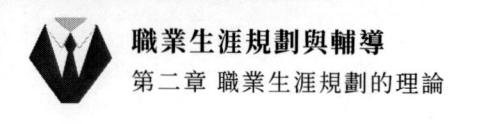

第二章 職業生涯規劃的理論

　　提起周杰倫，很多人都對他在流行樂壇取得的成就羨慕不已。他風格靈動的音樂開拓了流行音樂新領域，在流行樂壇引領了一股「中國風」。但是在擁有這些榮譽之前，他曾經是餐廳的服務生，也備嘗父母離異、聯考失敗和病痛的折磨。周杰倫的成功引發了諸多思考，那麼選擇什麼職業道路才能獲得成功？哪些職業生涯規劃的理論有助於我們選擇適合自己的職業道路？本章將介紹職業生涯規劃的相關理論，以幫助你更好地瞭解「我適合做什麼」「我願意做什麼」「我能做什麼」。職業生涯規劃的相關理論是在心理學、人力資源管理學、社會學等學科理論的基礎上經過不斷融合發展起來的。在近百年的職業輔導實踐中，職業輔導的理論體系經過不斷完善與發展，積累了豐厚的研究成果。全面瞭解這些理論，有助於我們科學地認識職業生涯，為系統地掌握正確的職業規劃方法奠定良好的基礎，也有助於準確地定位自我，從而走向適合自己的職業發展道路。

第一節 特質因素論

　　特質因素理論是職業生涯管理理論中最為悠久的理論，源於19世紀的官能心理學，並由美國職業輔導專家、波士頓大學教授帕森斯創立，後又經美國職業心理學家威廉姆斯發展而成。帕森斯在其《選擇一個職業》一書中提出了人與職業相匹配是職業選擇的焦點的觀點，他認為個人都有自己獨特的人格模式，每種人格模式的個體都有其相適應的職業類型。特質因素論在西方得到了最廣泛的應用，在職業輔導中一直處於輔導地位。帕森斯還提出了職業選擇的「三步範式」法。後來，隨著差異心理學、心理測量技術的發展，以及職業心理資料的建立，進一步豐富和完善了特質因素論，它因此成為職業生涯管理中的奠基理論。帕森斯也由於其在職業輔導方面的偉大貢獻和深遠影響而被尊稱為「職業輔導之父」。

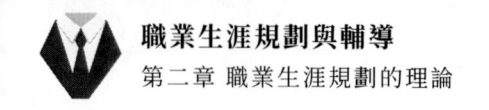

一、基本觀點

所謂「特質」是指個人的人格特徵，包括能力傾向、興趣、價值觀和人格等；而「因素」是指在工作上要取得成功所必須具備的條件或資格。這些特質可以透過心理測量工具加以評估，也可以透過對工作的分析進行瞭解。因此，職業輔導從理論分析走向了實際應用，從一般的定性分析走向了精確的定量測量。

特質因素理論的核心是人格特性與職業因素的匹配。其理論前提是每個人都有一系列獨有的特性，這些特性是可以客觀而有效地進行測量的；每一種職業都有其特定的因素，不同職業需要具備不同特性的人員；每個人的獨特特質又與特定的職業相關聯；不同的職業需要具有不同個性特質的職員，這樣才能獲得成功；選擇一種職業是一個相當易行的過程，而且人職匹配是可能的；個人特性與工作要求之間配合得愈緊密，職業成功的可能性就愈大。

特質因素理論建立在差異心理學的基礎上，認為所有的人在發展與成長方面都存在著差異。每個人都具有不同於別人的個性特點，即特性。這種特性與某種職業因素存在關聯。人的特性可以運用科學手段客觀地測量，職業因素也是可以分析的。職業輔導就是要解決人的特性與職業因素相適應的問題，達到一種合理的匹配。這種理論透過職業輔導者的測量與評價，瞭解被輔導者的生理、心理特性以及分析職業對人的要求，幫助被輔導者進行比較分析，使之在清楚地瞭解自己和職業因素的基礎上做出明智的職業選擇。

特質因素理論的基本內涵要求個體在清楚認識、瞭解個人的主觀條件和社會職業職業需求條件基礎上，將主客觀條件與社會職業職業相對照和匹配，最後選擇與個人匹配相當的職業。可以說，運用特質因素理論進行職業輔導是以對人的特性的測評為基本前提的。它提出了在職業決策中進行人職匹配的思想，奠定了人員測評理論的基礎，至今仍然影響著職業管理學、職業心理學的發展，並推動了人員測評在職業選拔與輔導中的運用和發展。

二、職業選擇的「三步範式」

帕森斯提出，在職業選擇過程中涉及下面的「三步範式」：

(一) 自我瞭解

包括瞭解個人的能力、天賦、能力、興趣、志向、資源、限制條件以及其他特質。可以透過心理測量及其他測評手段，獲得有關求職者的身體狀況、能力傾向、興趣愛好、氣質與性格等方面的個人資料，並透過會談、調查等方法獲得求職者的家庭背景、學業成績、工作經歷等情況，並對這些資料進行評估。

(二) 對工作環境和性質的瞭解

包括瞭解不同行業、各種職業成功的必備條件、優缺點、成功要素、對工作的要求、薪酬水平、發展前景和機會等。此外，個人還需要制定為準備就業而設置的教育課程計劃，並瞭解提供這種課程的教育機構、學習年限、入學資格和費用等。

(三) 整合有關自我與職業世界的知識

帕森斯認為只有經過上述三步分析，才有可能達到人職匹配，他將人職匹配分為以下兩種：

一是條件匹配（活找人）。即需要有專門技術、專業知識的職業與掌握該技能和專業知識的擇業者相匹配；或髒、累、苦勞動條件很差的職業，需要有吃苦耐勞、體格健壯的勞動者與之匹配。

二是特性匹配（人找活）。即某些職業需要個體具有一定特長，例如敏感、易動感情、不守常規、個性強、理想主義等人格特性，宜於從事審美性、自我情感表達的藝術創作類型的職業。

「三步範式」法被認為是職業選擇和職業設計的至理名言，並得到了不斷發展和完善。帕森斯的特質因素論強調，首先，在做出職業選擇之前評估自己的能力，因為個人選擇職業的關鍵在於個人的特質與特定行業的要求是否匹配。其次，進行職業調查，分析該職業對人的要求，進行工作分析，包括研究工作情形、參觀工作場所、與工人和管理人員親自交流等。最後，以個人和職業的互相匹配作為職業輔導的終極目標。帕森斯認為只有這樣，人才能適應工作，並使個人和社會同時獲益。作為職業輔導者，帕森斯還建議

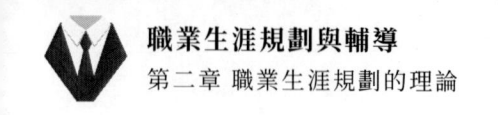

可以多多蒐集各個職業領域中具有領袖地位的人年輕時代的傳記，從而確定年輕時的個性和未來職業發展的相關性。

三、威廉姆斯對特質因素論的發展

威廉姆斯在明尼蘇達大學從事學生輔導工作，他在帕森斯理論的基礎上，形成了一套獨特的輔導方法，被稱為「明尼蘇達輔導學派」。由於這套方法教導意味很重，所以威廉姆斯的觀點及採用的方法又被稱為「輔導學派」。

由於對自己和職業缺乏瞭解，人們在職業選擇的過程中存在很多問題，威廉姆斯將這些問題概括為四種：

（1）沒有選擇：求職者處在一種混混沌沌的狀態中，不知道也無法表達自己要選擇的職業；

（2）不確定的選擇：求職者雖然能說出自己希望選擇的職業名稱，但不知是否適合自己；

（3）不明智的選擇：求職者所選擇的職業與自身的能力、人格特徵等不相符合；

（4）興趣與能力相矛盾：對某項工作興趣高但能力低，或有能力適合某項工作但興趣低於能力，或者興趣與能力不在同一個工作領域。

威廉姆斯強調在職業輔導過程中，對於職業選擇有困難的人，必須進行仔細診斷，透過各種途徑，包括心理測驗、收集求職者的個人資料，如個人興趣、職業能力、職業態度、家庭背景、教育程度、工作經驗等，然後綜合整理這些資料，分析求職者的個人特點，將個人的情況與職業要求相對照，分析其匹配程度，協助求職者做出職業選擇。

根據人們在職業選擇中容易出現的問題，威廉姆斯在心理測驗的基礎上提出了輔導諮詢的三種主要方法：

（1）直接建議，即輔導人員直接告訴個體最適當的選擇或必須採取的計劃與行動。

（2）說服，即輔導人員以合乎邏輯的方式向個體提供他對各項心理測驗的結果所做的診斷與預測，讓個體根據輔導人員的輔導推斷出自己應該做的抉擇。

（3）解釋，即輔導人員向個體說明各項資料的意義，讓個體就每一項選擇進行系統地分析、探討，並依據各種心理測驗的結果推測成功的可能性。

威廉姆斯認為上述三種方法中，解釋是最完整且較能令人滿意的方法。解釋的過程是由輔導人員從興趣測驗的結果談起，然後再將其興趣與智力、能力傾向、成就等測驗做配合分析，若還有人格測驗的資料，則再與這些資料配合起來，最後提供給個體，幫助個體做出正確的職業選擇。

四、綜合評價

特質因素論之所以受到廣泛的重視，產生深遠的影響，並成為許多理論的基礎，在於這種理論具有下面幾個優勢：

第一，為人們的職業選擇提供了最基本的輔導原則———人職匹配原則。這一原則清晰明了、簡便易行，美國當時各種心理測量工具和出版的大量職業訊息書刊也為之提供了良好支援。由於特質因素論注重科學理性，符合邏輯推理的方法，輔導方法十分具體，便於學習，因此具有很強的可操作性。

第二，特質因素論注重個人心理特質的差異，重視心理測量工具的使用，推動了心理測驗工具的使用和發展。使用心理測量工具來評價個人能力、能力傾向、興趣特點、個性傾向等特質，使用技術與理性的方法進行職業輔導的模式雖然在職業生涯輔導中不占主導地位，但仍被得到重視並廣泛應用。

第三，特質因素論注重職業資料的重要性，強調個人必須對職業有正確的態度與認識，才能做出正確的職業選擇，該理論對個人提供有關職業資料的服務有助於增進職業輔導的功能。

但是，首先，特質因素論將個人與工作進行匹配，其前提在於個人特質和工作性質是固定不變的，而事實上這兩者都處在變化之中。因此從發展的觀點看，特質因素論存在一定的缺陷。其次，特質因素論的心理測驗結果，

主要用來預測個人未來的職業,這將縮小個體選擇職業的範圍,而現代職業生涯輔導注重運用心理測驗結果,擴展個體的職業生涯和選擇範圍,這是傳統的職業生涯輔導與現代職業生涯輔導最大的不同。此外,由於特質因素論重視心理測試工具的使用,而這些工具本身就存在信效度問題,因此這可能也是特質因素論的最大侷限性。

五、特質因素論在職業生涯規劃中的應用

特質因素論適用於每一個人,無論是青少年、面臨就業的大學生,還是想跳槽或轉換職業的人,都能從中獲益。具體來說,特質因素論的使用可以簡化為以下三個步驟:

第一,對自己的智力、體質、能力、興趣、氣質類型和自身侷限性有清晰的認識,同時結合自己的家庭背景、經濟狀況、學業成績等客觀地評價自己。

第二,瞭解職業職業的職責、所需的知識和技能,以及其他相關的職業訊息,同時為進入特定職業制定教育和培訓計劃。

第三,整合前兩個步驟,做到人職匹配。

但是,在應用特質因素論時需要注意以下幾點:首先,對個人特質和職業特點要有準確的認識,並盡可能詳細地加以分析。其次,必須區分持久的與暫時的、重要的與次要的特質,重點匹配持久的和重要的特質。例如,性格比興趣更持久,天分比能力更持久,個人行事方式比知識更關鍵等。這樣就能最大限度地發揮特質因素理論在職業生涯規劃中的作用。

生活中的心理學

個性特質與職業匹配

一位教授在大學演講的時候,有一個學西班牙語的李同學問道:「我將來想在外資企業從事人力資源管理工作,但不知道該怎麼做?」經過瞭解,他發現這位同學的性格特質比較外向,善於與人溝通和交流,喜歡幫助他人,而人力資源管理工作要求從業者必須具備良好的人際交往與溝通能力,除此

之外，人力資源管理職位還需要具備系統的人力資源管理知識和一定的實踐經驗。

於是這位教授建議李同學對人力資源管理工作進行系統瞭解，想辦法爭取到企業的實習機會，瞭解自己的個性特質是否與人力資源管理職業相匹配，如果匹配，證明自己適合從事人力資源管理工作。這就是帕森斯的特質因素論的實際運用，可以說，「人職匹配」理論和方法是大學生確立職業目標和方向的導航標，有助於大學生找到適合自己的職業方向和目標。

複習鞏固

1. 常見的人職匹配有哪些？
2. 簡述特質因素論的主要內容。
3. 什麼是職業選擇的「三步範式」？

第二節 心理動力論

心理動力論的理論基礎源於精神分析學派，精神分析學派探討個人內在的、深層的動機與情緒。但傳統的精神分析學派並不重視職業方面的問題，弗洛伊德甚至認為工作是令人不愉快卻不得不承擔的責任。後來興起的新弗洛伊德學派比較重視工作的意義：對個人需要的滿足以及對個人發展的衝擊。真正將精神分析學派的理論用於職業生涯規劃的是鮑丁，他與納奇曼、施加等人在弗洛伊德人格心理分析理論的基礎上，吸收了特質因素論和心理諮詢理論的一些概念和技術，對職業團體進行了大量研究，於1960年代後期提出了一種強調個人內在動力和需要等動機因素在個人職業選擇過程中的重要性的職業選擇和職業輔導理論，並稱之為「心理動力論」。

一、基本觀點

心理動力論者認為職業選擇是個人綜合快樂原則與現實原則的結果。個人在人格與衝動的引導下，透過昇華作用，選擇可以滿足其需要與衝動的職

業。職業輔導的重點強調「自我功能」的增強。若心理問題獲得解決，則包括職業選擇在內的日常生活問題將可順利完成而不需再進行輔導。

鮑丁等人依據傳統精神分析學派的觀點，探討職業發展的過程，把工作視為一種昇華作用，而影響個體職業選擇的動力則源於個人早期經驗所形成的適應體系、需要等人格結構。它們透過影響個人的能力、興趣及態度的發展，從而影響其以後的職業選擇與行為有效性。個人生命的前6年決定其未來的需要模式，而這種需要模式的發展受制於家庭環境，成年後的職業選擇取決於早期形成的需要。如果缺少職業訊息，職業期望可能因此受到挫折，在工作中會表現出一種嬰兒期衝動的昇華。若個人有自由選擇的機會，則必將選擇能以自我喜歡的方式尋求滿足其需要而又可免於焦慮的職業。

心理動力論者認為，社會上所有職業都能歸入代表心理分析需要的、分屬以下範圍的職業群：養育的、操作的、感覺的、探究的、流動的、抑制的、顯示的、有節奏的運動等，並認為這一理論除了對那些由於文化水平和經濟因素而無法自由選擇的人之外，可以適用於其他所有的人。

二、八項基本要素

1963年，鮑丁和同事納奇曼、塞格爾提出了心理動力論的8項基本要素，其內容隱含了「需求」與「發展」這兩個要素：

一是人類的發展是連續的過程，嬰兒期最簡單和最早的心理生理發展歷程與成人階段最複雜的智力和生理發展是息息相關的；

二是需求滿足的本能，就複雜的成人行為與簡單的嬰兒行為而言，並沒有兩樣；

三是每個人的需求類型在人生的前6年就已經決定，只有少部分可能在人生的後期得到修正；

四是人所尋求的職業由其需求決定，而其需求在其6歲前就已經發展完成；

五是心理動力論適用於所有不同年齡的人，以及不同類型和教育程度的工作，唯有兩項例外：受到外界文化或經濟困難限制的人，或受到這些外在因素刺激的人；在工作上得不到滿足的人；

　　六是工作是一種嬰兒期衝動得到昇華作用的表徵，工作就是將嬰兒期的衝動昇華成社會能接受的行為；

　　七是缺乏對職業的瞭解可能使個人選擇的工作無法實現其心理預期。因情緒（或神經系統）而使就業機會的訊息受到干擾阻隔，這種現象屬於心理機制範疇，是該理論關注的一個部分；

　　八是每一種工作都可列入不同的職業群，而各個職業群都代表著不同心理需求的滿足類型。

　　根據上述 8 個基本要素，可以發現心理動力論一方面強調人類的職業選擇具有潛藏的心理動機，這些動機可以追溯到人類原始需求的滿足，職業的各種活動都是為了滿足需求與避免焦慮；另一方面則強調職業研究的發展特性，主張職業選擇必須追溯到個體的兒童期，甚至懷孕階段對人格成長的影響。鮑丁透過分析會計員、作家、心理學家、物理學家、工程師等職業，提出一個「需要—滿足」模式。這個模式可以清楚地分辨不同職業所能滿足的需要、涉及的心理機制及其操作與表現方式。例如此理論假設，一個人在 6 歲以前，主要的內在滿足來自於咬、嚼、吞、咽等口腔的攻擊活動，如果一個人一直固著於這種口腔滿足，並且未隨年齡增長而發生改變，那麼這種固著現象會表現在其人格上，他所從事的職業可能與切割、磨、鑽等活動有關。

三、綜合評價

　　心理動力理論吸收了精神分析學派、特質因素論以及來訪者中心療法的優勢，提倡從探究「過去」生活經驗與動機中發現個體的職業需求點，為只關注「現在」與「未來」的職業生涯觀注入了新鮮的血液。該理論對個體的需要給予了特別關注，同時還十分注重加強個體自身對職業的自我探索。此外，該理論提倡深入分析職業資料，以期從中窺視個體的心理動力，掌握個

體需求獲得滿足的程度、如何獲得滿足等，從而為個體的職業決策提供詳細完備的訊息。

雖然心理動力論對於個人內在的動力因素（如需要、心理機制等）特別重視，可以彌補「特質因素論」忽略個人深層心理需要的缺陷，但該理論過於強調內在因素，對於可能影響職業選擇的外在因素略而不談，甚至假定「個人有自由選擇職業機會」。此外，該理論在分析具體職業與需要滿足的方式上，多偏向低層次需要的滿足，幾乎沒有涉及高層次需要，這些問題構成了該理論的缺點。

複習鞏固

1. 簡述心理動力論的主要內容。

2. 心理動力論的 8 項基本要素是什麼？

3. 心理動力論的優缺點是什麼？

第三節 生涯發展論

古代教育家孔子曾說：「吾十有五而志於學，三十而立，四十而不惑，五十而知天命，六十而耳順，七十而從心所欲，不踰矩。」可見，在人生的不同階段，個體面臨著不同的任務。每個人在一生中要扮演多個角色，從孩子、學生、大人、妻子、丈夫、父母到公民、退休人員等等，其實每個人都是自己的最佳演員，所扮演的角色是別人無法替代的。著名職業生涯規劃大師舒伯認為除了上述角色之外，個體還扮演著另一個重要的角色———職業角色，並指出職業發展是人獲得成長的重要組成部分。1953 年，舒伯依照年齡將每個人生階段與職業發展配合，把職業生涯發展階段劃分為成長、試探、建立、保持和衰退五個階段。每個階段都有獨特的職責和角色，面臨不同的發展任務。前一階段發展任務的完成會影響下一階段的發展。個人對發展任務的準備程度體現了個人的職業生涯成熟度。

一、職業生涯發展階段

（一）成長階段（0～14 歲）

該階段的個體處於生理和心理的發展時期，屬於認知階段。兒童受到家庭和學校中關鍵人物的影響並加以認同，發展出自我概念。此階段早期，需要和幻想占統治地位，隨著參與社會和對現實瞭解的增加，興趣和能力也變得更加重要。並認識自己是個什麼樣的人，建立對工作世界的正確態度，瞭解工作的意義。

該階段又包含以下四個時期：

1. 職業期（4 歲以前）

此時未表現出職業興趣，也未嘗試做出職業選擇。

2. 幻想期（4～10 歲）

此時主要考慮的是「需要」，並且關於職業的想法大多寄託於幻想。

3. 興趣期（11～12 歲）

此時主要基於個人「喜好」做出一些職業考慮，因此「喜好」成為決定個體行為與理想的首要因素。

4. 能力期（13～14 歲）

此時開始在職業要求中考慮能力因素，能力的重要作用逐漸凸顯。

（二）探索階段（15～24 歲）

該階段處於職業探索和認同階段。作為青少年，個體在學校活動、社團活動、打工兼職等實踐中初步明晰自己的能力以及未來從事的職業以及在職業中扮演的角色。面對廣泛的職業選擇範圍，需要使自己對職業傾向的具體化並最終實現職業偏好。因此，在這個階段，需要認真地嘗試各種可能的職業選擇，並在現實中對自己的能力和天資做出評價，並根據未來的職業選擇做出相應的教育決策，完成自己的初步擇業、就業等。

該階段又包含以下三個時期：

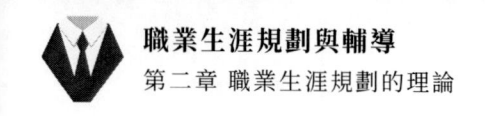

1. 嘗試期（15～17歲）

此時的需要、興趣、能力以及價值觀等成為做出職業選擇的基礎，個體會做出暫時的職業決策，並透過幻想、學習以及實踐等方式進行初步嘗試。

2. 過渡期（18～21歲）

此時開始進入人才市場，或者尋求進一步深造的機會，對自己的工作世界做出現實的考慮和衡量，並將之前的普遍性職業選擇具體化為特定的選擇。

3. 試驗期（22～24歲）

此時可能會找到並嘗試某種工作，並初步相信它可能是畢生從事的工作，但一旦發現不適合就可能再經歷上述過程以確定自己的職業。

（三）建立階段（25～44歲）

經過早期的嘗試與探索，個體開始相信自己已經找到合適的工作領域，所以該階段需要整合、穩固並追求晉升。因此，個體在確定了自己在職業生涯中應有的位置之後，就開始增加作為家庭照顧者的角色，逐漸在各種挑戰中穩定自己的工作，在家庭和事業之間做出平衡。

這個階段又可以細分為兩個時期：

1. 承諾穩定期（25～30歲）

這個時期的個體渴望安定，期間也可能有一到兩次職業變動，但職業穩定的決心已經十分深入。甚至有一些人可能意識到工作實際上是可以由一系列無關的職業組成。

2. 前進期（31～44歲）

隨著職業模式逐漸清晰，在工作上逐漸穩固，很多人處於最具創造性和成長的時期，並取得優良的業績。

（四）維持階段（45～65歲）

這時的個體通常實現了所謂的「功成名就」：找到了適合的領域，並取得了一定的成就。相比上一階段，此階段多發生的是職位、工作和單位的變

化，而非職業的改變。個體要做的是在選定的職業上繼續進步，保持已有成就，同時也要注意應對來自新人員的挑戰。

(五) 衰退階段（65歲以上）

該階段由於生理、心理機能的衰退，個體不得不開始退休生活。生活的重心也因此從工作轉向了家庭和休閒，所以家長和休閒者的角色變得突出。不過還需注意發展新角色，致力於用不同的方式替代和滿足需求，尋求精神上新的滿足點。該階段又可以細分為兩個時期：

1. 減速期（60～70歲）

這時的工作速度變慢，工作責任或性質亦改變，以適應逐漸衰退的體力與心理。許多人也會找份代替全職的兼職工作。

2. 退休期（71歲至死亡）

有些人能很愉快地適應完全停止工作；有些人則適應困難、鬱鬱寡歡；有些人則老邁而死。

在這些不同的階段，人所扮演的角色也不同，且通常要同時扮演幾個角色，如子女、學生、工作者、配偶、家長等。因此，舒伯又對該理論進行了深化，認為每個人在其職業生涯各個階段都會經歷成長、探索、建立、維持和衰退，因此構成了一種螺旋上升的循環發展模式。這種大階段、小目標的模式進一步豐富和深化了生涯發展階段的內涵。各個階段的詳情見下表。

表2-1 循環發展任務表

生涯階段	年齡			
	青年期 14~15歲	成年初期 25~45歲	成年中期 45~65歲	成年晚期 65歲以上
成長期	發展合適的自我概念	學習與他人建立關係	接受自身的限制	發展非職業性的角色
探索期	從許多機會中學習	尋找心儀的工作機會	確認有待處理的新問題	選擇良好的養老地點
確立期	在選定的職業領域中起步	確定投入某一工作，並尋求職業上的升遷	發展新的應對技能	完成未完成的夢想
維持期	驗證目前的職業	致力於維持職位的穩固	鞏固自我以對抗競爭	維持生活的興趣
衰退期	從事休閒活動的時間減少	減少體能活動的時間	集中精力於主要的活動	減少工作時間

例如，根據上表，作為一個大學生，在大學階段要依次經歷建立自己的人際關係的成長期，在機會中學習、在鍛鍊中摸索的探索期以及初步採取固定的行為模式的確立期，並用這種模式「維持」自己接下來的大學時光，在此之後可能又要開始面臨新的挑戰，即求職。此時，之前已經習慣的行為方式會衰退，在新任務面前又要開始新的「成長、探索、確立、維持與衰退」階段，如此循環往復，螺旋上升。

二、生涯彩虹圖

1976 到 1979 年間，舒伯在英國進行了為期四年的跨文化研究，之後他提出了一個更為廣闊的新觀念———生活廣度、生活空間的生涯發展觀（life-span，life-space career development），這個生涯發展觀，除了原有的發展階段理論之外，較為特殊的是舒伯加入了角色理論，並根據生涯發展階段與角色彼此間交互影響的狀況，描繪出一個多重角色生涯發展的綜合圖形。舒伯將這個生活廣度、生活空間的生涯發展圖形命名為「生涯彩虹圖」（life-career rainbow）。該圖形象地展現了生涯發展的時空關係，更好地詮釋了生涯的定義。

第三節 生涯發展論

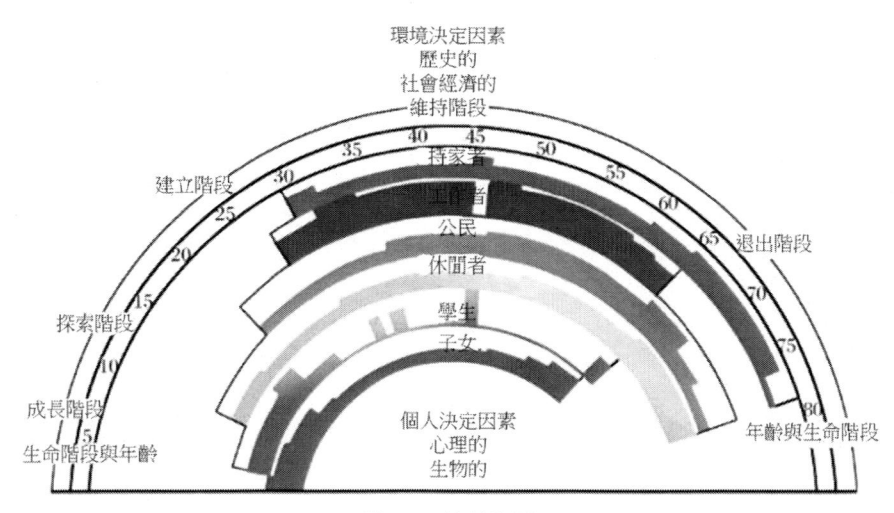

圖2-1 生涯彩虹圖

（一）橫貫一生的彩虹———生活廣度

在生涯彩虹圖中，橫向層面代表橫跨一生的生活廣度。彩虹的外層顯示人生主要的發展階段和大致估算的年齡：成長期（約相當於兒童期）、探索期（約相當於青春期）、建立期（約相當於成人前期）、維持期（約相當於中年期）以及衰退期（約相當於老年期）。在五個主要的人生發展階段內，各個階段還有小的階段，舒伯特別強調各個時期年齡劃分有相當大的彈性，應依據個體不同的情況而定。

（二）縱貫上下的彩虹———生活空間

在生涯彩虹圖中，縱向層面代表的是縱貫上下的生活空間，由一組職位和角色所組成。舒伯認為人在一生當中必須扮演九種主要的角色，依次是：兒童、學生、休閒者、公民、工作者、夫妻、家長、父母和退休者。各種角色之間是相互作用的，一個角色的成功，特別是早期的角色如果發展得比較好，將會為其他角色提供良好的關係基礎。但是，在一個角色上投入過多的精力，而未平衡協調各角色的關係，則會導致其他角色的失敗。在每一個階段對每一個角色投入程度可以用顏色來表示，顏色面積越多表示該角色投入的程度越多，空白越多表示該角色投入的程度越少。而人的作用主要是對自

49

身未來的各階段進行調配,做出各種角色的計劃和安排,使人成為自己的生涯設計師。

由此,可以發現舒伯把人生分為三個層面:第一是時間層面,即一個人的生命歷程;第二是廣度層面,即一個人終其一生所扮演的各種不同角色;第三是深度層面,即扮演每個角色時所投入的程度。這三者的結合,就是舒伯所理解的生涯。

以圖 2-1 為例,第一層是子女角色,位於半圓形最中間一層。子女的角色在 5 歲以前是塗滿顏色的,之後漸漸減少,8 歲時大幅度減少,一直到 45 歲時開始迅速增加。子女這個角色一直存在,這是因為早期個體享受被父母養育照顧的溫暖,隨著成長成熟,慢慢開始同父母平起平坐,而在父母年邁之際,則要開始多花費一些心力來陪伴、贍養父母。

第二層是學生角色。在這個圖中,學生角色從四五歲開始,10 歲以後進一步增強,20 歲以後大幅減少,25 歲以後便戛然而止。但在 30 歲以後,學生角色又出現,特別是 40 歲出頭時,學生角色竟然塗滿了顏色,但 2 年後又完全消失,直到 65 歲以後。這是由於處於現代科技發展日新月異、知識爆炸的社會,青年在離開學校、工作一段時間之後,常會感到自身學習已不能滿足工作需要,需要重回學校以進修的方式來充實自我。也有一部分人甚至等到中年,兒女長大之後,暫離開原有的工作,接受更高層次的教育,以開創生涯的「第二春」。學生角色在 35 歲、40 歲、45 歲左右凸現,正是這種現象的反映。

第三層是休閒者角色。這一角色在前期較平衡地發展,直到 60 歲以後迅速增加,也許有人會驚訝舒伯把休閒者角色列入生涯規劃的考慮之中。其實,平衡工作和休閒是一項非常重要的任務,特別是在如此快節奏、高效率的社會中,正如圖中的空白也構成畫面一樣,休閒是我們維持身心健康的一種重要手段。

第四層是公民。該角色從 20 歲開始,35 歲以後得到加強,65～70 歲達到頂峰,之後慢慢減退。公民的角色,就是承擔社會責任、關心國家事務的一種責任和義務。

第五層是工作者角色。該圖的工作角色從 26 歲左右開始，顏色陰影幾乎填滿了整個層面，可見當事人對這一角色相當認同。但在 40 多歲時，工作者的角色完全消失，對比其他角色，不難發現，這一階段，學生角色和家長角色都有不同程度的增強。兩三年後，學生角色小時，家長角色的投入程度恢復到平均水平，而工作者的角色又被顏色塗滿，直至 60 歲以後開始減少，65 歲終止工作者角色。

第六層是持家者角色，這一角色可以拆分為夫妻、父母、（外）祖父母等角色，然後分別作圖。此處家長的角色從 30 歲開始，頭幾年精力投入較多，之後維持在一個適當水平，一直到退休以後才加強了這一角色。76～80 歲幾乎沒有了持家者的角色。雖然個體的生涯過程中還可能承擔其他角色，但對於大多數人來說，上述這些是最基本的角色。在使用「生涯彩虹圖」時，個體可根據自身情況，在此圖的基礎上進行適當調整。

生活中的心理學

張藝謀的成功

如今，張藝謀已成為中國電影的代表，而他的職業發展歷程正是生涯發展階段論的體現。張藝謀在其職業生涯中，先後扮演過插隊勞動的農民、工人、學生、攝影師、演員、導演等角色，也正是這一次次重大的職業跳躍和轉型才最終造就了一個成功的導演。

（1）職業成長期。特殊的歷史環境，使年輕時的張藝謀當過農民和工人，但他始終堅持自己的夢想。終於，在 1978 年，張藝謀以 27 歲的高齡去學習自己鍾愛的攝影，為自己未來的轉型進行積累。

（2）職業探索和建立期。重新進入課堂學習後，他不是直接開始尋求導演之路，而是選擇從攝影做起，堅持在實踐中學習。

（3）職業維持期。在《黃土地》獲獎後，張藝謀可以選擇繼續作為一個已經很成功的攝影師或者轉型做導演。然而，他卻出乎意料地選擇做一名演員。現在看來，這實在是最明智的選擇，因為只有親身體驗過做演員的感受，才能拍出更契合演員的電影。

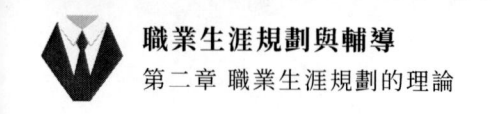

(4) 職業發展期。《紅高粱》成功後，張藝謀開始將自己的注意力轉向商業片。

張藝謀導演的成長歷程給我們的啟發是，要獲得成功，一定要有清晰的職業規劃。清晰的職業規劃是成功的保障。當代大學生有著良好的學習環境，也有更好的成才條件，應該抓住機遇，合理規劃職業發展，獲得職業生涯的成功。

三、綜合評價

舒伯是生涯輔導理論的大師，其生涯發展論綜合了差異心理學、發展心理學、自我心理學以及有關職業行為發展方向的長期研究結果，建構了一套完整的生涯發展理論。其理論觀點是現今生涯輔導重要的理論基礎，輔導了目前生涯輔導的具體實施，得到了各國生涯輔導界的普遍支持。

他用動態的「生涯發展」概念取代了靜態的「職業」概念，將職業生涯概念拓展到人的一生。「生活廣度與生活空間的生涯發展」，即生涯彩虹圖既包含橫向的發展階段、發展任務（即生活廣度的部分），也包含縱向的生涯角色的發展（即生活空間的部分），交織成一個具體的生涯發展結構，這對促進個體的自我瞭解、自我實現有很大裨益。

但是，職業生涯發展理論中關於中年期、老年期的角色與任務，還有待研究，理論尚不夠完整。而且生涯發展論似乎較少關注經濟、社會因素對生涯發展方向的影響，且學習因素與職業發展歷程的關係也需進一步深入研究。

複習鞏固

1. 舒伯認為我們的職業生涯都包含哪些階段？思考一下，你自己現在正處於哪個階段？

2. 職業生涯彩虹圖中都有哪些角色，分別代表著什麼意思？

3. 怎樣評價舒伯的理論？

第四節 類型論

　　愛因斯坦在 1950 年代曾收到一封信，信中邀請他去當以色列的總統。出乎人們意料的是，愛因斯坦竟然拒絕了。他說：「我整個一生都在同客觀物質打交道，因而既缺乏天生的才智，也缺乏經驗來處理行政事務及公正地對待別人，所以，本人不適合如此高官重任。」

　　美國作家馬克·吐溫曾經經商，第一次他從事打字機的投資，因受人欺騙，賠了 19 萬美元；第二次辦出版公司，因為是外行，不懂經營，又賠了 10 萬美元。兩次共賠將近 30 萬美元，不僅把他花費多年心血換來的稿費賠個精光，而且還欠了一屁股債。馬克·吐溫的妻子奧莉姬深知丈夫沒有經商的才能，卻有文學上的天賦，便幫助他鼓起勇氣，振作精神，重新走創作之路。終於，馬克·吐溫很快擺脫了失敗的痛苦，在文學創作上取得了輝煌的成就。

　　上述兩個事例告訴我們，人生的訣竅就是經營自己的長處，這樣才能給人生增值，經營自己的短處只會使人生貶值。正如富蘭克林所說：「寶貝放錯了地方便是廢物。」一個人只有從事自己感興趣的工作，才能取得非凡的成就。大凡成功者，關鍵都是掌握了自身的優勢，並加倍強化這種優勢，完全投入到自己所喜歡的項目之中，將這種富有特長的興趣愛好發揮到極致。1960 年代，美國著名職業輔導專家約翰·霍蘭德（John Holland）正是在這種理念的輔導下，提出了關於人格類型和與之匹配的環境類型的理論，並編制了霍蘭德職業個人能力測驗。透過該測驗，個體可以發現和確定自己的職業興趣與能力專長，從而為自己做出職業決策提供依據。

一、主要觀點

　　霍蘭德是美國約翰·霍普金斯大學的心理學教授，是美國著名的職業輔導專家。他提出了人格—職業匹配理論，又稱職業人格類型理論、人業互擇理論，其理論基礎是弗洛伊德人格類型的劃分以及人格、職業間的關係。他認為，一個人之所以選擇某職業領域，基本上是受到其興趣和人格的影響，職業生涯選擇是個人在對特定職業類型進行認同後，個人人格在工作世界中的表露或延伸。自我和職業認知的比較及後續的接納或排斥是職業生涯選擇中

主要的決定因素。某一類型的職業通常會吸引具有相同人格特質的人，而這種人格特質反映在職業上，就是職業興趣。

霍蘭德依據美國文化背景，提出了以下假設：

第一，大多數人屬於以下六種人格類型，即現實型（realistic）、研究型（investigative）、藝術型（artistic）、社會型（social）、企業型（enterprising）和常規型（conventional）；

第二，有六種環境模式與這六種人格類型相對應，其名字、性質與人格類型的分類一致；

第三，人們尋找能夠施展他們的技能，同時又能表現他們的態度、價值觀和人格的職業；

第四，人們的職業行為是由其人格和環境特徵的相互作用決定的。

霍蘭德指出，當個體的職業興趣類型與環境類型相容時，個體會產生較多的滿意感、較多的工作投入和較少的工作轉換，不相容時則相反。所以，如果知道自己的人格類型和職業類型，就能預測未來的職業選擇、工作變換、職業成就。

二、人格類型

（一）現實型（R型）

該類型的人格特徵表現為：坦率、正直、誠實、謙遜，是注重實際的唯物主義者，喜歡用手或工具製造或修理一些東西，相較於與人打交道的工作，他們更願意從事實物性的工作。他們通常具備機械操作能力或一定的體力，適合與機械、工具、動植物等具體事物打交道。這種人的實踐性很強，且身體強壯、粗獷、穩健，他們相適應的職業主要是熟練的手工工作和技術工作，運用手工工具或機器進行工作。其職業傾向為：機械自動化、飛行員、測量師、電氣專家、工程師和軍事工作等。有時候，現實型的人在用語言表達自己的情感時可能存在困難。

（二）研究型（I 型）

該類型的人格特徵表現為：謹慎、嚴格、嚴肅、內向、謙虛、獨立性強、具有創造性和批判性，具有數學和科學天賦等。他們通常喜歡從事與思想有關的研究活動，如數學、物理、生物和社會科學等，喜歡研究那些需要分析、思考的抽象問題。雖然這一類型的人往往隸屬於某個團體，但他們卻喜歡獨立工作。他們大都具備從事調查、觀察、評價、推理等方面活動的能力，相匹配的職業類型主要是科學研究和實驗工作，研究自然界和人類社會的構成和變化，比較容易成為生物學家、化學家、物理學家、地理學家、人類學家、醫學技術人員等等。

（三）藝術型（A 型）

屬於藝術型的人通常內心活動比較複雜、敏感、無序、善於表達且富有想像力，卻相對缺乏實際性。他們具備藝術性的、獨創性的表達和直覺能力，不喜歡結構性強的活動。

他們喜歡透過寫作、音樂、藝術和戲劇等方面進行藝術創作，表達自我，因此他們會盡量避免那種過於死板和制度化的工作。他們富於情緒性，適合於從事藝術創作，其職業傾向為詩人、漫畫家、作曲家、音樂家、舞臺輔導、舞蹈家、演員、作家、室內設計師等。

（四）社會型（S 型）

這種類型的人通常善良、熱情、靈活而又耐心，慷慨大度，善於勸說。這類人很喜歡與人合作，關心他人的幸福，樂於向大家傳遞訊息，願意幫助他人解決難題。他們喜歡從事與人打交道的活動，避免過分理性地解決問題。他們理想的工作環境是那種需要與人建立關係、與團隊合作以及透過與人交流從而解決困難的環境。他們通常從事社會型的職業，透過說服、教育、培訓、諮詢等方式來幫助人、服務人、教育人，例如教師、演說家、臨床心理師、諮詢顧問、護士、宗教工作者和心理諮詢師等。

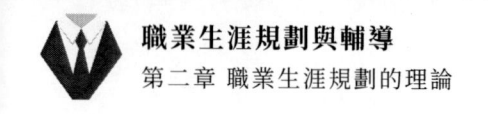

（五）企業型（E型）

該類型的人通常樂於冒險，雄心勃勃，具有外向、易衝動、樂觀、自信的個性特徵，有一定的集權傾向，具備勸說、管理、監督、組織和領導等能力，並以此來獲得政治經濟和社會利益。他們喜歡領導和控制他人，不喜歡被領導、被控制。他們熱愛權力和地位，渴望事業成功，他們中的大多數會在政治和經濟領域取得成功。與其相匹配的職業，多是那些指派他人去做事情的各類管理者和組織領導者，以及一些影響他人的職業，如商人、運動推廣商、電視節目製作、銷售、高級管理人員、律師、政治運動領袖、推銷商、投資商、銷售經理等。

（六）常規型（C型）

常規型又稱傳統型，屬於這一類型的人喜歡從事規範化的工作和活動。他們注重細節，講求良心和精確性，通常體現出有序、有恆心、有效率、服從安排的個性特徵，具備記錄和歸檔能力，適合從事辦公室工作和一般事務性工作。倘若將常規型的人放在領導者的位置，他們會感到不適，相反他們更樂於從事那種處於從屬地位的職業。他們一般比較擅長文祕等工作，一般會在事務性的工作中取得成就。其適合的職業包括會計、金融分析師、銀行家、祕書、稅法專家、圖書管理員、檔案文書和電腦操作員等。

三、職業環境

霍蘭德還提出了6種職業環境，並用6種人格類型相同的名稱命名。在霍蘭德看來，一種職業環境代表一種職業氛圍，而這種氛圍是由具有相似人格特質的人創造出來的。因此，只有職業環境與人格類型相匹配（如一個現實型人格特質的人在現實型工作環境中工作），才會有更多的滿意度，如獲得成就感、提高職業忠誠度。此外，這6種類型可能全部存在於各種職業和環境中，但是其中的兩三種會處於主導地位。

四、霍蘭德 6 種類型之間的關係

下圖中的每一個角代表一種職業取向。距離越近的兩種職業類型,其職業類型和人格特質的相似度也越高(Holland,1997)。例如,現實型和常規型在六角模型上的距離近,意味著它們的相似性高,而常規型和藝術型則處於相對立的位置,它們的相似性最低,常規型和社會型則具有中等程度的相似性。此外,根據霍蘭德的觀點,如果圖中的兩種取向相鄰,個體會很容易選定職業。相反,如果此人的職業取向是相對立的,那麼他在選擇職業時就會猶豫不決。人總是根據自己的人格類型選取適合的職業環境,從而鍛鍊自己相應的能力。例如,一個社會型人格占主導地位的人如果在一個社會型的職業環境中工作就會感到很舒服,但如果把他放在一個現實型的工作環境中,他可能會覺得格格不入。這正是霍蘭德提出的「適配性」,它恰好說明了一個人占據主導地位的人格特質類型為個人做出職業和工作環境選擇提供了方向。

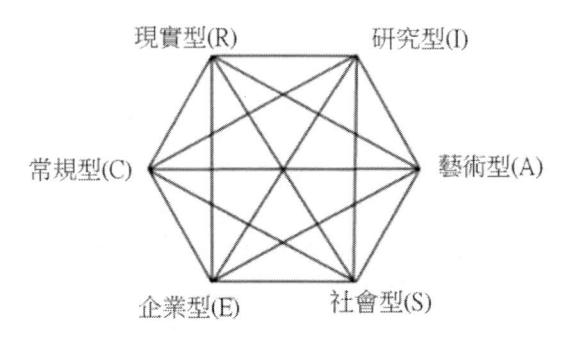

圖2-2 霍蘭德職業興趣六邊形

霍蘭德認為,在進行職業選擇時應遵循以下幾個原則:

適宜原則。即每種職業人格類型的人適宜從事同種類型的職業。如 S 型人格類型的人從事 S 型職業。

相近原則。即每種職業人格類型的人選擇從事與人格類型相近類型的職業,比較容易適應。如 S 型人格類型的人從事與其相鄰 E 型或 A 型職業。

中性原則。即人們選擇從事與人格類型成中性關係類型的職業，經過艱苦努力，也較容易適應。如 S 型人格類型的人從事與其相隔一個類型的 C 型或 I 型職業。

相斥原則。即人們如果選擇與人格類型相斥關係類型的職業，則很難適應。如 S 型人格類型的人從事與其相對立的 R 型職業。

霍蘭德認為個人的職業興趣往往是多方面的，因此通常用得分最高的前 3 個字母的代碼來標示一個人的職業興趣。這個代碼稱為「霍蘭德代碼」（HollandCode）。三個字母之間的順序表示不同類型興趣強弱程度。如，SEC 代碼表示 S 型得分最高，依次是 E 型、C 型。RES、RCE 和 REC 是最常見的 3 個字母組合。1996 年，霍蘭德出版了美國版本的《霍蘭德職業代碼字典》，該書為 12000 多種職業提供了代碼。例如，教師這一職業的代碼是 SAI（最主要的類型是社會型，其次是藝術型和研究型）。根據自己在職業興趣測評中得出的霍蘭德代碼，可以對照找出《職業代碼字典》中可能適合自己的職業。

五、綜合評價

霍蘭德的人格類型理論既不乏創造性，又清晰易懂。它提倡人與職業相匹配，增加了職業選擇的範圍。被輔導者可以根據測驗結果，借助於一些明確的方向繼續進行職業探索，因此有助於引導個體更加積極主動地走向探索之路。因此許多被廣泛使用的測量工具都以霍蘭德的類型理論為依據，例如，霍蘭德本人編制的自我探索量表、斯特朗興趣量表、庫德興趣量表、電腦生涯輔助系統「發現者」等。這些測評都可以作為個人進行自我探索和職業選擇的有用工具。

但是，霍蘭德的理論也由於帶有濃厚的特質因素色彩而遭到批評。他提出的人格類型與職業環境相匹配的假設缺乏實證支持。此外，從發展的觀點看，人並不是被動的環境適應者，人格會隨著時間不斷發展。因此，霍蘭德將職業興趣看作一種穩定人格特質的做法，忽略了個人的成長和學習對人格的影響。個人人格特徵並不一定是職業選擇的主導因素，也不一定是職業成

功的主導因素。例如，近年來的研究發現情商也會影響一個人的成功。因此，在今後的職業輔導中，不僅要考慮人格因素，還應加入對社會背景以及其他發展因素的考量。

複習鞏固

1. 霍蘭德的人格類型有哪些？
2. 霍蘭德提出在進行職業選擇時要遵循哪些原則？
3. 你從霍蘭德的職業類型論中獲得了什麼啟發？

第五節 生涯決定論

為什麼有的人終其一生只從事一種自己感興趣的職業？為什麼有的人不停地在各種職業之間來回更換？為什麼在人生不同的階段會從事不同的工作⋯⋯究竟是什麼因素影響人們的生涯決定，人們進行生涯選擇的原因又是什麼呢？美國著名的職業生涯輔導大師克朗伯茲兼顧心理與社會的作用，把經典行為主義、強化理論和認知訊息加工理論的社會學習理論引入職業生涯輔導之中，他認為個人的社會成熟度在很大程度上依賴於對他人行為的學習和模仿，並由此決定自己的職業導向。他在 1979 年出版的《社會學習理論和生涯決定》一書中，詳細地闡述了自己的觀點。

一、影響生涯決定的因素

（一）遺傳因素和特殊能力

遺傳因素包括種族、性別、外表特徵、智力、動作協調能力等。個人由於遺傳的一些特質，在某種程度上決定了其職業表現或影響到個人所獲得的經驗。個人的特殊能力包括智力、音樂能力、動作協調能力等。

（二）環境因素

通常在個人控制之外，來自於人類活動（如社會、文化、政治、經濟、家庭、教育等）或自然力量（如自然資源的分布或自然災害等）對職業決策

的影響。具體包括工作機會的數量和性質、職業選擇訓練人員的社會政策和過程、不同職業的投資報酬率、勞動基準法和工會的規定、科技的發展、家庭的影響、洪水、乾旱、颱風等。

(三) 學習經驗

克朗伯茲認為，每個人都有獨特的學習經驗，這對於個人的生涯抉擇具有重要的影響。他提出了兩種類型的學習經驗：

1. 工具式學習經驗

個人為了得到好的結果，在特定的環境中採取一定的行為，其後果對個人有重要的影響。克朗伯茲認為，生涯規劃和職業所需的技能，可以透過工具式學習經驗而獲得。

2. 聯結式學習經驗

個人透過觀察真實和虛構的模型，透過對人、事之間的比較來學習對外部刺激做出反應。某些環境刺激會引起個人情緒上積極或消極的反應。如果原來屬於中性的刺激與使個人產生積極或消極情緒反應的刺激同時出現，這種伴隨在一起的聯結關係就會使中性的刺激也具有積極或消極的情緒作用。

(四) 工作取向技能

前面提到的各種因素，如遺傳、特殊能力、社會上各種影響因素，以及不同的學習經驗等，會以一種交互影響的方式使個人形成特有的工作取向技能。包括解決問題的能力、工作習慣、心理狀態、情緒反應和認知歷程等。

克朗伯茲認為，在個人發展歷程中，上述四種因素相互作用，從而形成了個人對自我和世界的推論。一般的個人興趣、價值觀等實際上都是學習的結果。個人學習經驗的不足或不當，可能會導致形成錯誤的推論、單一的比較標準、誇大式的災難情緒等種種問題，從而有礙生涯的正常發展。因此，克朗伯茲特別強調豐富而適當的學習經驗的重要性。

二、在職業選擇中的應用

上述四個因素影響著個體選擇職業生涯的方向，這些因素會使個人對自己做出某些評價，並應用所學的技能以行動來解決問題。由於生涯選擇是一種人與職業互相選擇的匹配過程，並且這個選擇過程持續地存在於從出生到退休的整個人生歷程中，因此職業選擇絕不是一個偶然事件，而是包含前因後果的複雜事件。

克朗伯茲認為，職業選擇的關鍵在於廣義的學習，其他理論所強調的興趣也是學習的結果。因此，為了做出更合理的職業選擇，需要獲得多種多樣的學習經驗，例如尋找參與學習電腦、進行體育鍛鍊、與朋友交往等各種不同性質的活動，因為所有這些技能都可能在未來的工作中派上用場，並有助於拓展個人的興趣，培養個人適當的自我信念和世界觀。

對於處於生涯發展的困境者，需要幫助他們找出以往不恰當的學習方式所造成的後果，然後鼓勵他們使用新的學習經驗戰勝舊經驗。

三、綜合評價

克朗伯茲的理論強調社會影響以及學習經驗對生涯選擇的重要性，並從社會學習的視角解釋了人類的職業選擇行為，彌補了其他理論的不足，具有重要的意義。此外，它為生涯輔導工作提供了實用的方法和技術，具有較高的實用價值。例如，該理論提出的系統職業決策步驟和方法，對於輔導人員設計適當的訓練計劃，培養個體決策能力具有輔導意義。

但是，該理論試圖解釋個人教育與職業愛好和技能是如何形成、並如何影響職業和工作領域的選擇的，但由於其作用機制相當複雜，該理論僅為進一步研究提供了思路。

拓展閱讀

克朗伯茲的求職經歷

美國著名的生涯大師克朗伯茲在畢業時，美國對諮詢師的需求較少，工作非常難找，他寫了40封求職信，35封沒有回音。有4封回信說：你從哪

裡得來的這個消息說我們需要諮詢師？還有 1 封回信，是一個遠在 1000 多公里外的中學來的，說：有機會可以順便過來看看。後來他找了個人開車帶他去了，他在面試中說服了校方，得到了這個工作。每個人都在有意無意地規劃者自己的生涯。生涯規劃要回答或澄清以下 4 個問題：

1. 我是誰：探索個體的興趣、天賦、能力、價值觀以及性格類型。

2. 我想去哪：探索個體的生涯目標和願景。

3. 我在哪：探索個體所處或可能涉及的社會、行業、組織環境會提供的機會和可能性。自己是否適合這樣的機會與可能。

4. 如何抵達想去的地方：選擇生涯發展路線，採取有效的行動去實現自己的生涯目標。

複習鞏固

1. 克朗伯茲認為影響生涯決定的因素有哪些？

2. 克朗伯茲認為影響職業選擇的關鍵是什麼？

3. 簡述生涯決定論的優缺點。

本章要點小結

本章介紹了帕森斯、鮑丁、舒伯、霍蘭德和克朗伯茲的職業生涯理論。帕森斯的特質因素論建立在差異心理學的理論基礎上，強調個人特質，如興趣、能力和人格等會影響職業選擇；鮑丁的心理動力論以精神分析理論為基礎，深入分析了個人內在動機與需要等動態因素對個人職業選擇的影響；舒伯的職業生涯發展論將人的生涯發展階段劃分為成長、試探、決定、保持與衰退五個階段，並提出了職業生涯彩虹圖；霍蘭德的職業類型論根據人的心理素質和擇業傾向，將人格類型劃分為 6 種基本類型，相應的職業也劃分為 6 種類型，同一類型的人格和職業相互結合，才能達到匹配狀態；克朗伯茲的生涯決定論提出，個人的社會成熟度在很大程度上依賴於對他人行為的學習和模仿，並由此決定其職業導向。

關鍵術語表

特質因素論 三步範式 人職匹配 心理動力論 職業角色 生涯發展階段 生涯彩虹圖 生活空間 人格類型 生涯決定論

本章複習題

1. 按照時間順序，職業歷程 4 個階段排序正確的是（　）。

① 職業穩定期　② 職業適應期　③ 職業選擇期　④ 職業衰退期

A. ②→①→③→④　B. ②→③→④→①

C. ③→②→①→④　D. ③→①→②→④

2. 對一個醫生來講，職業歷程分 4 個時期，其中不包括（　）。

A. 職業選擇期　B. 職業適應期　C. 職業轉行期　D. 職業衰退期

3. 父母的家庭教育方式大致可分為四種類型，其中不包括（　）。

A. 民主性父母　B. 放任型父母　C. 溺愛型父母　D. 忽視型父母

4. 藝術型的人適合（　）的工作。

A. 教師　B. 導演　C. 公務員　D. 工程師

5. 實現職業理想而努力實踐的時期是（　）。

A. 職業選擇期　B. 職業適應期　C. 職業拚搏期　D. 職業穩定期

6. 帕森斯提出職業輔導由（　）組成。

（1）求職者的生理和心理（2）分析各種職業對人的要求（因素），並向求職者提供有關的職業訊息（3）人職匹配

A.（1）（2）　B.（2）（3）　C.（3）（4）　D.（1）（2）（3）

7. 生涯是一個動態的發展歷程，個人在不同的生命階段中有不同的企求，這些企求會不斷地變化，個人也就不斷地成長。這體現了生涯的什麼特性？（　）

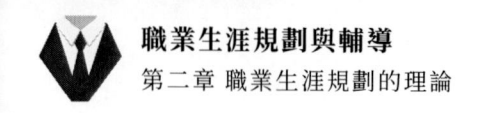

A. 綜合性　B. 終身性　C. 發展性　D. 獨特性

8. 生涯不僅侷限於個人的職業角色，也包括學生、子女、父母、公民等涵蓋人生整體發展的各個層面的各種角色。這是誰的觀點？（　）

A. 帕森斯　B. 霍蘭德　C. 鮑定　D. 舒伯

9. 霍蘭德提出了職業興趣六種類型，其中願意和事物打交道（工具、機械、設備），用手、工具、機器製造或修理東西，願意從事實物性的工作，喜歡戶外活動或操作機器，而不喜歡在辦公室工作，屬於何種類型（　）。

A. 企業型　B. 社會型　C. 實用型　D. 研究型

10. 將人的生涯發展階段劃分為成長期、試探期、決定期、保持期和衰退期五個階段的生涯發展學家是（　）。

A. 舒伯　B. 金斯伯格　C. 沙特爾　D. 格林豪斯

第三章 職業生涯規劃的內容和方法

在校大學生可能經常遇到這樣的問題：「我是否應該轉換專業？」「什麼專業能讓我找到一份好工作？」「畢業之後會有哪些工作機會提供給我？」透過這些問題可以發現，大學生往往從「外部訊息」尋找自己職業生涯規劃的方向。但通常情況下，真正的職業生涯規劃並非如此簡單。那麼，進行職業生涯規劃主要關注哪些內容？可以採用哪些方法呢？本章將透過職業生涯規劃內容的介紹，讓大家瞭解職業生涯規劃從哪些方面著手，同時對職業生涯目標設定進行闡述，讓大家瞭解職業生涯規劃的方法及策略。

▌第一節 職業生涯規劃的內容

一、職業生涯規劃的準備

（一）自我評估

進行職業生涯規劃之前必須認識自我，透過自我評估有助於全面瞭解自己的年齡、性格、興趣、價值觀、能力等內容。這些內容可以使個體將注意力放在自己———決策者身上，因為每個人都要最終負責自己的職業選擇。對自我的瞭解是個相對容易的過程，可以借助自己的經驗、所經歷的事件以及一些測量工具獲得關於自我的訊息。下面就幾個重要的方面進行闡述。

1. 價值觀

價值觀是指人對客觀事物（包括人、物、事）及對自己行為結果的意義、作用、效果和重要性的總評價。例如，在生活中有這樣的表達：「對你很重要的或你很想要的東西。」這就是你的價值觀。心理學家米爾頓·羅克奇（Milton Rokeach）一生致力於價值觀的研究，他開發出的《羅克奇價值觀測驗》是國際上廣泛使用的價值觀問卷。羅克奇認為人們有兩種不同類型的價值觀。

第一種類型稱為終極性價值觀（terminal values），指個人價值和社會價值，用以表示存在的理想化終極狀態和結果，是一個人希望透過一生而實

現的目標。羅克奇提出了 18 種包含在我們概念體系中的具體價值概念（見表 3-1），如自由、平等、美麗的世界、和平的世界等。例如，「自由」即是一種終極價值觀，意味著獨立，自由選擇；「社會讚譽」意味著受到敬重、羨慕等。你可以選擇類似的詞語填入下面的句子來確定一種終極價值觀：

　　我相信，生存的最終狀態是（　　），它是個人和社會都值得為之奮鬥的。

　　羅克奇提出的另一種價值觀稱為工具性價值觀（instrumental values），指的是道德或能力，是達到理想化終極狀態所採用的行為方式或手段。同樣，羅克奇也用 18 個價值概念（見表 3-1）來測量人們的工具價值觀。例如：

　　我相信有一種行為方式，即（　　），對於個人和社會來說，它在任何情況下對任何事物都是可取的。

　　如果你將以上兩個句子的空白處所填入的概念分別進行排序，則可瞭解你的價值觀。

第一節 職業生涯規劃的內容

表3-1　羅克奇價值觀調查表

終極價值觀	工具價值觀
1.舒適的生活(富足、安寧)	1.有抱負(雄心勃勃、辛勤工作奮發向上)
2.興奮的生活(刺激的、積極的)	2.心胸寬廣(開放)
3.成就感(持續的貢獻)	3.有才能(能力、效率)
4.世界和平(沒有衝突和戰爭)	4.快活(輕鬆愉快)
5.美的世界(藝術和自然的美)	5.整潔(衛生、清潔)
6.平等(兄弟情誼、機會均等)	6.勇敢(堅持自己的信仰)
7.闔家安寧(有能力照顧自己所愛的人)	7.寬恕(諒解他人)
8.自由(獨立、自主的選擇)	8.助人(為他人的福利而工作)
9.幸福(滿足感)	9.誠實(正直、真摯)
10.內心平靜(沒有內心衝突)	10.富於想象(大膽、有創造力)
11.成熟的愛(性和精神上的親密)	11.獨立(自力更生、自給自足)
12.國家安全(免遭攻擊)	12.有理智(有知識、善思考)
13.享樂(快樂、休閒的生活)	13.邏輯性(理性的)
14.拯救靈魂(救世的、永恆的生活)	14.鍾情(博愛、溫情、溫柔)
15.自尊(自重)	15.服從(有責任感、尊重)
16.社會承認(他人的尊重和讚賞)	16.有教養(禮貌、性情好)
17.真正的友誼(親密)	17.負責任(可靠的)
18.睿智(對生活有成熟的理解)	18.自控(自律、約束)

在個體孩童時代，常被問道：「你長大之後想要當什麼？」或「你的理想是什麼？」孩子們總會一臉認真的回答：「想當科學家！」「想要成為一名老師！」可見，人們在年齡很小的時候就能表述和模糊地確立自己的價值觀，並判斷它們的重要性，並且隨著年齡的增長不斷發展。而工作價值觀是價值觀的一個很重要的部分，工作價值觀並不僅僅是透過對職業的瞭解而形成，它受到很多因素的影響和制約，例如父母的價值觀、社會的價值觀、民族文化傳統、受教育的經歷、宗教信仰、朋友同伴等。

心理學家馬丁·凱茨透過大量的工作，透過對大約250種職業的研究確定了10種與工作有關的價值觀。這10種價值觀是：

(1) 高收入：指除了足夠生活的費用之外還可以擁有隨意支配的錢。

(2) 社會聲望：指是否受到人們的尊重。

(3) 獨立性：指可以在職業中有更多的自己做決定的自由。

(4) 幫助別人：願意把助人作為職業的重要部分，幫助他人改善健康、教育與福利。

(5) 穩定性：在一定時間內始終有工作，不會被輕易解僱，收入穩定。

(6) 多樣性：所從事的職業要參與不同的活動，解決不同的問題，不斷變化工作場所，結識新人。

(7) 領導力：在工作中可以控制事情的發展，願意影響別人，承擔責任。

(8) 在自己感興趣的領域中工作：堅持所從事的職業必須是自己感興趣的領域。

(9) 休閒：把休閒看得很重要，不願意讓工作影響休閒。

(10) 盡早進入工作領域：涉及一個人是否在意進入工作領域的早晚，是否希望節省時間和不支付高等教育的費用而盡早進入工作領域。凱茨最終還發展了一套用於電腦職業輔導系統的價值澄清練習，該電腦職業輔導系統被稱為交互輔導訊息系統（system for interactive guidance information，SIG）。

在凱茨練習系統中，一個重要的內容是，個體必須區分價值觀的優先次序，因為在一種職業選擇中不可能滿足所有重要的價值觀。另一個重要的問題是，在職業生涯決策中一個人每種重要的價值觀之間相互協調的問題。例如，「高收入」和「穩定性」這兩種價值觀常常互不相融。但是，在凱茨的價值觀系統中，「在你感興趣的領域中工作」實際上是把自己在感興趣領域中工作當作了一種價值觀，從而對這兩者進行協調。

如果你對自己的價值觀有清晰的認識，在進行職業生涯規劃時會輕鬆很多。如果你對自己的價值觀不夠清晰，可以參考拉斯、西蒙和哈明等人提出的價值觀澄清法，透過價值觀澄清過程來瞭解自己的價值觀。該方法由以下三個階段、七個步驟完成：

第一個階段，選擇（choosing）。自由選擇：只有在自由的選擇中，才能根據自己的價值觀行事，被迫的選擇是無法使這種價值整合到他的價值體系中的。從多種可能中選擇：提供多種可能讓學生選擇，讓學生對選擇的利弊進行分析思考。對結果深思熟慮的選擇：即對各種選擇都做出理論的因果分析、反覆衡量利弊後的選擇，在此過程中，個人在意志、情感以及社會責任等方面都受到考驗。

第二個階段，珍視（prizing）。珍視與愛護：珍惜自己的選擇，並為自己能有這種理性的選擇而自豪，可以看作是自己內在能力的表現和自己生活的一部分。確認：即以充分的理由再次肯定這種選擇，並樂意公開與別人分享而不會因這種選擇而感到羞愧。

第三個階段，行動（acting）。依據選擇行動：鼓勵學生把信奉的價值觀付諸行動，輔導行動，使行動反映出所選擇的價值取向。反覆地行動：鼓勵學生反覆堅定地把價值觀付諸行動，使之成為某種生活方式或行為模式。

思考一下你自己重要的工作價值觀，看看是否能使你的價值觀得到澄清。

2. 興趣

興趣是人們為了樂趣或享受而做事。在做自己感興趣的事情時，人們往往精力充沛，思維活躍，做事效率極高。因此確定自己的興趣，將其與未來的職業進行匹配是職業生涯規劃的關鍵。它決定著個體將選擇什麼專業進行學習，或者大學畢業後進入哪個行業工作。不同領域人有不同的興趣模式，例如工程師的興趣與藝術表演者的興趣就有所不同。因此，全面瞭解自己的興趣有助於職業生涯規劃。對照表 3-2 的描述，可以瞭解你的職業興趣。

表3-2　霍蘭德職業興趣分類

類型	特徵	喜歡的活動	喜歡的職業
A-藝術型	屬於理想主義者，具有獨創的思維方式和豐富的想象力，直覺強烈，感情豐富	喜歡創造和自我表達類型的活動，如音樂、美術、寫作、戲劇	喜歡「非精細管理」的創意類的創造類的工作，如：音樂家、作曲家、樂隊指揮、美術家、漫畫家、作家、詩人、舞蹈家、演員、戲劇導演、廣告設計師、室內裝潢設計師
S-社會型	洞察力強，樂於助人，善於合作，重視友誼，關心他人，有強烈的社會責任感，總是關心自己的工作能對他人及社會做出多大的貢獻	喜歡與別人合作的活動，幫助別人解決困難	喜歡幫助、支持、教導類工作，如：牧師、心理諮詢員、社會工作者、教師、輔導員、醫護人員、其他各種服務性行業人員
R-實用型	個性平和穩重，看重物質，追求實際效果，喜歡實際動手進行操作實踐	願意從事事務性活動，如戶外勞作或操作機器，不喜歡待在辦公室裡	喜歡與戶外、動植物、實物、工具、機器打交道的工作內容，如：農業、林業、漁業、野外生活管理業、製造業、機械業、技術貿易業、特種工程師、軍事工作
E-企業型	為人樂觀，喜歡冒險行事衝動，對自己充滿自信，精力旺盛，喜好發表意見和見解	喜歡領導和影響別人，或為達到個人或組織的目的而說服別人，成就一番事業	喜歡那種需要運用領導能力、人際能力、說服能力來達成組織目標的職業，如：商業管理者、銷售經理、行銷人員、採購員、投資商、製片人、保險代理、政治運動領袖、公關人員、律師
I-研究型	自主獨立，好奇心強，敏感、慎重，重視分析與內省，愛好抽象推理等智力活動	喜歡獨立的活動，比如獨自探索、研究、理解、思考那些需要嚴謹分析的抽象問題，獨自處理一些訊息、觀點即理論	喜歡以觀察、學習、探索、分析、評估或解決問題為主要內容的工作，如：實驗室工作人員、物理學家、化學家、生物學家、工程師、程式設計員、社會學家
C-常規型	追求秩序感，自我抑制，順從，防衛心理強，追求實際，迴避創造性活動	喜歡固定的、有秩序的活動，如組織和處理數據等。願意在一個大的機構中處於從屬地位，並希望確切知道工作的要求和標準	喜歡有清楚規範和要求的、按部就班、精打細算、追求效率的工作，如：稅務專家、會計師、銀行出納、簿記、行政助理、秘書、檔案文書、電腦操作員

此外，還可以借助其他興趣量表瞭解自己的興趣。如 ACT 工作世界地圖（Prediger，1976）、梅爾斯 - 布瑞格斯類型指標（MBTI）等。

3. 能力

除了價值觀和興趣，對能力的估計和認識也是自我評估的重要內容。認識自己的能力除了透過自己的生活經驗、他人評價、各種評估結果之外，也可以採用各種能力傾向測驗來瞭解自己的一般能力和技能。具體方法可參考第六章和第七章關於自我認識的內容和方法的介紹。

但是，個體對能力的認識更多是基於自己的經驗，這種判斷源於對過去有意識或無意識的各種評價。對自己能力的感知稱為自我效能感，例如「我能幹這個工作」「我覺得自己做這件事會有困難」等諸如此類的想法或信念。自我效能與一個特定的事件有關，不需要能夠勝任所有的事。因此，在選擇自己的職業方向時，相關能力非常重要，自我效能感也非常重要。但是，潛在的僱主也許不會使用「自我效能感」這個概念，他們會透過其他方法（如問題情境、案例分析）瞭解你的自我效能感。作為求職者，對所有事情都擁有高水平的自我效能感是不現實的。在現實工作中合理地請求幫助是成熟的工作行為。

自我能力提升對職業成功來說是非常必要的，如果你是名大學生，當前最重要的任務是學業的成功。許多學生常犯的一個錯誤是在校學習的時候考慮如何提高自己的工作能力。工作能力的鍛鍊固然重要，但就業之後提升工作能力的機會有很多，而全職在校學習和掌握一門專業和技能的機會卻不是常有的。因此在當下積極改變自己，提升自我能力，將有助於職業生涯目標的實現。

拓展閱讀

自我評估與職業生涯決策的誤區

第一，避免過度概括自己過去的經驗。也許你遭遇過無法解答數學題的不良體驗，或出現過人際交往的問題，你因此決定拒絕探索與數學有關的問題或避免進入需要大量跟人溝通的行業。這種過度泛化會嚴重限制你成功地

探索那些可能讓你滿意的職業。當然，在一門數學課上做得相當出色也不意味著你應該進入數學統計學院學習。在有效的職業生涯決策中還有其他許多重要的訊息需要考慮。

第二，避免過於依賴他人對自己的價值觀、興趣和技能的評價。尤其是當這個人有很高的聲望或影響力時要更加小心，例如該人是父母、老師、導師甚至是職業諮詢師時。當你感謝和珍視他人對你的技能和興趣所給予的回饋訊息時，也要特別注意對這些訊息進行辨別和驗證。你可能僅僅因為家裡兩個前輩從事某種職業（例如，你的祖父和父親都是醫生）而趨向於選擇或避免這種職業。

第三，避免在自己處於某種情緒危機時制定職業生涯決策。在一些職業生涯規劃諮詢中，常常看到有些學生因為某門課程學習吃力而決定放棄該專業的學習，並且避免未來的就業方向與該專業相關。

（二）職業環境分析

所謂職業環境，是某種職業在社會大環境中的發展狀況、技術含量、社會地位、未來發展趨勢等。進行職業環境分析的要求是，透過職業環境分析弄清職業環境對職業發展的要求、影響及作用，對各種影響因素加以衡量、評估並做出反應。關注當前的熱點職業有哪些？發展前景怎樣？社會發展趨勢對所選職業有什麼影響？要求如何？總的來說，職業環境分析可以從以下幾方面入手：家庭環境分析、瞭解職業狀況、調查就業市場訊息、瞭解勞動法律規範及政府就業政策。

人的性格品質的形成及個人的成長離不開家庭環境的影響，大學生在進行職業生涯規劃時，應該考慮家庭的經濟狀況、家人期望、家族文化等因素對本人的影響。個人職業發展規劃的確立，總是與自身的成長經歷和家庭環境相關的。個人在成長過程中，在不同時期也會根據自己的成長經歷和受教育的情況，不斷修正、調整，並最終確立職業理想和職業計劃。正確而全面地評估家庭情況才能有針對性地設計適合自己的職業生涯規劃。

瞭解未來的職業狀況，可以從以下幾方面入手。首先，透過國際組織、政府主管部門和學術中介組織制定發布的職業分類標準文件和職業分層狀況研究報告，瞭解社會總體職業分布狀況，並對各種職業的內容、環境條件、資格要求、經濟收入、生活方式、社會地位和發展前景等各方面訊息進行全面系統的瞭解和把握。其次，應重點瞭解、分析和把握一些社會熱點職業門類的發布、需求和發展狀況。再次，應爭取一切可以爭取的機會和途徑，親身投入到實際職業情景中，現場體驗和深入瞭解自己重點意向的職業分布狀況、需求狀況以及這些從業者的工作狀況和生活狀況。

瞭解勞動法律規範有助於在未來的職業中更好地保障自己的權利，更順利地實施自己的職業生涯計劃。勞動法律體系是指與勞動者權益有關的一切法律制度的總稱，其所調節的對像是勞動關係及與勞動關係密切相關的其他社會關係。此外，瞭解政府有關就業政策導向，接受政府部門和學術組織有關職業發展輔導，能讓自己的職業生涯規劃具有明確的宏觀戰略方向。更多職業環境分析的內容請參考第九章。

二、職業生涯目標設定

歸根結底，職業生涯管理是一種典型的目標管理。1980 年代初，兩位哈佛心理學家做過一項調查研究，對像是一些自稱幸福的人。結果發現，這些「幸福的人」的共同之處不是人們通常認為的擁有金錢、成功、健康或愛情，他們只有兩個共同點：擁有明確的輔導自己生活的目標，感受得到自己正穩步向目標前進。因此，幸福不是結果，而是不斷設定目標、追求目標的過程，按照自己的心願自由地追逐自己的夢想就是幸福。這恰如美國心理學家羅杰斯所言：「美好生活是一個過程，而不是一種存在狀態；它是一個方向，而不是一個歸宿。」

（一）職業生涯目標的構成要素

人生是需要目標導向的，人生要幸福、成功，就需要確立清晰的奮鬥目標，並全力以赴地為目標奮鬥。對於職業生涯目標，可以從 3 個方面考慮：

一是職業生涯目標的概念與操作

二是職業生涯目標的表現功能和手段功能

三是職業生涯目標的時間維度

概念目標與行動目標。概念上的職業生涯目標只是對人們期待參與工作的一種概括，但未指明是哪種具體的工作或職位。簡而言之，它只反映職業的大致傾向，是一個人的重要價值觀、興趣、才能和對生活方式的偏好。上述對「生活中的心理學」中「六個國家」的選擇中，你的答案所體現的便是概念目標。行動目標是實現概念目標的一種手段，它把概念目標變成具體的工作或職業。例如，一個人的概念目標是從事「企業型」工作，領導和影響別人，成就一番事業。具體到行動目標，就是當上某家公司的部門經理。

表現功能與手段功能。職業生涯目標的表現功能是指與目標相關的經歷能使人內心產生樂趣。職業生涯目標可以適當地表現一個人的成就使其感到快樂的程度、充實的程度、令人滿意的工作行為的程度以及在工作中運用自己才能的程度、體驗滿意生活方式的程度。職業生涯目標還具有手段性功能。這種手段性因素意味著已經實現目標的可以導致（或引出）下一個目標，之前的積累為後續目標的實現奠定了良好的根基。

短期目標與長期目標。職業生涯目標需要用時間來衡量。哈佛大學曾做過一項為期 25 年的追蹤調查，發現目標期限、清晰度對職業前景有重要的影響（見圖 3-1）。在調查人群中，只有 3% 的人具有清晰且長期的目標，10% 的人具有清晰、短期的目標，60% 的人目標模糊，剩下 27% 的人沒有目標。25 年之後，這四個群體之間出現了更明顯的「分水嶺」———3% 具有清晰且長期目標的人，成了社會各界的頂尖人士；10% 具有短期、清晰目標的人，成了各行各業的專業人才；60% 有著模糊的目標的人，處於社會的中下層面，安穩地工作和生活；而 27% 沒有絲毫目標的人，淪陷在社會的最底層，他們唯一能做的，就是不停地抱怨這個世界。

第一節 職業生涯規劃的內容

```
         25年前                              25年後

  ┌─────────────┐                      ┌─────────────┐
  │有清晰、長期的目標│   3%                │社會各界的頂尖人士│
  └─────────────┘                      └─────────────┘

  ┌─────────────┐                      ┌─────────────┐
  │有清晰、短期的目標│   10%               │各行各業的專業人才│
  └─────────────┘                      └─────────────┘

  ┌─────────────┐                      ┌─────────────┐
  │   目標模糊   │     60%              │  社會的中下層面 │
  └─────────────┘                      └─────────────┘

  ┌─────────────┐                      ┌─────────────┐
  │   沒有目標   │     27%              │  社會的最底層  │
  └─────────────┘                      └─────────────┘
```

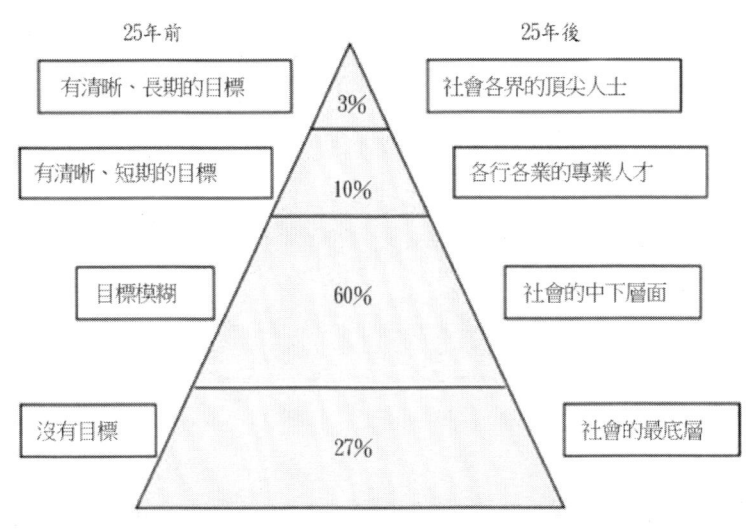

圖3-1 職業規劃中目標期限、清晰度的重要性

當然，目標的短期與長期完全因人而異，人與人之間往往有較大差異。一般而言，長期目標一般是5～7年；短期目標更注重當前，一般為1～3年。

在確定職業生涯目標時，第一步是確認長期的概念目標。例如，可以問自己如下問題：自己希望在未來長時期內承擔何種類型的工作，從事哪些活動，獲得何種回報和承擔哪些職責？然後考慮短期的概念目標，短期概念目標作為一種手段，要能支持長期目標。為了從長期目標中提煉出短期目標，需要回答以下問題：何種工作經歷使自己有條件實現這個長期目標？需要開發或提高哪些才能？什麼技能有助於實現下一個目標？也就是說，短期目標是分階段的長期目標，與長期目標相一致。

概念目標確定後，需將概念目標具體化為行動目標，即什麼職位（或工作或組織）才能給你提供機會，符合你的價值觀、興趣、才能和生活方式？實際上，並不存在一個公式可以指明你應該選擇哪個行動目標。對於每個行動目標是否理想、是否現實，在很大程度上取決於你自己的判斷（或者從別處獲得的訊息）。但是，你可以嘗試估計能夠滿足概念目標主要內容的具體行動目標應該具備哪些性質。只有對一個或幾個行動目標進行估計之後，才能對每個行動目標的適當性做出評價。

拓展閱讀

克服目標設定的障礙

在確定職業目標的過程中，可能會遇到各種障礙。下面列出了設定有效目標時可能遇到的障礙，以及克服這些障礙的建議。

（1）取悅別人的職業生涯目標。這類目標不僅令人無法產生興趣和動力，即便實現了，也會有挫折感和失落感。解決辦法包括兩個方面：首先，必須瞭解自己的價值觀、興趣、才能以及偏好的生活方式；其次，找一個與上述因素相一致的目標。

（2）過於籠統的職業生涯目標。具體的目標往往比籠統的目標更有意義，因為具體的目標代表著具體的奮鬥方向。因此，它們比籠統的目標更能有效地輔導人們去努力。此外，具體的目標能提供更多的回饋機會，讓人很容易看出工作的進展情況。

（3）太容易或太難的目標。太容易實現的職業生涯目標不可能使人產生真正的成就感。而難度過大的目標是不太可能完成的。富有挑戰和實際上達不到只有一線之隔，個體如果達不到所期望的目標，會產生挫折感和失敗感。

（4）不靈活的職業生涯目標。人們特別害怕對職業生涯目標可能發生的變化進行徹底的重新審視。對此，要承認曾經的目標有可能會變得不再合理，需要我們不時地修訂自己的職業生涯目標。

（二）職業生涯規劃制定的原則

1. 樹立並固守核心價值觀

在確認職業生涯規劃之前，需要回答一個基本問題：「我為什麼而活著？」從這個問題出發進行自我省察，會發現一個人存在的真正原因和意義，從而提煉出輔導其行為的原則，即「核心價值觀」。一個人的「內心欲求」只有與其所承擔的「社會責任」聯繫起來時，才能在人生價值和生命意義上實現「自我肯定」。換句話說，核心價值觀本質上並不是根據邏輯推理「論證」出來的正確結論，而是人們在實踐中內省自悟出來的「主觀信念」。為了確

認你所信奉的準則是否為「真」，柯林斯曾建議透過回答以下幾個問題來判斷和確立自己的核心價值觀：

● 如果它一時不能給你回報，你還會信奉它嗎？

● 如果你有了足夠的錢安享餘年，你還會繼續堅持它嗎？

● 如果它在一定時期不利於你短期生存目標的實現，你仍不會拋棄它嗎？

● 如果你是一個身價數億的大富豪，你還會固守它嗎？

● 一百年之後，你還會像今天一樣遵循它嗎？

● 你會發自內心、不由自主、熱情洋溢、津津樂道地宣揚它嗎？

如果回答是肯定的，那麼你所說的核心價值觀很可能就是「真的」。

關於職業生涯目標定位，也可以借助柯林斯的「刺猬理念三環圖」來進行檢驗（見圖 3-2）。

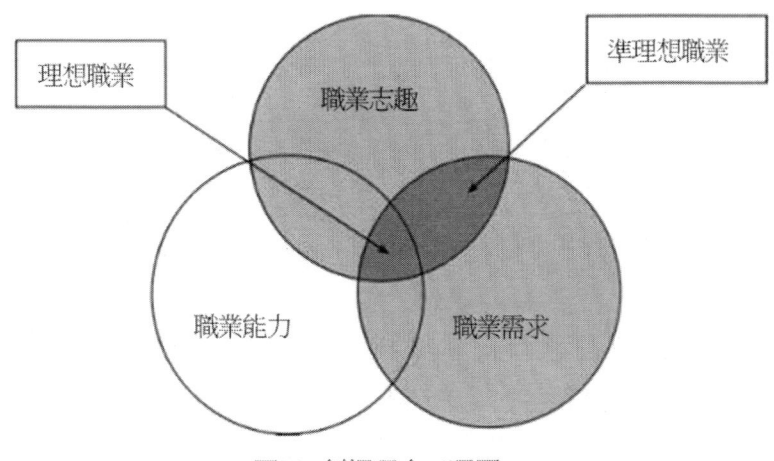

圖3-2 刺蝟理念三環圖

柯林斯所說的「三環」實際上就是一個人實現職業成功所要具備的三個基本因素，即：

● 職業志趣：我對什麼充滿激情？

●職業需求：是什麼驅動我的經濟引擎？

●職業能力：我在什麼領域能成為最優秀的？

在職業目標定位上，興趣是點燃激情的火種，如果所從事的工作是一個人發自內心熱愛的，那麼每天清晨醒來他會有一種迫不及待想要投入工作的感覺和激情。但是，要將它當作你的「正業」來幹，還需要一個現實條件，即你所從事的職業或工作能夠為自己提供優裕的生活條件，是自己幸福生活、終身依託的基本保障。這就意味著你所從事的事業正是社會所需要的，具有廣泛而重要的市場價值。除此之外，這個工作最好是你擅長的，能夠發揮你的天賦條件、專業技術和潛能。

三個重疊的核心就是你最理想的職業。在實際生活中，職業目標定位往往難以「三全其美」，能夠「兩全其美」也是不錯的，即可以圍繞核心價值觀同時兼顧某兩種職業要素，然後根據實際情況進行適當地策略性調整，最後確定一個或數個「準理想」或「次優」的選擇方向和目標。

2. 勤勉有效的執行力

戰略規劃的最終目的和落腳點是「將一切都轉化為行動」。人生設計再美好，職業生涯規劃再周密，不採取行動一切都等於烏有。

首先，要有高效執行力，必須樹立積極主動、自信勇敢的人生和工作態度。樂觀地面對生活，把握一切機會，積極嘗試一切值得嘗試的事情，勇敢地推銷和展示自己。其次，有效的執行力還需要智慧。成功者的職業生涯肯定是「智慧人生」，他們善於用「腦子」幹工作、幹事業。因此，學習、進修、培訓等就成為提升職業生涯發展水平的基本途徑和手段。最後，要想獲得有效的職業生涯，還要善於管理時間。生命是由時間組成的，擁有高效的執行力，就意味著節約了時間，積累了雄厚的資本和財富。管理時間的基本原則是，將日常事務分輕重緩急有序安排，然後設定期限有條不紊地完成。

拓展閱讀

如何有效地管理時間？

時間管理的本質是分清輕重緩急。四象限法便是根據事情的緊急和重要程度，將日常事務分為四個像限，並依此對自己的學習和生活進行管理的方法。

表3-3　時間管理的四象限

1. 重要又急迫 　諸如即將開始的會議、週一要交的總結報告等等。	2. 重要但不緊急 　該象限主要與生活品質有關，包括長期的人生規劃、人際交往、鍛鍊身體等等。
3. 緊急但不重要 　表面上類似第一象限，會讓我們產生「這件事很重要」的錯覺。例如，手機鈴聲、不速之客。	4. 不緊急也不重要 　例如娛樂、網路遊戲、客套的閒談等。

我們往往在一、三象限來回奔走，忙得焦頭爛額，不得不到第四象限去療養一番再出發。但休閒活動也存在有無價值之分，無價值的休息不但不利於走更長的路，反而是對身心的毀損。不妨回顧一下自己上週的生活與學習，在哪個像限花的時間最多？在哪一方面持續優異的表現，會對個人生活或工作產生積極的意義？這些問題的答案可歸類如下：

1. 改善人際關係。

2. 事先準備工作。

3. 更周詳地規劃與組織。

4. 善待自己。

5. 抓住機會。

6. 充實自我。

7. 增進能力。

仔細看一下，這 7 項都屬於第二象限，因此也都是重要的事。因此，在時間管理上，除了快速有效，也要為長足的進步而籌謀。

3. 日常的回饋和調整

完善的職業生涯規劃，不僅要有明確的目標、周密的計劃和強大的執行力，還需要靈活的回饋和調整機制。組織行為學家赫斯特認為，人類社會的任何組織，包括現代企業的形成和發展，都是一種自然歷史過程。在這個過程裡，「戰略上多屬偶然，經濟上每出意外，政治上源於災難」；管理上，「應急行為」「理性行為」和「被迫行為」因環境變動而交替出現。同理，一個人的職業生涯制定更是如此。職業生涯實質上是一種自覺追尋、自發形成、自然演進的「學習曲線」，本質上是一種隨機應變的處世哲學和待人藝術。

新精英生涯的總裁古典也在《拆掉思維裡的牆》中談到，最好的職業選擇是「年輕的時候你可以一見鍾情，但是到了年紀你就該兩情相悅一段，然後選擇和一個人白頭偕老。」年輕的時候，可以根據自我和周邊環境的回饋對自己的職業生涯目標進行適當地調整，隨著時間的推移，最終確定一個適合自己的、願意為之奮鬥終生的職業規劃，切忌不要選擇糟糕的規劃方式──「年輕的時候遇見誰都想白頭偕老，年老的時候，看到誰都一見鍾情。」

複習鞏固

1. 簡述如何進行職業環境分析。
2. 簡述職業生涯規劃的原則。

第二節 職業生涯規劃的方法

一、個體職業生涯規劃的方法

個人出生與成長的各種社會環境影響著職業生涯的選擇和發展。所謂環境，主要包括文化與社會環境、父母親的狀況、學校教育、同伴影響、職業本身與職業單位的影響等。同時，伴著年齡增長，一個人的興趣、觀念、價

值觀也會發生變化,並對職業生涯規劃產生影響。受上述總體環境和個體差異的影響,在個人職業生涯規劃方法上,難以找到一種「放之四海而皆準」的通用範式。本節提供了一些常用的個人職業生涯規劃方法,供讀者參考和借鑑。

(一) 自行設計法

即進行自我測定、自我評價,明確職業興趣、能力及行為傾向、價值觀等,從而把握職業方向。常用的測評工具包括:

性格自我測試。性格是個性中具有核心意義的成分,幾乎涉及人的心理過程及個性特徵的各個方面,對職業選擇和職業生涯發展有一定的影響。對具體職業而言,能力不足可以培訓,但如果性格與職業要求不匹配,則難以獲得好的工作業績。例如,讓一個性格內向的人去做推銷員,大概就難以獲得成功。

能力自測。主要包括分析能力自測、行動能力自測、管理能力自測、經營能力自測和其他特殊能力自測等。其結果可以為職業選擇提供基本的參考依據。

職業素質自測。主要有工作動機、職業適宜性、職業選擇、職業方向等。其結果旨在瞭解自己的優勢,為從事相應的工作提供依據。

職業生涯規劃中常用的工具及方法包括:

霍蘭德職業傾向測驗。霍蘭德職業傾向測驗,由美國著名職業輔導專家霍蘭德編制。他將職業分為六種類型,即現實型、研究型、藝術型、社會型、企業型、常規型。霍蘭德認為一個人的職業是否成功、穩定,在很大程度上取決於其個性類型和工作條件之間的匹配情況。霍蘭德職業傾向測驗透過對個體在活動興趣、職業愛好、職業特長以及職業能力等方面的測驗,確定上述六種類型的組合情況,並根據個性類型尋找適合的職業。

SWOT 分析。SWOT 分析方法是一種根據企業或個人的既定內在條件進行分析,找出優勢和劣勢,並制定具有核心競爭力的戰略方法。其中,「S」和「W」是內部影響因素———「S」代表優勢(strength),「W」代表

弱勢（weakness）；「O」和「T」代表外部影響因素———「O」代表機會（opportunity），「T」代表威脅（threat）。SWOT分析是檢查個人技能、能力、職業、喜好和職業機會的有用工具。透過細緻的SWOT分析，可以使人清楚地瞭解自己的優點和弱點，並評估職業道路的機會和威脅。

表3-4　個人SWOT分析舉例

	對達成目標有幫助的	對達成目標有害的
內部	優勢（strengths） 高學歷 人際關係良好 正確價值觀 能獨立自主 有專業知識	劣勢（weaknesses） 過於理想化 主觀意識過強
外部	機會（opportunities） 就業市場越來越傾向高學歷者 現今高科技就業市場蓬勃發展，高級人才卻不足	威脅（threats） 無法屈就低職位、低薪水 所學科系和熱門產業不符 熱門產業競爭者眾多

「5W」思考模式。5個「W」的思考模式是職業諮詢和職業規劃中常採用的一種方法，回答以下五個問題，找到它們的最高共同點，可以為自己的職業生涯規劃提供有效的參考訊息。「5W」的5個問題是：

Who are you？你是誰？

What you want？你想幹什麼？

What can you do？你能幹什麼？

What can support you？環境支持或允許你幹什麼？

What you can be in the end？最終的職業目標是什麼？

第一個問題「我是誰？」是對自己進行一次深刻反思，將優點和缺點一一列出來。

第二個問題「我想幹什麼？」是對職業發展心理趨向的檢查，每個人在不同階段的興趣和目標並不完全一致，有時甚至是完全對立的，但隨著年齡和經歷的增長會逐漸固定下來。

第三個問題「我能幹什麼？」是對自己能力與潛力的全面總結，一個人的職業定位最終還要歸結於能力，而職業發展空間的大小則取決於自己的潛力。

第四個問題「環境支持或允許我幹什麼？」環境支持在客觀方面包括經濟發展、人事政策、企業制度、職業空間等；主觀方面包括同事關係、領導態度、親戚關係等。

明白了前面四個問題，會從各個問題中找到對實現有關職業目標有利和不利的條件，列出不利條件最少的、自己想做且又能夠做的職業目標，那麼第五個問題「自己最終的職業目標是什麼」自然就有了清楚明了的框架。

米字圖。「米」字圖一般是以年度為單位進行設計。米字圖呈圓形分為八個板塊，分別包括金錢、事業、家庭、婚姻、健康、消費、娛樂、旅遊、學習、能力、子女等方面，個人可結合自身年度的發展規劃和遠景進行選擇和設計。以「財務總監」為例，其個人職業生涯規劃如下圖：

圖3-3　米字圖舉例

透過以上方法的運用，可以對自己未來的職業發展建立較清晰的認識，從而制定自己的職業生涯規劃。當你僅透過這些工具依舊不能有效地確立自己的職業目標時，可以選擇向專業機構求助。

(二) 職業諮詢法

職業諮詢（career counseling）是包括求職、就業、創業輔導、人才素質測評、職業生涯規劃、職業心理諮詢等一系列相關業務的人力資源開發諮詢服務。職業諮詢已經成為大中城市白領職業定位的重要標準，他們把自己關於職業藍圖方向不明的種種困惑交給職業諮詢專業人士，由職業諮詢專家運用心理學、社會學等多種學科知識，為自己提供尋找職業以及發展過程中遇到的有關問題的建議、訊息和幫助。

在學校中也常設有專門為大學生服務的職業生涯規劃中心，這樣的機構通常設在學校的就業輔導中心或心理輔導中心。但也有一些學生或在職人士為了能更好地規劃自己的職業生涯，選擇一些社會上的專門機構進行職業諮詢預測。

拓展閱讀

如何選擇職業諮詢機構

在選擇職業諮詢機構時需要注意以下問題。

一、瞭解諮詢機構的背景和資質

目前職業諮詢機構基本分為四類：

第一類，政府公益性的職業輔導服務部門。

第二類，營利性的專業服務機構。

第三類，大學就業輔導部門。

第四類，一些人力資源服務機構的職業諮詢部門。

在選擇職業諮詢機構時，可以透過上網、電話諮詢等方式，瞭解機構的背景和服務資質。

二、瞭解職業諮詢機構的專業聲譽和口碑

職業諮詢是新興行業，諮詢機構的服務質量參差不齊，個別公司在利益的驅動下，往往急功近利，對客戶的困惑誇大其詞，對個人資料的保密也極不周全。因此，在選擇職業諮詢機構時，瞭解其專業聲譽和口碑很重要。

三、明確服務內容和流程

透過電話與諮詢機構初次接觸時，要詳細詢問諮詢的服務內容和流程，因為這是體現機構專業度和服務品質的關鍵。

四、考察諮詢師的專業資質

諮詢師的專業度是職業諮詢成功與否的關鍵。一個合格的諮詢師在知識結構、從業經驗、綜合素質以及職業道德四個方面均有要求。

五、衡量收費是否合理

在聯繫職業諮詢之前,需要透過各種管道獲得相關服務的價格範圍。對一些機構收費特別低,收費隨意性大,或收費奇高且沒有實在服務內容的機構,要特別警惕。

六、隨意承諾不可信

由於行業門檻較低,有些公司打出「諮詢+就業」一條龍服務旗號,很多人以為諮詢能幫助解決工作,就像抓到了救命稻草,欣然前往。可經過面談後才發現,幫助找工作要花費幾千塊錢,且要一次性付清,至於承諾的結果,則是「要看雙方的配合程度,以及市場的行情」。

(三) 生活計劃(生命計劃)

這是職業生涯規劃中更長期、更完整的計劃。對於有充分職業經驗的人來說,進一步制定職業生涯規劃,部署長期發展計劃,可以採用「職業行動計劃模型」的方法。具體包括以下 7 個步驟:

一是明確自己的終身計劃與職業意識;

二是進行職業生涯選擇的分析與決策;

三是進行自我評價和成功風險分析;

四是為新的抉擇做準備,瞭解成功的途徑;

五是為實現新職業而努力,提高能力素質;

六是職業發展的行動戰略,自己謀得預定職業並探究和掌握在該職業生存的祕訣,遵從該職業的規範,努力獲得成功;

七是跟蹤和再評價。

重新審視和思索職業計劃或重新制定終身計劃。當重新制定終身計劃時,實際上返回到了第一步。

這七個步驟相互聯繫成為一個閉合的鏈條,人的職業生涯規劃就在這一循環中不斷發展,不斷提高。

二、職業生涯規劃策略

（一）技能評估策略

技能是指在一項工作或任務中具有或學到的具體特質、才藝和個人品質。正如肌肉、骨骼塑造著身體外形，技能塑造著我們的職業生涯。如果被問及技能，你會列出怎樣的技能清單呢？這份清單可能很短。這並不是因為你不具備多種技能，而是因為你從來未被問及，不習慣去思考和討論這個問題。

關於技能評估，可以借助表 3-5。在表中各項你樂於運用（儘管你在這方面並不擅長）的項目上畫「×」，在那些你特別擅長的技能上畫「√」，在那些從未使用過的技能上畫「—」，在想要開發磨煉的技能上畫「○」。在個人品質一項中用符號標出任何符合你情況的條目。

當你完成上面步驟後，計算同時畫有「×」和「√」的技能。這些是你的自發性技能，代表你的強項，而且很可能是同時給你帶來滿足感的領域。如果在工作中盡可能地運用這些技能，並且不斷發現新的方法來使用它們，你將能從工作中體會到快樂和滿足感。

回顧這張練習表，選出 5 個讓你最感興趣和想要發展的技能。思考發展這些技能的方法，例如參加某些課程、訓練班，或工作培訓，參加一項義務工作或向朋友、熟人、同事、導師求教。

表3-5　技能評估表

「X」你樂於運用尚不擅長的技能「√」你極擅長的技能「○」你想要發展和獲得的技能「—」你從未使用的技能

文員技能

檢查 ___	評估 ___	檔案 ___	開發 ___	改進 ___	記錄 ___
校對 ___	計算 ___	建議 ___	跟蹤事件 ___	記帳 ___	打字 ___
抄寫 ___	檢索 ___	安排 ___	系統化 ___	製表 ___	複印 ___
合作 ___	分類 ___	恢復 ___	組織 ___	購買 ___	接待 ___
解決問題 ___					

技術性技能

財務 ___	評估 ___	計算 ___	調整 ___	校準 ___	觀察 ___
核証 ___	製圖 ___	設計 ___	準備說明書 ___	檢驗 ___	解決問題 ___
創造 ___	細節 ___	重建 ___	文件審讀 ___	修改 ___	合成 ___
構造 ___	解決 ___	提煉加工 ___	理解說明書 ___		

第二節 職業生涯規劃的方法

公共關係技能

計劃 ____	指揮 ____	通知 ____	諮詢 ____	寫作 ____	研究 ____
代表 ____	談判 ____	合作 ____	溝通 ____	推廣 ____	說明 ____
主持 ____	接待 ____	調解 ____	表演 ____	贊助 ____	招聘 ____
演示 ____	創造 ____	解決問題 ____			

銷售技能

接觸聯繫 ____	說服 ____	文件審讀 ____	檢查 ____	通知 ____	推廣 ____
定位 ____	影響 ____	證明 ____	比對 ____	區分 ____	說明演示 ____
詢問 ____	簽約 ____	成本核算 ____	談判 ____	溝通 ____	計算 ____
提供諮詢建議 ____	起草合同 ____	推薦 ____	解決問題 ____		

管理技能

計劃 ____	組織 ____	日程安排 ____	分配工作 ____	指派 ____	指示 ____
聘用 ____	測評 ____	行政管理 ____	指揮 ____	控制 ____	協調 ____
指導 ____	授權 ____	創意 ____	制度化、規範化 ____	監管 ____	
談判 ____	決策 ____	團隊建設 ____	概括 ____	解決問題 ____	

溝通技能

說理 ____	組織 ____	定義 ____	寫作 ____	傾聽 ____	解釋 ____
說明 ____	閱讀 ____	講演 ____	編輯 ____	指導 ____	面試 ____
合作 ____	演示 ____	程序化 ____	起草建議 ____	組合 ____	融合 ____
連接 ____	概括 ____	表達 ____	翻譯 ____	解決問題 ____	

研究技能

發現和識別 ____	面試 ____	詢問 ____	合成 ____	寫作 ____	診斷 ____
綜合 ____	審讀、回顧 ____	設計 ____	理論概論 ____	試驗 ____	評估 ____
建議運用公式 ____	調查 ____	概括 ____	溝通 ____	合作 ____	
演示 ____	分析 ____	仔細推敲琢磨 ____	解決問題 ____		

財務技能

計算 ____	預測 ____	財務計劃 ____	發現和確認 ____	會計 ____	
按流程處置 ____	計算機 ____	互相關聯 ____	成本核算 ____	預算 ____	
比較 ____	歸納 ____	檢查 ____	核實 ____	解決問題 ____	

手工技能

操作 ___	監控 ___	控制 ___	準備 ___	駕駛 ___	切割 ___
組裝 ___	草圖 ___	繪圖 ___	檢查 ___	程序 ___	列表 ___
建築 ___	創造 ___	修理 ___	解決問題 ___		

服務技能

諮詢顧問 ___	導引 ___	引領 ___	傾聽 ___	協調 ___	教授 ___
答覆 ___	合作 ___	推動促進 ___	監控 ___	融合 ___	激勵 ___
說服 ___	評估 ___	總結 ___	計劃 ___	修改 ___	調解 ___
鼓勵 ___	簽合同 ___	演示 ___	解決問題 ___		

個人品質

適應性 ___	冒險精神 ___	進取性 ___	反應敏捷 ___	雄心 ___
果決 ___	鎮靜 ___	能幹 ___	自信 ___	明智 ___	創造性 ___
合作 ___	直率 ___	可依賴 ___	堅定 ___	圓通 ___	謹慎 ___
主導 ___	高效 ___	精力旺盛 ___	熱情 ___	靈活 ___	有力量 ___
坦白 ___	理想主義 ___	首創 ___	創新 ___	邏輯 ___	忠誠 ___
客觀 ___	做事研究方法 ___	樂觀 ___	有條理 ___	耐心 ___	執著 ___
實用 ___	精細 ___	平靜 ___	現實 ___	足智多謀 ___	敢於擔風險 ___
自強自立 ___	敏感 ___	嚴謹 ___	真誠 ___	成熟老練 ___	頑強 ___
多才多藝 ___					

(二) 職業訊息整合策略

有時對職業生涯做抉擇最困難的地方在於，不知道存在哪些職業。職場變化非常迅速，可能很難把握最新的可供選擇的職業動態。對於初次就業者，這更是一個複雜的問題。因此，職業訊息的蒐集和整合就變得尤為重要。在決策之前，需要盡可能地對不同的職業進行全面的思考，為職業生涯決策提供所需的訊息。職業訊息的蒐集和整合可以遵循以下步驟。

（1）決定對哪些職業進行研究。透過腦力激盪，參考自己的價值觀、技能、興趣和個性，列出可能的職業選擇清單。首先，這個清單只求數量不求質量，列出一個長長的職業選擇清單，以供比較和篩選。其次，對清單進行

回顧和排序，可以按行業或功能分成小組，例如「溝通類職業」或「管理類職業」。必須逐步地進行篩選和簡化，把準備進行研究的職業或職業領域數量壓縮到一個可操作的範圍之內。

（2）研究行業和功能範圍。在確定研究目標之後，下一步可以對感興趣的職業領域進行廣泛探索。可以瞭解職業的發展軌跡，瞭解職業內部的一般性組織分工等。

（3）瞭解感興趣的職業的最新動態。雜誌、報紙、相關求職網站，特別是工商類刊物，是目前行業發展的趨勢、最新技術的進步、重要的公司和組織以及工作需求的增長等訊息的集中來源。

（4）找出有關的職業或專業協會訊息。大多數行業都有專業組織，就是把某一行業內的專業人士聚集在一起進行交流和開展繼續教育的行業協會。這些組織的任務之一是向公眾傳播該行業的訊息，出版和發行相關刊物、通訊，介紹本行業的熱點問題。

（5）在網上搜索有用的網址。網站可以快速地提供不同行業、專業協會和僱主的廣泛訊息。只需在某個搜索引擎上鍵入行業的關鍵詞，就可以找到若干提供最新訊息的網站。

（6）發現關鍵的僱主。最後一步時開列一份僱主清單，註明僱主的類型（如政府、企業或學校）和準確名稱。

在訊息蒐集和整合過程中，需要對以下問題進行思考：

● 該職業的工作內容和責任是什麼？

● 需要什麼樣的申請資格，如大學學位、技能或工作經驗？

● 該領域典型的職業軌跡是什麼樣的？

● 該行業的就業前景如何？

● 該行業的平均起始工資是多少？最高工資是多少？

● 該行業最典型的僱主是誰？

● 該行業的專業協會有哪些？

● 該行業的工作環境如何？是否要求經常出差？

● 是否要求到外地工作？

完成上述步驟之後，你的職業清單上已經刪去大部分對你不具有吸引力、與你不相匹配的工作，只剩下了為數不多的幾個選擇。

（三）決策策略

職業生涯決策主要取決於個人和環境兩個方面，如下圖所示：

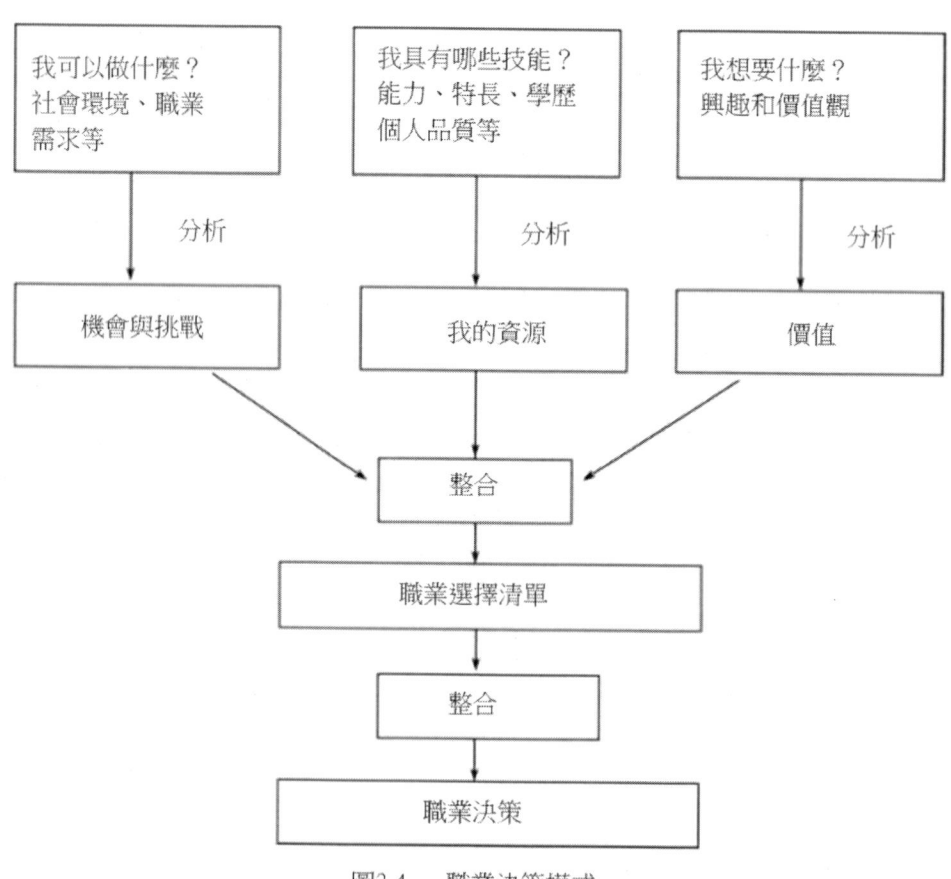

```
┌─────────────┐     ┌─────────────┐     ┌─────────────┐
│ 我可以做什麼？│     │ 我具有哪些技能？│   │ 我想要什麼？ │
│ 社會環境、職業│     │ 能力、特長、學歷│   │ 興趣和價值觀 │
│ 需求等       │     │ 個人品質等    │     │             │
└──────┬──────┘     └──────┬──────┘     └──────┬──────┘
       │ 分析              │ 分析              │ 分析
       ▼                   ▼                   ▼
┌─────────────┐     ┌─────────────┐     ┌─────────────┐
│  機會與挑戰  │     │   我的資源   │     │    價值     │
└──────┬──────┘     └──────┬──────┘     └──────┬──────┘
       │                   │                   │
       └───────────────────┼───────────────────┘
                           ▼
                    ┌─────────────┐
                    │    整合     │
                    └──────┬──────┘
                           ▼
                    ┌─────────────┐
                    │  職業選擇清單 │
                    └──────┬──────┘
                           ▼
                    ┌─────────────┐
                    │    整合     │
                    └──────┬──────┘
                           ▼
                    ┌─────────────┐
                    │   職業決策   │
                    └─────────────┘
```

圖3-4　職業決策模式

影響職業生涯決策的因素有很多，主要包括以下幾個方面：

一是心理特性，包括職業價值觀、職業興趣、職業能力、氣質、人格類型等方面；

二是職業機會，即從業、就業的可能性；

三是社會家庭因素，即父母親的職業態度、家庭的社會經濟狀況、接受培訓和教育的可能性等。上述因素有時可能存在衝突，例如心理特性與家庭經濟狀況的衝突：許多有潛力的學生，由於家庭經濟狀況的制約，不能選擇理想的職業；有些學生的職業理想和價值觀與父母有嚴重的衝突，父母看重就業，子女看重實現自我價值。只有將上述各個方面很好地協調，才可能做出理想的決策。

職業決策有很多種方法，比如經驗法、直覺法、比較法。

經驗法。經驗法是運用較多的方法，通常是尋求有經驗的人提供支持。比如教師輔導過很多學生填報志願，成年人在經歷了職業生涯道路後往往也擁有很多經驗，可以借助這些經驗來輔助決策。這種方法一般主觀性強、精確性差。

直覺法。直覺法主要借助個人的內在感情和感覺，運用想像力，輔之以過去的知識和背景來做決策。該方法簡單、迅速，但是主觀、武斷，缺乏科學依據，較感性。

比較法。比較法是運用推理、比較和數據資料，綜合考慮多方面的利弊得失，找出正面預期多、負面影響少的方案。這種方法比較科學，但比較複雜，需要的技術和資源較多，決策過程漫長。

三、個體職業生涯規劃的特點和評價

（一）特點

個人職業生涯規劃，是個人按照主客觀、內外部因素設計自己的職業生涯，規劃如何度過職業工作的生命期。它有以下幾個特點：

第一，職業生涯設計是個體透過對自己能力、興趣和可供選擇的職業機會的評估，而確立的個人職業生涯的發展目標及職業活動。

第三章 職業生涯規劃的內容和方法

第二，個人制定的職業生涯目標必須和組織的職業生涯計劃目標協調一致，在多數情況下，個人職業目標是為了實現組織的奮鬥目標，離開了組織目標，個人的職業生涯發展是難以獲得成功的。

第三，作為個體主動的職業行為和活動，必須依靠組織提供的工作職業和就業機會。

第四，個人職業生涯規劃極具靈活性、選擇性、自主性和可變可調性。

第五，個人必須對自己制定的職業生涯計劃、職業發展和職業選擇負全部責任。

（二）評價

職業生涯評價是指人們獲得和利用與職業生涯相關的訊息回饋的過程。在評價過程中，人們可以獲知自己到底做得如何。職業評價過程如圖 3-5 所示。

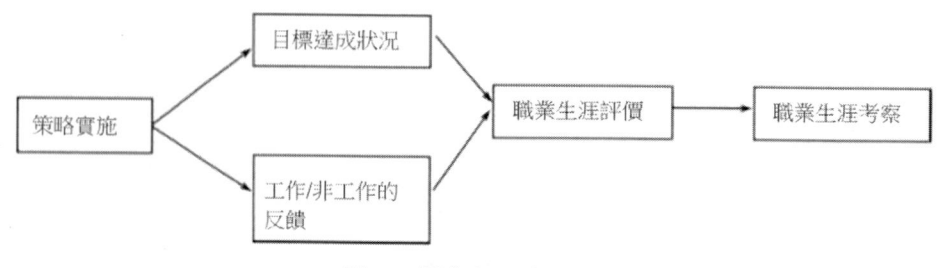

圖3-5　職業生涯評價過程

職業生涯評價具有兩方面的作用，一是透過建設性的訊息回饋使人判斷其目標和戰略是否仍有意義，二是透過不同的評價標準查看職業生涯的成功程度。

職業生涯評價發揮著適應性回饋的功能，使人反思自己的職業生涯目標，監督自己的職業生涯進程。回饋來自於多個方面，職業生涯戰略的實施本身就提供了關於工作或工作以外的生活回饋，這些訊息能使人進一步修訂或強化自己的目標。另外，職業生涯評價還能影響戰略行為。例如，在評價過程中，如果發現目標合適，但方法不可行，在這種情況下，目標不會發生改變，

第二節 職業生涯規劃的方法

但戰略卻需要進行調整。只要人們具有自我監督的能力和調整職業生涯戰略的能力，其職業生涯就更有活力。總之，職業生涯評價給人提供了一種回饋機制，使職業考察和整個職業生涯管理的循環得以不斷持續下去。

個人制定職業生涯計劃，其目的是要獲得職業生涯的成功，這體現了職業生涯評價的第二個功能。那麼，職業生涯成功的標誌是什麼呢？不同的人認為職業生涯規劃成功的標準是不同的，例如社會地位和聲望，豐厚的薪酬，金錢財富，穩定、輕鬆、自由的工作……價值取向的差異，造成了評價標準的不同。儘管如此，要評價個體職業生涯成功與否，大體有以下普遍認同的標準：

●個體的價值取向、能力、知識、個性及人格與其所選擇的職業是否相適應；

●個體的職業目標不受職業的轉移、調整、流動、挫折等干擾而最終獲得成功；

●工作兢兢業業、任勞任怨、盡職盡責或盡心盡力，有突出成績或得到組織嘉獎，在領導、同事們的心中有一定的威信；

●本人在職業工作中能否體會到一種自我成就感和自我滿足感；

●具有創新性，常選擇、追求富有挑戰性的工作，善於另闢蹊徑，並不斷體驗到新的樂趣；

●本人的職業對家庭有積極促進作用。

有關專家從幾百位名人的職業生涯成功經驗中提煉出 14 種與職業生涯成功密切相關的指標：

●有積極的心態。

●有明確的目的。

●多走些路。

●正確地思考問題。

- ●能有效地進行自我控制。
- ●意志、信念和自信心。
- ●團隊理念與合作精神。
- ●熱情和令人愉快的個性。
- ●首創精神。
- ●有良好的注意力。
- ●善於總結經驗和教訓。
- ●敏銳的觀察能力和預見、判斷能力。
- ●廣博的知識和深厚的專業功底。
- ●保持良好的身心健康。

拓展閱讀

什麼是好的職業規劃？

一個好的職業規劃應該為：

第一，應該有一個 20 年的夢想，盡可能地大一些，盡可能抽像一點。因為 20 年是很長的時間，可以發生任何事情，這個計劃主要以你的夢想為主。

第二，給自己一個不超過 10 年的理想，這個計劃主要以培養和發展核心競爭力為主。

第三，瞄準一個 5 年內能達到的目標，細分成為 3 年的職業計劃。詳細瞭解你和這個職位的差距。這個計劃以務必達成的執行為主，同時給自己一個 PlanB。

第四，把你的規劃保留下來，每隔一個月看一看，讓自己保持進度。

第五，每隔半年停下來回顧你的計劃。

第六，對新的機會和趨勢永遠保持警醒。

複習鞏固

1. 簡述常見職業生涯規劃方法。

2. 簡述職業生涯規劃的策略。

3. 舉例說明職業生涯規劃中常見的三種自行設計方法。

本章要點小結

職業生涯規劃的內容包括職業生涯規劃的準備（自我評估和職業環境分析）和職業目標設定（職業生涯目標要素和職業生涯規劃制定的原則）兩個方面。個體職業生涯規劃的方法包括自行設計法、職業諮詢法、生活計劃（生命計劃）；職業生涯規劃策略可以透過技能評估策略、職業訊息整合策略和決策策略進行。

關鍵術語表

生涯的訊息加工金字塔模型 自我評估 終極性價值觀 工具性價值觀 自我效能感 自我提升 職業環境分析 核心價值觀 SWOT分析 經驗法 直覺法 比較法 職業生涯評價

本章複習題

1. 個人測評分析中包括（　）。

A. 專業知識　B. 能力　C. 個人特質　D. 以上都包括

2. 柯林斯的刺蝟理念三環圖不包括以下哪個要素？（　）

A. 職業志趣　B. 職業認識　C. 職業能力　D. 職業需求

3. 關於個人職業生涯，下面說法中錯誤的是（　）。

A. 考慮橫向發展　B. 審慎考慮第一職務

C. 有機會就跳槽　D. 有長遠的職業眼光

4. 職業生涯規劃最主要的目的在於（　）。

A. 幫助你最終能實現自己的美好理想

B. 幫助你揚長避短地發展自己

C. 幫助你目標明確地發展自己

D. 幫助你不用太努力就可發展自己

5. 在職業生涯分析中，自己的優劣分析主要包括（　）。

A. 價值　　B. 能力　　C. 經濟環境　　D. 理想

6. 在職業生涯規劃與管理中，個人應該做的是（　）。

A. 積極進行培訓　　B. 提供及時的考核

C. 提供職業發展訊息　　D. 提供多種職業選擇

7. 相對於目標而言，空想的特徵是（　）。

A. 秉承原則　　B. 循序漸進

C. 不具備現實性　　D. 一步一個腳印

8. 職業生涯規劃說明中，行動計劃包括（　）。

A. 工作職業發展路線　　B. 教育培訓

C. 具體計劃　　D. 以上都包括

9. SWOT 分析方法中「S」指的是什麼？（　）

A. 優勢　　B. 劣勢　　C. 機會　　D. 威脅

10. 在成功所必須具備的條件中，主觀上已經具備的條件是（　）。

A. 機會　　B. 素養　　C. 背景　　D. 人際關係

第四章 職業生涯規劃的模式

　　規劃好未來才能找到奮鬥的目標，實現人生的價值。有人提出立信、立志、立言、立行、立德的「五立職業生涯規劃模式」。立信，即人生信條的確立。與個人信仰、價值觀等緊密相關，是開啟職業生涯的根本問題。立志，即職業志向的確立。與個人理想、職業目標等緊密相連，是職業規劃中的戰略範疇。立言，即職業言談的規劃。規劃個人言語與文字風格，為職業生涯的發展蓄積力量。立行，即職業行為的規劃。規劃個人行為風格，使其循著職業生涯的目標，使今天的行動在明天具有清晰的意義。立德，即成就職業高度和職業品牌。確立個人品牌的個性、內涵以推動個人職業生涯攀越高峰，具備社會意義。但在具體規劃時需要怎麼做呢？本章重點介紹幾種具體的職業生涯規劃模式。

第一節 「5W」模式

一、「5W」模式概述

　　職業生涯規劃是一個發展過程，不同的年齡和發展階段特徵與職業生涯選擇和發展是一種相互依賴、相互作用的關係。職業規劃輔導時常採用一種稱為五個「what」的歸零思考模式，具體來說就是要解決職業生涯規劃中的五個具體問題（詳見本書第三章第二節）。

　　弗蘭克·帕森斯在《選擇一份職業》中界定了職業生涯規劃的三個步驟：一是對自身的興趣、技能、價值觀、目標、背景和資源進行認真的自我評估；二是針對學校、業餘培訓、就業和各種職業，考慮所有可選的機會；三是鑑於前兩個階段所發掘的訊息，仔細推斷何為最佳選擇。按照這樣的邏輯，可以將職業生涯規劃的「5W」模式進一步細化為：

　　第一步，分析自身的需求；

　　第二步，對自身進行簡單的SWOT分析；

第三步，在分析的基礎上制定個人職業發展的長期目標，並將其分解成可行的短期或階段性目標；

第四步，充分考慮發展過程中可能存在的阻礙，並制定提升計劃；第五步，分析個人扮演的角色，並制定明確的實施計劃。

職業生涯規劃是貫穿在整個大學階段的教育理念，而大學生的學業規劃是職業生涯規劃在大學階段的階段性體現，學業生涯規劃不僅可以提高大學生活的效率，也可以增強大學生的主動性，讓大學真正發揮培養人才的平臺作用。

二、「5W」歸零思考模式操作方法

從問「我是誰」開始，如果能真實回答自己的提問，等到回答完畢，職業生涯規劃就有了大體的輪廓。具體做法如下：取出五張白紙、一支鉛筆、一塊橡皮。在每張紙的最上邊分別寫出五個「what」問題。然後，靜下心來，排除干擾，按照順序，獨立地仔細思考每一個問題。

（一）「我是誰？」

面對自己，真實寫出每一個想到的答案。反省自己究竟是一個什麼樣的人？是一個什麼性格的人？有什麼稟賦？有什麼興趣？有多大能耐，有什麼優勢、劣勢？有什麼擅長和不擅長等等。寫完了再想想有沒有遺漏，認為確實沒有了，按最重要、最優先的進行排序，比如①②③……

（二）「我想做什麼？」

可將思緒回溯到孩童時代，從人生初次萌生第一個想幹什麼的念頭開始，然後隨著年齡的增長，回憶自己真心嚮往過、想幹的事，並一一地記錄下來，寫完後再想想有無遺漏，按照最想做的進行排序，比如①②③……

（三）「我能幹什麼？」

把確實能證明自己能力和尚可開發的潛能一一列出來，按照最拿手的能力進行排序，比如①②③……這是對自己能力和潛能的全面總結，一個人的

職業最根本要歸結於其能力，而發展空間大小主要取決於其潛力。對潛力的瞭解可以從自身知識結構、學習能力、興趣、溝通能力等方面進行重點認識。

（四）「環境支持或允許我幹什麼？」

思考一下，本企業、本市、本國和其他國家，自小向大，只要認為自己有可能借助的環境，都考慮在內，特別是對自己所在行業、企業的發展趨勢一定要瞭解清楚。在這些環境中，認真考慮自己最可能獲得什麼支持，一一寫下來，按照支持力度大小、獲得的容易程度進行排序，比如①②③……

（五）「我的職業與生活規劃是什麼？」

如果能夠成功回答「我的職業與生活規劃是什麼？」，你就有了最後的答案。

做法是：把前四張紙和第五張紙一字排開，然後認真比較第一至第四張紙上的答案，將內容相同或相近的答案用一條橫線連起來，你會得到幾條連線，而不與連線相交又處於最上面的線，就是你最應該去做的事情，你的職業生涯應該以此為方向。你要在此方向上以三年為週期，提出近期、中期與遠期的目標，然後在近期目標中提出今年的目標，將今年的目標分解為每季度目標、每月目標、每週目標、每天目標。這樣，你每天睡前就可以對照自己的目標進行反省，總結當天成就與失誤、經驗與教訓，修正明天的目標與方法。這樣日積月累，就沒有不能實現的規劃。

最理想的情況是把四張紙排序中的①②③④分別連起來，這四條線平行並列，互不交叉。當然，標號為①的這條線路就是你最理想的職業生涯路線。

拓展閱讀

Tony 的「5W」模式職業生涯規劃

1999 年，Tony27 歲，弟弟在美國為他辦好了某名校的 MBA 入學通知書，他在「出國與留下」的猶豫中，使用以上方法對自己進行了職業生涯規劃。

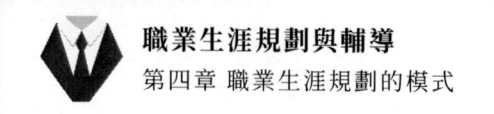

1. 我是誰？

一家管理諮詢公司經理（任職一年多，同事關係不錯，業績和收入讓人滿意）；做經理前做了一年多業務員（開發了多項業務，曾連續6個月業績名列第一）；來這家公司以前曾在一家保險公司做過一年多的人壽保險顧問，賺了些錢，但覺得在保險業做得太容易，受到誤會和蔑視，有點受不了。遇到管理諮詢公司招聘就跳槽了；願做一個富裕、正派的人；我很愛我的父親（退休的公務員）和母親（普通退休幹部），很擔心他們患有慢性病的身體，每年幾乎都回老家看望他們；不要求很多錢，但需要體面而豐富的生活。過去不太注意儲蓄，現在了只存了10多萬元，不知先買車還是先買房；弟弟去年大學畢業就直接出國留學了，我有點羨慕他；我很愛我的女朋友，我們準備結婚，但時機尚未成熟；大學畢業五年，身體健康，心理較正常；性格較外向，情緒較樂觀；好奇心較強，學習能力不錯；喜歡唱歌，有時會幻想。

2. 我想幹什麼？

做職業經理人；管理諮詢顧問；先去國外讀MBA，再回國來幹管理諮詢，甚至開自己的諮詢公司；和妻子共同住在屬於自己的舒適的住房裡，每天開自己的車去上班；在父母有生之年能夠多盡一點孝心，可能的話把他們接到家裡來住；有時想與人合夥開諮詢公司，自己負責業務開發，別人負責諮詢專案，但現在的老闆如果能吸收我做股東，並提供更大的事業空間似乎更好；愛好唱歌，大學期間獲得過全校歌詠比賽多次男子冠軍，做過當明星的夢。

3. 我能幹什麼？

可管理公司更多的業務，並能協調公司各部門的關係；是推廣公司諮詢業務的能手和輔導下屬開發客戶的老師；會講業務開發的課程和一些較容易的管理課程；會開汽車；唱卡拉OK很好；相信還可以學會很多東西。

4. 環境支持我幹什麼？

現在公司要給我升職，有可能獲得一定的股份（公司計劃明年擴大為集團，投資多個專業管理諮詢與管理軟體公司）；有多家同類公司想挖我去當業務總監或副總，薪酬比現在高一二倍（現在我一年大約收入80萬元），

有的還說不用我投資就送我股份，他們能否兌現承諾是個問題，有的實業公司老闆也拉我去做行銷部門的負責人，許以高薪，股權等，但我覺得在其他行業得到的尊重不如諮詢業；可以去大學深造；也可以讀在職 MBA，只要有好的課程與教師；弟弟可以幫助我聯繫國外的大學去讀書，但以後可能還要回來從頭開始；去練唱歌，甚至去酒吧唱，但專業成就很渺茫。

5. 我的職業與生活規劃是什麼？

繼續在現在的公司好好幹，不遠的將來能被晉升，並獲得合夥創業的機會；同時進修在職 MBA；買房、結婚、買汽車；經常去看父母，以後接他們來往；有時去唱歌玩玩；去其他公司做合夥創業者；出國讀書。

Tony 對自己提出的 3 年內的目標是：任所在公司的副總經理；攻讀在職 MBA；年收入 200 萬元；成為公司的正式股東；擁有自己的住房與汽車、結婚並將父母接來。不到 3 年，除其父母不久前來住一段時間，嫌城市節奏太快、熟人太少，待不習慣而返回故里之外，他的其他願望都已經實現了。

複習鞏固

簡述大學生職業生涯規劃中的「5W」模式。

第二節 職業錨模式

一、職業錨的含義

職業錨的概念是由美國埃德加·施恩教授提出的，他認為職業規劃實際上是一個持續不斷的探索過程。在這一過程中，每個人都會根據自己的天資、能力、動機、需要、態度和價值觀等慢慢地形成較為明晰的與職業有關的自我概念。施恩還說，隨著一個人對自己越來越瞭解，就會越來越明顯地形成一個占主要地位的職業錨。所謂職業錨是指當一個人不得不做出選擇的時候，他或她無論如何都不會放棄的職業中那種至關重要的東西或價值觀。正如「職業錨」這一術語中「錨」的含義一樣，職業錨實際上就是人們選擇和發展自己的職業時所圍繞的中心。一個人對自己的天資和能力、動機和需要以及態

度和價值觀有了清楚的瞭解之後，就會意識到自己的職業錨到底是什麼。施恩根據自己在麻省理工學院的研究指出，要想對職業錨提前進行預測是很困難的，這是因為一個人的職業錨是在不斷發生著變化的，它實際上是一個在不斷探索過程中產生的動態結果。

有些人也許一直都不知道自己的職業錨是什麼，直到他們不得不做出某種重大選擇的時候，比如到底是接受公司將自己晉升到總部的決定，還是辭去現職，轉而開辦和經營自己的公司。正是在這一關口，個人過去的所有工作經歷、興趣、資質、性向等等才會集合成一個富有意義的模式（或職業錨），這個模式（或職業錨）會告訴此人，對他或她個人來說，到底什麼東西是最重要的。

二、職業錨的發展及類型

職業錨以員工習得的工作經驗為基礎，產生於早期職業生涯。員工的工作經驗進一步豐富發展了職業錨。1978年，美國埃德加‧施恩教授提出的職業錨理論包括五種類型：自主型職業錨、創業型職業錨、管理能力型職業錨、技術職能型職業錨、安全型職業錨。

隨著職業錨研究價值的逐步發現，越來越多的人加入了研究的行列。在1990年代，又發現了三種類型的職業錨：安全穩定型職業錨、生活型職業錨、服務型職業錨。施恩將職業錨增加到八種類型，並推出了職業錨測試量表。

技術／職能型（technical functional competence）：技術／職能型的人，追求在技術／職能領域的成長和技能的不斷提高以及應用這種技術／職能的機會。他們對自己的認可來自自己的專業水平，他們喜歡面對來自專業領域的挑戰。他們不喜歡從事一般的管理工作，因為這意味著他們放棄在技術／職能領域的成就。

管理型（general managerial competence）：管理型的人追求並致力於工作晉升，傾心於全面管理，獨自負責一個部分，可以跨部門整合其他人的努力成果，他們想去承擔整個部分的責任，並將公司的成功與否看成自己

的工作。具體的技術／功能工作僅僅被看作是通向更高、更全面管理層的必經之路。

自主／獨立型（autonomy independence）：自主／獨立型的人希望隨心所欲地安排自己的工作方式、工作習慣和生活方式。追求能施展個人能力的工作環境，最大限度地擺脫組織的限制和制約。他們寧願放棄提升或工作擴展的機會，也不願意放棄自由與獨立。

安全／穩定型（security stability）：安全／穩定型的人追求工作中的安全與穩定感。他們可以預測將來的成功從而感到放鬆。他們關心財務安全，例如：退休金和退休計劃。穩定感包括誠信、忠誠以及完成老闆交代的工作。儘管有時他們可以達到一個高的職位，但他們並不關心具體的職位和具體的工作內容。

創造型（entrepreneurial creativity）：創業型的人希望使用自己的能力去創建屬於自己的公司或創建完全屬於自己的產品（或服務），而且願意去冒風險，並克服面臨的障礙。他們想向世界證明公司是他們靠自己的努力創建的。他們可能正在別人的公司工作，但同時他們也在學習並評估將來的機會。一旦他們感覺時機到了，他們便會自己走出去創建自己的事業。

服務型（service dedication to a cause）：服務型的人指那些一直追求他們認可的核心價值，例如，幫助他人，改善人們的安全，透過新的產品消除疾病。他們一直追尋這種機會，即使這意味著變換公司，他們也不會接受不允許他們實現這種價值的工作變換或工作提升。

挑戰型（pure challenge）：挑戰型的人喜歡解決看上去無法解決的問題，戰勝強硬的對手，克服無法克服的困難障礙等。對他們而言，參加工作或職業的原因是工作允許他們去戰勝各種不可能。新奇、變化和困難是他們的終極目標。如果事情非常容易，它馬上變得非常令人厭煩。

生活型（lifestyle）：生活型的人喜歡允許他們平衡並結合個人、家庭和職業需要的工作環境。他們希望將生活的各個主要方面整合為一個整體。正因為如此，他們需要一個能夠提供足夠的彈性讓他們實現這一目標的職業

環境，甚至可以犧牲職業的一些方面，如：提升帶來的職業轉換，他們將成功定義得比職業成功更廣泛。他們認為自己在如何去生活，在哪裡居住，如何處理家庭的事情及在組織中的發展道路是與眾不同的。

複習鞏固

1. 簡述職業錨的八種類型。

2. 職業錨對大學畢業生職業規劃的啟示有哪些？

第三節 勝任特徵模式

美國職業輔導專家霍蘭德在《職業決策》一書中提出了人職匹配理論，強調興趣與職業之間的關係。目前，作為職業選擇的首選工具，霍蘭德職業興趣量表被幾乎所有的職業機構應用。在職業興趣研究中影響較大的是霍蘭德的職業興趣理論。它源於人格心理學的概念和大量職業諮詢的實踐與研究，霍蘭德從整個人格的角度來考察職業選擇問題。因此，他的職業興趣理論超越了心理學和非心理學的理論框架。

霍蘭德提出了四個假設：

（1）大多數人的人格可以分為現實型（R）、研究型（I）、藝術型（A）、社會型（S）、企業型（E）和常規型（C）這六種類型，這些是在個人與環境的相互作用中形成的。每一種特定人格類型的人會對相應的職業類型中的活動感興趣。

（2）人們所生活的職業環境也同樣可以劃分為上述六種類型。各種職業環境大致由同一種人格類型的人占據。

（3）人們尋求的是能夠充分施展自己的能力，充分表現、發展自己價值的職業環境。

（4）個人的行為是由個人的人格和其所處的環境相互作用決定的。

在上述假設之下，霍蘭德提出人格類型模式和職業類型模式應互相配合，否則，人們難以在職業活動中獲得自己需要的機會和獎勵。大學生在進行職

業生涯規劃的前期需要對自己進行測試，分析自己的人格類型，一般來說會得出以一種人格類型為主、兩種人格類型為輔的結論，然後透過專門的職業表格查到與結論相對應的職業，該職業就是和自己人格相匹配的職業，也是自己將來比較容易取得成就的職業。

在職業生涯規劃實踐中，經常會發現有些學生在「職業定位」環節上出現誤差，在進行霍蘭德職業性向測驗之後，根據測驗結果找到相對應的職業，卻發現這個職業是其不喜歡、甚至反感的職業。比如某會計專科班的女生經過測驗發現自己的人格類型是 AER，所對應的職業是「新聞攝影師、電視攝像師、藝術輔導、錄音輔導、丑角演員、魔術師、木偶戲演員、騎士、跳水員」，但是她本人卻喜歡會計這個專業，對測驗得出的職業不感興趣。透過該學生的訊息回饋，發現測驗過程沒有錯誤，結論也正確，但是所對應的職業卻不是學生本人認可的職業，這說明完全採用人格匹配職業的方法有可能出現誤差，造成此結果的原因可能有多種，比如家庭因素、社會輿論因素、專業技能因素等等。為瞭解決這樣的誤差，可以嘗試使用人力資源管理中的勝任特徵理論來處理。

一、勝任特徵的基本內容

勝任特徵的內容包括以下幾個層面：

知識———某一職業領域所需要的訊息（如人力資源管理專業知識）；

技能———掌握和運用專門技術的能力（如英語讀寫能力、電腦操作能力）；

社會角色———個體對社會規範的認知與理解（如想成為工作團隊中的領導）；

自我認知———對自己身份的知覺和評價（如認為自己是某一領域的權威）；

特質──某人所具有的特徵或典型的行為方式（如喜歡冒險）；動機──決定外顯行為的內在的穩定想法或念頭（如想獲得權利、喜歡追求名譽）。

個體的勝任特徵有很多，但企業所需要的特徵不一定是員工所具有的勝任特徵，企業會根據職業的要求以及組織的環境，確保員工勝任該職業工作、確保其發揮最大潛能的勝任特徵，並以此為標準挑選員工。這需要運用勝任特徵模型分析法提煉出能夠對員工的工作有較強預測性的勝任特徵，即員工最佳勝任特徵能力。

A. 個人勝任特質：指個人能做什麼和為什麼這麼做；

B. 職業任職要求：指個人在工作中被期望做什麼；

C. 組織內外部環境：指個人在組織管理中可以做什麼。

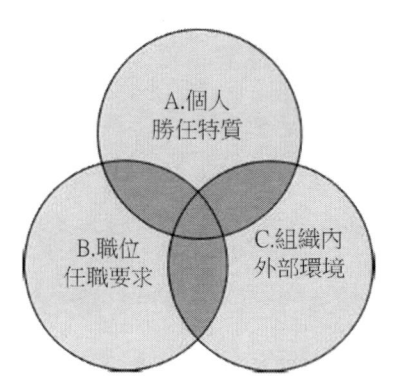

圖4-1 勝任特徵的內容

交集部分是員工最有效的工作行為或潛能發揮的最佳領域。當個人的勝任能力大於或等於這三個圓的交集時，員工才有可能勝任該職業的工作。企業人力資源管理所要發掘的勝任能力就是個人勝任能力與另外兩個圓的交集部分，即能夠保證員工有效完成工作的勝任特徵。

勝任特徵模型構建的基本原理是辨別優秀員工與一般員工在知識、技能、社會角色、自我認知、特質、動機等方面的差異，透過收集和分析數據，對

數據進行科學整合,可以建立某職業工作勝任特徵模型,並產生相應的具有可操作性的人力資源管理體系。

二、用勝任特徵評價法完善職業定位

勝任特徵評價法(competency assessment methods)是一種新型的人力資源評價分析技術,興起於 1960 年代末 1970 年代初。勝任特徵是指企業成員的動機、特質、自我形象、態度或價值觀、某領域知識、認知或行為技能以及任何可以被測量或計算、並能顯著區分出優劣的特徵。勝任特徵評價法是指透過對員工進行系統全面的研究,對其外顯特徵及內隱特徵進行綜合評價,從而尋找符合某一職位的理想人選。勝任特徵評價法是一種勝任特徵出現頻次不受被訪談者經驗影響的方法,其操作性、規範性較強。

1973 年,哈佛大學的著名心理學家 Mc.Clelland 發表了題為《測量勝任特徵而不是智力》的文章,對以往的智力和能力傾向測驗進行了批評,他指出,「學校成績不能預測職業成功,智力和能力傾向測驗不能預測職業成功或生活中的其他重要成就」,應該用勝任特徵測試代替智力和能力傾向測試,同時他還提出進行基於勝任特徵的有效測驗的六個原則:最好的測驗是效標取樣;測驗應能反映個體學習後的變化;應該公開並讓被測試者知道要測試的特徵;測驗應該評價與實際的績效相關的勝任特徵;測驗應該包括應答性行為和操作性行為兩個方面;應該測試操作性思維模式,以最大限度地概括各種行為。該文的發表,掀起了人們對勝任特徵研究的熱潮。

1994 年 Mc.Clelland 將勝任力定義為:能將高績效者與一般績效者區分開來的、可透過可信的方式度量出來的動機、特性、自我概念、態度、價值觀、知識、可識別的行為技能和個人特質。勝任力是績效者為完成工作所具備的素質和能力。主要包括:知識,是指職業任職者所需掌握的基本知識、專業知識以及相關訊息;技能,是指完成特定任務的能力;社會角色,是指個體對社會規範的認知和理解;自我概念,是指個體如何看待與認識自己;個性特質,是指個人所具有的生理、認識與心理特點;動機,是指人們內心深處反覆出現的一種牽掛,它驅動、輔導並選擇行為。知識、技能屬於表層

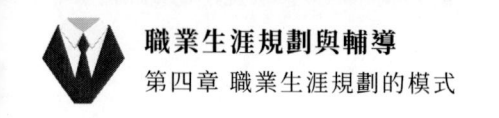

勝任特徵，可以透過培訓來改變；社會角色、自我概念、個性特質和動機屬於深層勝任特徵，是決定人們行為及表現的關鍵因素。

以上述某會計專業女生為例，當利用霍蘭德職業性向測驗發現誤差之後，可以嘗試用勝任特徵理論來解決。經過詳細瞭解該女生的情況，發現該女生性格比較外向，其人格特徵確實偏向 A 藝術型，該女生在平時較渴望表現自己以實現自身的價值，具有一定的藝術才能，善於表達，喜愛交友。這些特徵比較符合 AER 類型的職業，但是由於該女生的家長都從事會計專業，對會計行業比較熟悉，長期受家庭氛圍的薰陶和家庭社會背景的影響，該女生在高中期間就立下將來也從事會計行業的志向，所以在大學的專業是會計電算化。雖然該女生性格特徵具有藝術型傾向，但是由於受家庭氛圍的影響導致該女生對藝術類職業不是很感興趣。在這種情況下，是堅持霍蘭德職業興趣測驗的結果還是依照該女生家長的意願呢？可以用勝任特徵評價法來具體分析。

根據勝任特徵評價法，可以從六個方面來分析，即技能、知識、社會角色、自我概念、動機、特質。技能是指較好地完成公司所安排的任務的能力，該女生經過多年的專業學習和實習實踐，初步具備從事會計行業的能力，而不具備從事藝術類職業的能力；知識是指組織和運用與本職業工作相關的訊息的能力，該女生具備會計的專業知識，而不具備藝術類的知識；社會角色是指意欲在他人面前展現的如企業領導、主人等形象，該女生因長期受家庭影響，社會角色以會計為主；自我概念是指對自己身份的認知或知覺，該女生自身認可會計這個角色；動機是指決定個人外在行為的內在思想，該女生雖然性特別向，但其個人思想還是適合會計；特質是指身體特徵及典型的行為方式，如善於傾聽別人、謹慎、做事持之以恆等，該女生的行為方式表現為藝術類職業的特徵。經過勝任特徵評價法的初步評價，在六個方面中有五個都適合會計這個職業，因此建議該女生將自己的職業定位為會計。

三、用勝任特徵評價法完善職業定位的步驟

（一）根據自身條件選擇合適的績效標準

雖然績效標準的確定要由優秀的企業領導者、人力資源管理層和研究人員組成專家小組，就某一特定職業的任務、責任和績效標準以及期望優秀表現的勝任特徵行為和特點展開討論，最終得出的一致的結論。但是這種客觀績效指標學生不容易獲得，所以可以根據自身條件來選擇一個合適的績效標準。也可以透過去職業單位進行訪問，由該職業的上級直接給出工作績效標準。這種做法在某種程度上較為主觀，但是如果管理層比較優秀，卻是一種簡便可行的方法。

（二）透過訪問調查抽取並分析效標樣本

學生可以對自己所期望的職業和測驗得出的職業進行具體的訪問調查，根據兩種職業的不同要求，可在從事該職業績效普通和績效優秀的員工中隨機抽取一定數量的員工進行調查，得到效標樣本。

（三）獲取效標樣本有關勝任特徵的數據資料，進行行為事件訪談

行為事件訪談法是要求被訪談者列出他們在管理工作中發生的關鍵事例，並要求詳盡地描述整個事件的起因、過程、結果、時間、相關人物、涉及的範圍以及影響層面等，同時要求被訪者描述自己當時的感受和想法，因此是一種開放式的行為回顧式的調查技術。通常在行為事件訪談結束時，最好讓被訪談者總結事件成功與否的原因。

在進行行為事件訪談時，通常將問卷和面談兩種方式結合起來進行。訪談者首先制定訪談提綱，以便在面談時能把握談話方向與節奏。為避免先入為主造成的誤差，訪談者應事先不知道訪談對象。訪談時間一般需要 3～4 個小時，在訪談過程中，訪談者應盡量讓被訪者詳盡地描述成功或失敗的經歷，如他們是如何做的、感想如何等。訪談者還可以在徵得被訪者同意後使用錄音設備把內容記錄下來，以便整理出詳盡而又格式統一的訪談報告。

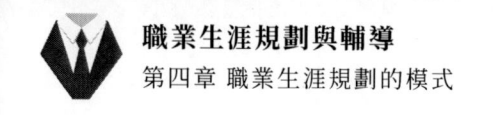

（四）組建合適的勝任特徵模型

模型的建立以行為訪談報告所提煉出的勝任特徵為依據。具體做法是：分析行為事件訪談報告的內容，記錄下各種勝任特徵在報告中出現的頻率，然後對普通組和優秀組的要素指標發生頻率和相關的程度統計指標進行比較，找出共性與差異特徵，最後根據不同的主題進行特徵歸類，並根據頻率的集中程度，估計各類特徵組的大致權重。

（五）檢驗和證實勝任特徵模型

驗證勝任特徵模型可以採用回歸法來驗證，其具體做法是：採用一般的相關標準或數據和已有的優秀標準相比較進行檢驗，其中最關鍵的是選取什麼績效標準來做驗證。透過最終的檢驗，可以得出結論，明確自己的最終職業之路如何選擇。

基於勝任特徵模型的職業輔導案例分析

（一）一般資料

王某，男，19歲。某化工專業學生，身材中等，健碩有力，衣著整潔。成績中等偏上，學習、生活的自我管理能力較強，沉穩寡言。在同宿舍男生中有一定的威信，但不主動與其他同學交流。

（二）職業輔導過程

1. 初次輔導。

（1）主動尋求輔導。自大二下學期開始，王某就一直很憂慮。尤其是在本班級中有8名同學首批被某企業選中編入產學合作班後，提出了問題：我能找到工作嗎？企業會選擇我嗎？我能找到好工作嗎？我會工作愉快嗎？我會有所成就嗎？

（2）診斷及實施輔導。來訪者就業求職心理消極、自卑，急需進行求職心理調適輔導。

心理調適從以下幾個方面展開：

①客觀、準確地自我認識。認識自己的長處和不足，認清自己在相比較的人群中所處的位置，瞭解自己的優勢所在，瞭解自己能力的大小，並保證在今後的工作中做到揚長避短，取得較大的成就。

②培養自信心。

一要相信自己的能力，每個人都有自己的優勢，都有可能在求職競爭中占據主動地位；

二要積累自信的資本，具備了真才實學，自然能勝任企業交付的工作。

③在求職中提高承受挫折的能力。求職受挫後，應該理智對待，視挫折為鞭策，以積極的心態認真總結，吸取經驗與教訓，調整期望值，改變行為，要大膽地表現自己。

④面試技巧輔導。修改簡歷，完善自我介紹，並對著裝、儀態等細節提出一定的建議。

（3）調適效果。在第三次面試中，成功地被無錫某化工企業錄用，並提前上崗實習。

（三）案例分析

大學生職業輔導不僅僅是求職技巧的訓練、求職心理的調適，大學生職業輔導還應圍繞大學生就業素質展開，清晰地認識到大學生就業素質包括知識、技能等智力因素，更含有人格、態度、情感、價值觀、動機等非智力因素組成的多層次結構。

大學生的智力因素與職業的匹配可透過教學、實踐達到初步的適配，而非智力因素適配，則不易完成，困擾真實存在，操作上難度大、標準高、科學化程度高。可基於大學生就業理論模型，即勝任特徵模型進行職業輔導實踐。

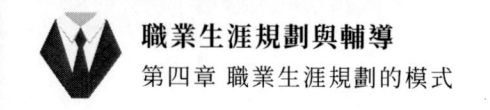

拓展閱讀

十四個很準的心理暗示

1. 當你對某件事情抱著百分之一萬的相信，它最後就會變成事實。

2. 期望定律：期望定律告訴我們，當我們懷著對某件事情非常強烈的期望的時候，所期望的事物就會出現。

3. 情緒定律：情緒定律告訴我們，人百分之百是情緒化的。即使有人說某人很理性，其實當這個人很有「理性」地思考問題的時候，也受到他當時情緒狀態的影響，「理性地思考」本身也是一種情緒狀態。所以人百分之百是情緒化的動物，而且任何時候的決定都是情緒化的決定。

4. 因果定律：任何事情的發生，都有其必然的原因。有因才有果。換句話說，當你看到任何現象的時候，你不用覺得不可理解或者奇怪，因為任何事情的發生都必有其原因。你今天的現狀是你過去種下的因導致的結果。

5. 吸引定律：當你的思想專注某一領域的時候，跟這個領域相關的人、事、物就會被你吸引而來。

6. 重複定律：任何行為和思維，只要你不斷地重複就會得到不斷的加強。在你的潛意識當中，只要你能夠不斷地重複一些人、事、物，它們都會在潛意識裡變成事實。

7. 累積定律：很多年輕人都曾夢想做一番大事業，其實天下並沒有什麼大事可做，有的只是小事。一件一件小事累積起來就形成了大事。任何大成就或者大災難都是累積的結果。

8. 輻射定律：當你做一件事情的時候，影響的並不只是這件事情本身，它還會輻射到其他相關領域。任何事情都有輻射作用。

9. 相關定律：相關定律告訴我們：這個世界上的每一件事情之間都有一定的聯繫，沒有一件事情是完全獨立的。要解決某個難題最好從其他相關的某個地方入手，而不只是專注在一個困難點上。

10. 專精定律：專精定律告訴我們，只有專精在一個領域，這個領域才能有所發展。所以無論你做任何的行業都要以做該行業的最頂尖為目標，只有當你能夠專精的時候，才能在該領域出類拔萃。

11. 替換定律：替換定律就是說，當我們有一項不想要的記憶或是負面的習慣，我們無法完全去除掉，只能用一種新的記憶或新的習慣去替換它。

12. 慣性定律：任何事情只要你能夠持續不斷去加強它，它終究會變成一種習慣。

13. 顯現定律：顯現定律就是說，當我們持續尋找、追問答案的時候，它們最終都必將顯現。

14. 需求定律：任何人做任何事情都帶有一種需求。尊重並滿足對方的需求，別人才會尊重我們的需求。

複習鞏固

1. 簡述用勝任特徵評價法完善職業定位的基本步驟。
2. 簡述霍蘭德職業興趣理論。

本章要點小結

職業生涯規劃的模式主要包括：「5W」歸零思考模式、職業錨模式和勝任特徵模式。「5W」模式就是解決職業生涯規劃中的五個具體問題：Who are you？What do you want？What can you do？What can support you？What you can be in the end？職業錨模式的類型主要有：自主獨立型職業錨、創造型職業錨、管理型職業錨、技術/職能型職業錨、安全／穩定職業錨、挑戰型職業錨、生活型職業錨、服務型職業錨。勝任特徵模式主要基於美國職業輔導專家霍蘭德的人格-職業匹配理論，強調興趣與職業之間的關係。

關鍵術語表

職業生涯規劃 「5W」模式 職業錨模式 勝任特徵模式 職業定位

職業生涯規劃與輔導
第四章 職業生涯規劃的模式

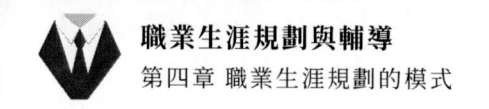

本章複習題

1. 施恩在 1990 年代發現了三種新的職業錨類型，分別是（　）。

   A. 安全／穩定型、生活型、服務型職業錨

   B. 自主獨立型、生活型、服務型職業錨

   C. 管理型、技術型、安全／穩定型職業錨

   D. 安全／穩定型、生活型、技術／職能型職業錨

2. 美國職業輔導專家霍蘭德針對職業興趣提出了四個假設，它們是（　）。

   A. 大多數人的人格可以分為現實型（R）、研究型（I）、藝術型（A）、社會型（S）、企業型（E）和常規型（C）等六種類型。

   B. 人們所生活的職業環境也同樣可以劃分為上述六種類型。各種職業環境大致由同一種人格類型的人占據。

   C. 人們尋求的是能夠充分施展自己的能力，充分表現、發展自己價值的職業環境。

   D. 個人的行為是由個人的人格和其所處的環境相互作用決定的。

3. 勝任特徵的內容包括以下幾個層面，它們是（　）。

   A. 知識———某一職業領域所需要的訊息

   B. 技能———掌握和運用專門技術的能力

   C. 社會角色———個體對社會規範的認知與理解

   D. 自我認知———對自己身份的知覺和評價

   E. 特質———某人所具有的特徵或典型的行為方式

   F. 動機———決定外顯行為的內在的穩定想法或念頭

第五章 職業生涯規劃設計

　　成功的人生需要正確地規劃。職業生涯規劃設計不是社會或學校強加於個人的實施方案，而是當事人在內心動力的驅使下，結合社會職業的要求和社會發展趨勢，依據現實條件和機會所制定的個性化實施方案。首先，職業生涯規劃設計有助於個人準確地認識自身的優劣勢，確立人生方向，找準職業定位，並評估個人目標和現狀的差距。其次，職業生涯規劃設計是實現個人和企業雙贏的重要工具。企業借助職業生涯規劃設計能夠深入瞭解員工的發展願望和職業興趣，為設計適合企業的組織結構進行人才盤點，使個人感到受重視，從而提升員工滿意度和忠誠度，降低人力資源使用成本，穩定團隊。

第一節 職業生涯規劃設計的步驟

一、正確的自我評估

　　自我評估是做好職業生涯規劃設計的第一步。成功的職業生涯規劃的前提是充分地認識自我，包括自己的興趣、性格、氣質、能力、職業觀等。設定合適的目標首先要正確地自我評估。對自己做全面的分析，認識自我、瞭解自我，知道自己的興趣、愛好以及特長等方面，清楚自己想幹什麼、能幹什麼、應該幹什麼、在眾多的職業面前會選擇什麼。要透過科學的認知方法和手段，如借助職業興趣測驗和性格測驗以及周圍人的評價等，對自己的職業興趣、氣質、性格、能力進行全面地認識，清楚自己的優勢與特長、劣勢與不足。評估自我時要客觀、冷靜，既要看到自己的優點，又要面對自己的缺點。只有這樣，才能正確客觀地評估自我。

　　在職業生涯規劃設計中，自我評估主要指個人性格、興趣、能力和價值觀的認識與探索。大學生目前對外在自我評估具有較清晰的認識，對社會自我有一定的認識，而對心理自我認識最弱，但是每種職業都對心理自我有具體要求，比如會計要求心思縝密、教師要求耐心細緻、銷售要求靈活多變等。自我評估的這四個維度可以透過不斷地訓練，逐步提高和完善。比如，興趣

可能隨著年齡的增長逐步變化，從小時候夢想成為軍人到成為一名優秀教師，興趣也有可能是根據時代的需要而有意識地培養的，在職業生涯規劃設計中會更關注長期偏好。個人能力隨著高等教育的持續培養，會不斷提升，而學生在總結個人能力時，經常會誇大或縮小個人能力，不能正確地分析個人的真實情況，這需要用生活事件或經歷來印證，進行正面回饋，增強學生信心。性格和價值觀除了受遺傳因素影響之外，後天成長也是關鍵。對於自我的認識，大學階段既是提升階段，也是逐漸清晰成形的階段。

在自我評估過程中，職業測評可以幫助學生更好地瞭解自我，職業測評是以心理測量為基礎，對測評者的性格、興趣、能力、價值觀及動力等進行測評並與職業進行匹配。在國外，職業測評已經相當成熟，是職業輔導中必備的輔導方法。目前，在職業測評中，國外應用較為廣泛的有三種。

（一）MBTI（梅爾斯-布瑞格斯類型指標測量）

MBTI 是以榮格有關人格中知覺、判斷和態度的觀點提出來的，其四個維度是內傾和外傾、感覺和知覺、思維和情感、判斷和知覺，體現了對人、職業和生活的態度和取向，是組成一個人意識層面的重要部分。MBTI 透過 8 種態度和功能形成的 4 個維度為：

外傾—內傾維度，外傾的意思是指注意力和能力主要指向外部的人和事，內傾則是將自己的注意力和能量集中於內部的世界。按照榮格的觀點，這種特點的差異形成了一種人格能力的張力。

感覺—直覺維度，感覺和直覺是感知世界、獲取訊息的兩種方式，感覺型的人傾向於透過自己的五官來獲取有關環境的事實和現實。直覺型的人則習慣於透過想像、無意識等超感官知識的方式來獲取訊息。

思維—情感維度，思維和情感是關於如何對獲取的訊息做決定並得到結果的兩種方式。思維型的人習慣於透過分析數據、權衡事實來做出符合邏輯的、客觀的結論和選擇，而情感型的人則習慣於透過自己的價值判斷來做決定，通常會對訊息做出個人的、主觀的評價。

判斷—知覺維度，判斷—知覺維度是關於如何對待所做出的決策以及面對外部環境時如何行動的兩種態度。判斷型的人會透過思維和情感去組織、計劃和調控自己的生活。知覺型的人傾向於用感覺和知覺的方式對事物做決定。

職業測量量表的主要目的是提供具體的可供探索的職業，而 MBTI 的優點在於，它可以揭示我們為何對某些特定的職業比對其他職業的興趣更強。職業測量量表見附錄，更詳細內容見第七章。

（二）霍蘭德職業興趣量表

在職業生涯理論研究中，更多地關注職業興趣。其中應用最廣泛的是美國職業輔導專家霍蘭德的人格類型和職業類別匹配理論。霍蘭德認為：某一類型的職業通常會吸引具有相同人格特質的人，而具有相同人格特質的人對許多生活事件的反應模式也是相似的，他們創造了具有某一特色的生活環境，也包括工作環境。在同等條件下，人和環境的適配性或一致性將增加個人的工作滿意度、職業穩定性和職業成就感。霍蘭德生涯理論將大多數人格特質歸納為六種類型，同時還提出 6 種職業環境模型，並給予 6 種人格類型相同的命名，即現實型、研究型、藝術型、社會型、企業型和傳統型。他認為，人格類型與職業環境適配，可增加職業滿意度、帶來職業成就感，並提高職業穩定性等令人滿意的結果。

（三）施恩的「職業錨」概念

職業錨是美國職業輔導專家施恩教授提出的。他認為職業生涯發展實際上是一個持續不斷的探索過程，在這一過程中，每個人都在根據自己的天資、能力、動機、需要、態度和價值觀等慢慢地形成較為明晰的與職業有關的自我概念。

職業錨是指當一個人不得不做出選擇的時候，他無論如何都不會放棄的職業中的那種至關重要的東西或價值觀。職業錨實際上是人們選擇和發展自己的職業時所圍繞的中心。經過近 30 年的發展，職業錨已經成為職業發展、職業設計的必選工具。國外許多大公司將職業定位為員工職業發展的主要參

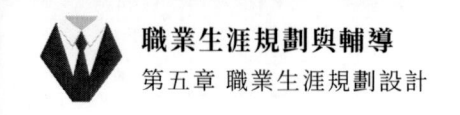

考點。目前，職業錨拓展為八種：技術／職能型、管理型、自主／獨立型、安全／穩定型、創業型、服務型、挑戰型、生活型。

「職業錨」是價值觀各種理論中一種有效的職業決策工具。運用職業錨理論進行職業生涯規劃設計具有重要意義。在評估性格中使用 MBTI（梅爾斯‐布瑞格斯類型指標測量），在評估興趣中使用霍蘭德興趣量表，在評估價值觀中使用施恩提出的「職業錨」概念。這種多管道的自我評估，使學生對自身評估更接近客觀事實。自我測評的關鍵在於將自我和職業聯繫起來，個人興趣、能力、性格和價值觀分別對應不同的職業，經過分析和比較得到個人的職業理想，同時，可以清晰地看到自身素質和職業理想的差距，找到自身發展潛能，在職業實踐中不斷提升能力。

二、職業環境評估

職業環境評估包括社會環境、行業環境、組織環境的分析與評估。社會就業環境會對學生職業生涯規劃產生重大的影響。就業環境分析要考慮近年來畢業生數量持續增長的情況，經濟增長所帶來的就業需求情況，當前的就業制度和就業政策情況等。行業環境分析要考慮到行業優勢和問題以及發展預測，行業需求與變化，自己與行業環境的關係，以及行業環境對自己的有利條件和不利因素等。組織環境分析要考慮到組織文化、組織制度、領導人的素質和價值觀、組織實力等。透過對自身整體環境的分析可以對自己今後的職業進行初步定位。不斷調整自己來適應職業環境的變化和需求，明確在什麼樣的職業環境下能做什麼。

毫無疑問，職業環境因素對個人職業生涯發展的影響是巨大的，作為社會生活的個體只有順應職業環境的需要，審時度勢，趨利避害，最大限度地發揮個人優勢，才能實現個人目標。

三、職業目標定位及目標分解

職業定位就是要為職業目標與自己的潛能以及主客觀條件謀求最佳匹配。職業目標是個人看得見的射擊靶，成功之路的里程碑。職業發展應有明確的目標，堅定的目標可以成為追求成功的驅動力。透過自我評估、環境評

估和個人分析之後，個人應當制定出符合自身實際的職業生涯目標。大學生實現個人職業生涯目標，需要一個漫長的過程。所以要按照人力資源管理理論中對職業生涯的劃分標準將職業目標進行分解。具體來說，大學生可將個人職業生涯目標劃分為：在校規劃期、嘗試期、積累期、攀登期及成熟期。在劃分好的各個階段內再製定切實可行的子目標。

職業定位過程中要考慮性格與職業的匹配、興趣與職業的匹配、特長與職業的匹配、專業與職業的匹配等。在職業定位時應該注意以下幾個方面：

一是依據客觀現實，考慮個人與社會及個人與單位的關係；

二是比較鑑別職業的條件、要求、性質與自身條件是否相匹配；

三是選擇條件更合適、更符合自己特長、更感興趣、經過努力能很快勝任並且有發展前途的職業；

四是揚長避短，看主要方面，不要追求十全十美的職業；

五是審時度勢，及時調整，要根據情況的變化及時調整擇業目標，不能固執己見，一成不變。現代職業具有區域性、行業性、職業性等特徵。職業生涯規劃設計時要考慮到職業區域的具體特點，比如該地區的特殊政策以及環境特徵；職業角色的發展與職業所在行業發展的密切關係。職業生涯規劃時，不能僅看重單位的大小、名氣，要對該職業所在的行業現狀和發展前景都有比較深入的瞭解。比如人才供給情況、平均工資狀況、行業的非正式團體規範等等。不同的職業職業對求職者的自身素質和能力有著不同的要求，在職業生涯規劃時，要瞭解所需要的職業素質要求和非職業素質要求及所需要的一般能力和特殊職業能力。個體職業發展通道如圖 5-1 所示。

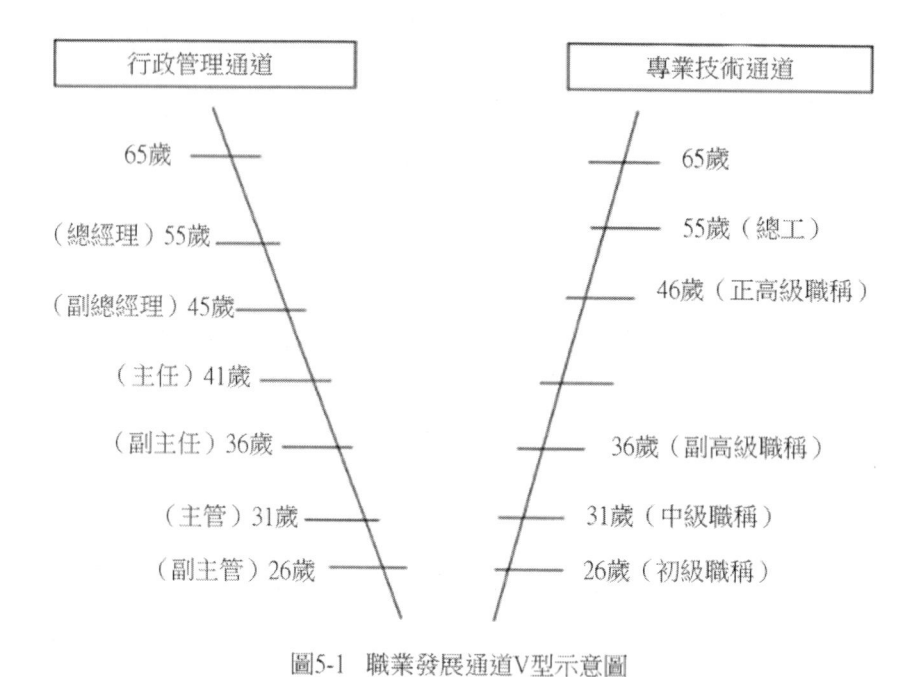

```
   行政管理通道                    專業技術通道

      65歲                           65歲

   (總經理)55歲                      55歲(總工)

   (副總經理)45歲                    46歲(正高級職稱)

   (主任)41歲

   (副主任)36歲                      36歲(副高級職稱)

   (主管)31歲                        31歲(中級職稱)

   (副主管)26歲                      26歲(初級職稱)
```

圖5-1　職業發展通道V型示意圖

四、行動計劃的制定與實施

職業生涯目標確定後，應制定相應的行動計劃並付諸實施。這是實現目標的重要保證。需要對職業生涯目標分解後的各個階段逐個制定並實施計劃。在制定實施計劃時，需結合之前對自身的評估情況，做到制定計劃有的放矢。同時各階段的實施計劃需有一定的連貫性，以便按照各階段計劃實施之後使個人的綜合素質能得到逐漸提高。

生活中的心理學

大學生職業生涯設計的四個時期

大學生職業生涯設計應貫穿於在校四年的學習過程中，並制訂合理的成長計劃。

初探期：大一時要初步瞭解職業，特別是自己未來想從事的職業或專業對口的職業，提高人際溝通能力，增加接觸社會的機會。多和學長學姐交流，

詢問就業情況。由於此階段學習任務不重，可多參加學校活動，增加交流技巧，學習電腦知識，爭取透過電腦和網路輔助自己學習。還需考慮是否要獲得雙學位、考研究所等。

定向期：大二時應考慮未來是深造還是就業，提高自身的基本素質，透過參加學生會或社團等組織鍛鍊自己的各種能力，同時檢驗自己的知識技能；嘗試兼職、社會實踐活動，並要具有堅持性，最好能在課餘時間長時間從事與自己未來職業或本專業有關的工作，提高自己的責任感、主動性和受挫能力；增強英語口語能力；增強電腦應用能力，透過英語和電腦的相關考試，有選擇地輔修其他專業的知識充實自己。

強化期：大三臨近畢業，目標應鎖定在提高求職技能、蒐集公司訊息、並確定自己是否要考研究所。參加和專業有關的暑期工作，和同學交流求職工作心得體會，學習寫簡歷、求職信，瞭解蒐集工作訊息的管道，並積極嘗試，加入校友網路，多和已畢業的校友聯繫，瞭解往年的求職情況；希望出國留學的學生，可多接觸留學顧問，參與留學系列活動，準備 TOEFL、GRE 考試，注意留學考試資訊，向相關教育單位索取簡章參考。

分化期：大四要確定找工作、考研究所或出國，不能再猶豫不決，大部分學生的目標應該鎖定在找工作或成功就業上。這時，可先對前三年的準備進行總結：首先，檢驗自己已確立的職業目標是否明確，前三年的準備是否已充分；然後，開始尋找工作，積極參加招聘活動，在實踐中檢驗自己的積累和準備；最後，預習或模擬面試。積極利用學校提供的條件，瞭解就業輔導中心和院系提供的用人公司資料訊息、強化求職技巧、進行模擬面試等訓練，盡可能地在較為充分準備的情況下進行演練。

大學生的綜合能力和知識面是用人單位選擇大學生的重要依據。用人單位不僅要考核其專業知識和技能，還要考核其綜合運用知識的能力、對環境的適應能力、對文化的整合能力、實際操作能力以及應變能力等。大學生進行職業生涯設計，除了要構建合理的知識結構外，還要具備從事本行業職業的綜合能力。從某種意義上說，能力比知識更重要，只有將合理的知識結構和適應社會需要的各種能力統一起來，才能立於不敗之地。一般來說，大學

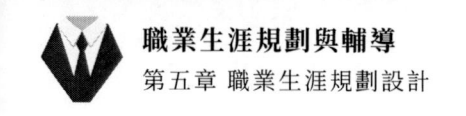

生應重點培養滿足社會需要的決策能力、創造能力、社交能力、實際操作能力、組織管理能力、自我發展的終身學習能力、心理調適能力、隨機應變能力等。

多參加相關的職業能力實踐。在確立了職業目標後，行動就成了關鍵環節。沒有行動，目標無從實現。學校招集大學生參與的暑期「夏令服務營隊」社會實踐活動、大學生「青年志工」活動、大學生社會實踐基地、大學生就業與職業發展協會、大學生校園創業活動等都是職業訓練很好的形式。除此之外，大學生還應該多參與學校的經驗交流活動。比如學校邀請畢業後就業、創業成功的校友回校與大學生座談，邀請校外知名人士來校與大學生交流，鼓勵有條件的大學生利用假期到父母或親戚單位實習，組織學生開展模擬性的職業實踐活動，開展職業意向測評，開展職業興趣分析測驗等。大學生應主動積極地參加這些有益的職業訓練，更早更多地瞭解職業，掌握職業技能，正確地引導自己的職業設計。

五、回饋與調整

要使職業生涯規劃設計行之有效就需要不斷地對其進行評估與修訂，及時糾正最終目標與分階段目標的偏差。對於大學生來說，回饋調整的主要內容包括職業方向的重新選擇、各階段目標的修正、實施與計劃的變更等等。其實回饋調整就是一個再認識再發現的過程。根據社會發展、自身發展的變化而進行的調整，更是重新審定自我職業價值觀的一個過程。因此，大學生應該時刻關注環境的變化，不斷對職業生涯規劃進行評估與修訂，並調整自己的前進步伐。回饋調整就是一個再認識、再發現的過程。

影響生涯設計的因素很多。有的因素是可以預測的，而有的因素難以預測。大一學生的興趣、愛好、能力、知識水平、理想等透過四年的學習會發生不同程度的改變，特別是社會環境、就業環境等客觀因素的變化，都會對最初的職業生涯規劃設計產生影響。在此狀況下，要使生涯規劃設計行之有效，就須不斷對生涯規劃進行評估與修訂。修訂的內容包括：職業的重新選擇；生涯路線的選擇；人生目標的修正；實施措施與計劃的變更等等。

第一節 職業生涯規劃設計的步驟

　　成功的職業生涯設計需要時時審視內外環境的變化，並且調整自己的前進步伐。目標的存在只是為自己的前進輔導方向，可以在不同時間不同環境下做出調整，讓它符合自己的理想。今天，工作方式不斷推陳出新，除了學習新的技能知識外還得時時審視自己的生涯資本，並意識到其不足之處，不斷地修正自己的目標，才能立於不敗之地。

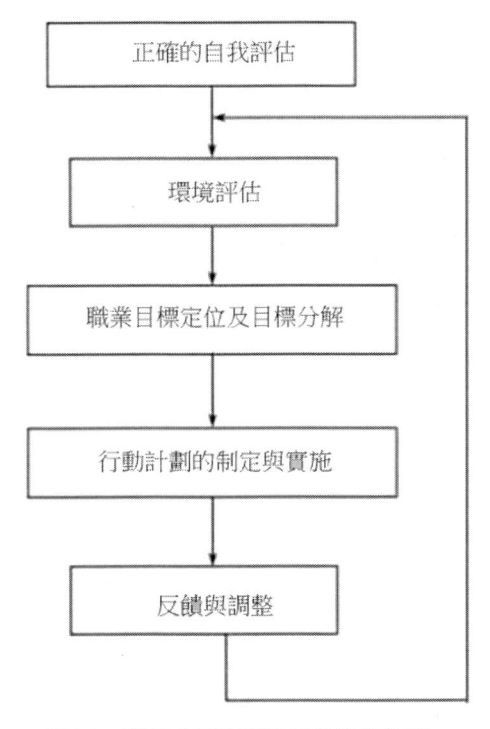

```
┌─────────────────┐
│   正確的自我評估   │
└─────────────────┘
         │
         ▼
┌─────────────────┐
│     環境評估      │◄──┐
└─────────────────┘   │
         │            │
         ▼            │
┌─────────────────┐   │
│ 職業目標定位及目標分解 │   │
└─────────────────┘   │
         │            │
         ▼            │
┌─────────────────┐   │
│  行動計劃的制定與實施  │   │
└─────────────────┘   │
         │            │
         ▼            │
┌─────────────────┐   │
│    反饋與調整     │───┘
└─────────────────┘
```

圖5-2　職業生涯規劃設計步驟流程圖

複習鞏固

　　1. 什麼是職業生涯規劃設計？

　　2. 職業生涯規劃設計的步驟有哪些？

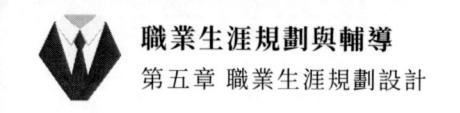

第二節 職業生涯規劃設計的注意事項

一、樹立正確的職業理想

所謂職業理想，是指人們對未來的專業、工作部門、工作種類以及事業成就大小的嚮往和追求。它建立在個人的專業知識與能力、興趣和職業激情的基礎上。有人說，現在找工作賺錢就行，尤其是在就業形勢非常嚴峻的情況下，沒有必要談職業理想，這種看法是片面的。實際上，在任何情況下，一個人都應該有長遠而又切實的職業理想。

在實際生活中，現實往往與職業理想發生矛盾。很多人不能按照自己的理想標準找到合適的職業，於是有人索性不就業，坐等理想職業的出現；有人隨便謀個有收入的職業混日子；也有人因為工作與自己的職業理想不相符而怨天尤人，無所作為。這些現象發生的根源，皆在於擇業者沒能正確地認識職業理想與現實的關係。對於即將畢業的大學生來說，職業理想與飯碗的矛盾更會經常發生。這種現像一旦發生，既不要怨天尤人，也不要心灰意冷，而是要冷靜地看待。

第一，要認真分析自己的職業理想是不是脫離實際或過高；自己的職業素質符不符合所選擇的職業要求。職業理想雖然因人而異，但沒有絕對的標準。但是，有一點必須指出的是，理想職業必須以個人能力為依據，超越客觀條件去追求自己的所謂理想，是不現實的。這就要求大學畢業生在選擇職業之前一定正確估價自己，給自己一個合理的定位。

第二，可以形象地把職場分為「天堂團隊」「人間團隊」和「地獄團隊」，很多人以為如果不能進入「天堂團隊」就意味著職業不理想。實際上，很多真正有能力的人是從「人間團隊」，甚至「地獄團隊」走出來的。因為當個人的職業生涯並非一帆風順的時候，反而可以使個人的多方面能力得到更好的鍛鍊。

第三，職業理想不等於理想職業。一般認為當個人的能力、職業理想與職業職業最佳匹配時，即達到三者的有機統一，這種職業才是理想職業。只要職業理想符合社會需要，而自己又確實具備從事該職業的職業素質，並且

願意不斷地付出努力，遲早會實現自己的職業理想；而理想職業卻帶有很大的幻想成分。

第四，如果所選擇的職業職業已無空缺，而你又需要立即就業，可以先降低一點自己的就業要求。因為如果沒有工作，即意味著沒有實現職業理想的可能。而就業以後，可以透過自己的努力逐漸向自己的職業理想靠近，例如，對自己的職業興趣、愛好等進行一定的調整。

二、確定短期、中期和長期職業生涯規劃

職業生涯規劃的過程，就是透過價值觀、個人興趣、個人風格的自我評估，以及對家庭和環境等社會背景的助力或阻力的分析，再根據在職業實踐和考察中樹立起來的榜樣，逐漸發展對自己職業生涯的認同，最終建立起自己的職業生涯目標。在大學生職業生涯規劃設計過程中，職業輔導者只是幫助大學生進行自我認識，幫助他們分析個人的優勢和劣勢，分析社會環境中存在的機遇與挑戰，最終制定個人的職業生涯規劃並按照制定的職業生涯規劃付諸行動。在此過程中，職業輔導者可以給予幫助，但絕不是替他們做決定，這是因為，職業生涯規劃與其他規劃不同，職業生涯規劃與一個人的未來職業發展相關，如果替其做決定，一旦決定不夠準確，會出現誤導，對學生的前途會產生不良影響。而且，只有當個人在心理上認同所選擇的職業，才容易付諸行動，如果認同度較低，將很難行動。

大學生是心理獨立性較強的群體，他們較為反感多年來家長為他們做出的種種安排。在關乎其個人前途命運的職業選擇上，如果由他人透過幾個小時的討論就為其做出決定可能會使他們產生疑慮，也會影響其職業生涯規劃的實施。在給予足夠參考資料的情況下，大學生完全有能力做出比較正確的選擇，有能力為自己確立恰當的職業目標，能夠為實現目標制定長期、中期和短期的職業生涯規劃。

三、科學的自我評估

個體心理健康的一個重要指標是對自我的接受和認可。也就是說對自己應有科學的自我評價，不可過高也不可過低，才不會出現自負和自卑心理。

職業生涯規劃與輔導
第五章 職業生涯規劃設計

只有這樣才能為自己制定合理的追求目標，以達到成功的彼岸。一個人如果不能正確、科學地評價自己，可能會產生心理障礙，表現出對自我的不滿和排斥，從而出現現實自我和理想自我的差距。因此必須學會正確地瞭解自我、評估自我。

著名的「斯芬克斯之謎」：年時需要四條腿走路，中年時兩條腿走路，而到老年時三條腿走路……謎語的答案就是人本身，但很多人在第一次聽說這個謎語時都無法猜出正確的答案。這個故事很好地反映了一個非常重要的問題：許多人其實並不能全面、客觀地認識自己。「全面」是指要正確地認識自己的綜合素質，包括形象氣質、性格特點、興趣愛好、專業技能、知識水平等各個方面的內容；「客觀」是指要恰當地評價自己，作為一名職場人士，更為重要的是評價自己在職場中的地位，與其他職場人士相比自己的優勢在哪裡？職場中哪個位置更適合自己的發展？微軟、蓋洛普等國際知名企業對待「選對人重要」還是「培養人重要」這兩個問題的答案都是前者，因此正確地認識自己非常重要。

第一，以人為鏡，從比較中認識自己。大學生可以透過處世方法、感情交流方式等方面與同伴進行比較，找準自己的位置。這種比較雖然帶有主觀色彩，但卻是認識自己的常用方法。但是，在比較時要尋找環境和心理條件相近的人比較，這樣才較符合自己的實際水平和自己在群體中的位置。

第二，從別人的評價中認識自己。人人都會透過他人對自己的評價來認識自己，而且關注別人怎樣看待和評價自己。他人評價比自我評價具有更大的客觀性，如果自我評價與周圍人的評價有較大的相似性，表明自我認識能力較好、較成熟，如果客觀評價與自己的評價相差過大，則表明在自我認知上有偏差，需要調整。然而對待他人的評價，不可以根據自己的心理需要而只注意某一方面的評價，應全面聽取、綜合分析，恰如其分地對自己做出評價和調整。

第三，透過生活經歷瞭解自己。成功和挫折最能反映個人性格或能力的特點，因此，大學生可以透過成功或失敗的經驗教訓發現個人的特點，在自我反思和自我檢查中重新認識自我，認識自己的長處和短處，把握自己的人

生方向。如果無法肯定自己是否具有某方面的性格、才能和優勢，不妨尋找機會表現一番，從中得到驗證。為了把握自己，為了未來的職業選擇和發展，為了將來回憶往事不留下更多的遺憾，應盡早認識自己，正確評價自我。

四、認清職場，把握正確的求職方向

任何事物都有兩面性，個人發展同樣如此。在正確認識自己以後，是否就可以更好地實現個人的職業發展了呢？可以，但還遠遠不夠。當就業者選擇用人單位的同時，用人單位也在挑選就業者，因此正確地識別職場中的人力資源供求狀況對於個人的職業發展非常重要。這些問題包括（但不限於）：哪個行業更適合我？該行業在整個經濟環境中的發展前景如何？哪類企業更適合我？這類企業在行業中的競爭力和發展前景如何？哪類職業更適合我？該職業在企業中的地位如何？我更認同什麼樣的企業文化，使我工作時更加愉快？什麼樣的上級更適合我，而我又傾向於什麼樣的下級？

在個人職業生涯規劃時需要提前考慮很多因素，樹立個人職業發展目標時一定要看到自己職業的長期發展方向，以保障在一定時間內實現自己的發展需求和維持工作激情，只有實現這兩者才是理想的個人職業發展目標。另外，還要主動尋找自我與職場的最佳結合點，只有找到自我與職場發展的結合點，才能使自己真正融入某個行業和企業，才能在個人職業發展的方向上把握自我，進而把握行業規則，既能夠做到展現自我，達到個人價值的最大實現，又能夠有效地規避行業風險，克服企業內部的發展障礙。

複習鞏固

1. 大學生職業生涯規劃的方法是什麼？

2. 職業生涯規劃怎麼樣分期，具體內容包括什麼？

3. 怎樣正確地認識自己？

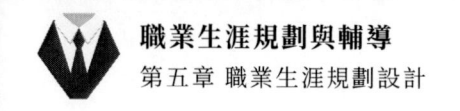

拓展閱讀

周杰倫的職業生涯規劃

一、職業培育期：周杰倫小時候學習不盡如人意，但對音樂就有著獨特的敏感。高中聯考時，周杰倫考上了淡江中學音樂班。在高中時代選擇讀音樂班，是周杰倫一個很重要的職業生涯規劃。在音樂班的氛圍裡，讓他的音樂天賦很順利地從個人興趣發展成社會技能。

二、職業適應期：由於學業不佳，周杰倫沒有考上大學。周杰倫選擇了在餐廳做服務生。一次，周杰倫偷偷地試了試餐廳的鋼琴，他的琴聲震驚了所有人，於是周杰倫慢慢有了公眾演奏的機會。

三、職業發展期：1997年9月，周杰倫的表妹瞞著他，偷偷給他報名參加了吳宗憲主持的娛樂節目《超級新人王》，周杰倫的演出慘不忍睹。但吳宗憲發現周杰倫會譜非常複雜的譜子！於是請周杰倫任唱片公司的音樂製作助理。吳宗憲有意給他一些打擊，當面告訴他寫的歌曲很爛，並把樂譜揉成一團。然而，吳宗憲每天仍能驚奇地看到周杰倫把工整認真的新譜子放在桌上。他被這個認真踏實，沉默木訥的年輕人打動了，於是就有了周杰倫一舉成名的專輯《JAY》。

本章要點小結

職業生涯規劃設計的步驟主要包括：正確的自我評估；職業環境評估；職業目標定位及目標分解；行動計劃的指定與實施；回饋與調整。在進行職業生涯規劃設計時應該注意：樹立正確的職業理想；確定短期、中期、長期職業生涯規劃；科學的自我評價；認清職場，把握正確的求職方向。

關鍵術語表

職業生涯規劃設計 自我評估 職業目標 短期、中期、長期職業生涯規劃 反饋與調整

本章複習題

1. 什麼是大學生涯規劃，下列表述錯誤的是

A. 大學生涯規劃是職業生涯規劃的基礎

B. 大學生涯規劃是幫助大學生科學經營大學生活

C. 大學生涯規劃可以幫助大學生管理時間和精力，合理安排大學學習與生活

D. 大學生涯規劃是從生涯規劃中階段化而來的為職業生涯規劃做準備

2. 調整職業生涯規劃的關鍵是

A.「我為什麼做？」

B.「我做得怎麼樣？」

C. 放棄原有規劃

D. 選擇更適合自己的發展方向和發展目標

3. 要對職業生涯某個階段是否成功進行全面評價，必須綜合考慮（　）因素。

A. 個人、家庭因素

B. 企業評價和社會評價

C. 自我評價、家庭評價

D. 個人、家庭、企業、社會等各方面

4. 著名生涯學家沙特爾認為，職業生涯是一個人在工作生活中所經歷的職業或（　）的總稱。

A. 職位　B. 角色　C. 過程　D. 體驗

5. 職業生涯規劃的影響要素有（　）。

A. 國家、區域的政治、經濟、文化環境

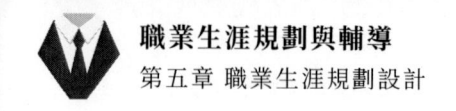

B. 目標行業前景和企業組織環境

C. 個人的職業興趣、職業能力和職業價值觀

D. 以上均是

6. 每個人都希望自己有一個成功的職業生涯，下面屬於職業生涯特點的是（　）。

A. 發展性，每個人的職業生涯都在不斷發展變化

B. 階段性，人的職業生涯分為不同階段

C. 獨特性，每個人的職業生涯都有不同的地方

D. 終生性，職業生涯會影響人的一生

7. 在個人的職業生涯規劃中，處於主體地位的是（　）。

A. 家庭成員　B. 老師　C. 自己　D. 同學或朋友

8. 職業生涯規劃第一步是（　）。

A. 自我分析　B. 確立目標　C. 可行性分析　D. 設計方案

9. 在媒體工作的王先生對他帶教的實習生 Sissy 有點無可奈何，對方曾在校電視臺當過記者，所以自我感覺很好。常常發表高談闊論，甚至還看不起非名校畢業的王先生。對他的改稿建議嗤之以鼻，愛理不理，幾乎整個辦公室的記者、編輯看到這個小姑娘都只能搖頭。

從材料上看，Sissy 同學在實習過程中犯了什麼錯誤（　）。

A. 作為實習生，在工作中遇到困難應及時向別人求助，擺脫自尊的羈絆，多和同事交流溝通，才能在實習中迅速提高自己的工作能力。

B. 實習生要對自我進行正確定位，並且增強對周邊環境的適應能力，畢竟在真實的職場中到處充滿競爭。

C. 實習生要正確認知自己的實習動機，不應把實習經驗只看作是簡歷上的重要一筆，而忽略實習真正的目的是為了鍛鍊自身能力、幫助自己更好地適應工作。

D. 在工作中，沒有人會主動把知識塞給你。作為實習生，就算實在沒有事做，可以觀察其他實習生或者老師如何處理具體問題，也會有許多收穫，並主動爭取工作經驗，這個過程也是對自身自信與膽量的考驗。

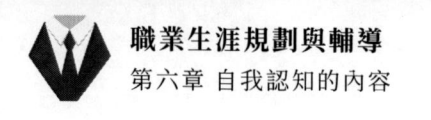

第六章 自我認知的內容

「我是誰？」是哲學的三大命題之一。「我適合做什麼工作？」是個體職業定位的重要依據。職業生涯規劃首先要對個體自我進行瞭解和認識，這是職業發展的起點。個體對自己的認識越深入、越清楚，就越能夠瞭解自己的所需所能，從而在紛繁的職業環境中找到適合自己的職業發展之路。本章將介紹自我認知的內容，主要包括職業心理特徵認知、職業心理傾向認知和職業人格認知三個部分。透過本章的內容，可以清晰地認識自身性格、能力、興趣以及價值觀等方面的特點，以便能系統地瞭解行事風格，並有助於認識不同個體之間的差異，以增進與他人的相互理解。此外，還可以幫助個體拓展職業生涯發展視角，激勵個體對自身職業發展的探索和嘗試。

第一節 職業心理特徵認知

所謂心理特徵，就是個體在社會活動中表現出來的比較穩定的成分，包括能力、氣質和性格。心理特徵具有相對穩定性，例如說一個人脾氣暴躁、性特別向，是透過一段時間的瞭解、看到這個人的一些行為表現，才產生這樣的評價。下面分別從氣質、性格和能力三方面對職業心理特徵進行分析。

一、氣質與職業

現代心理學中所講的氣質概念與日常生活中常說的氣質有所不同。在心理學中，氣質（temperament）是表現在心理活動的強度、速度、靈活性與指向性等方面的一種穩定的心理特徵。人的氣質差異是先天形成的，受神經系統活動過程的特性制約。孩子剛一落生時，最先表現出來的差異就是氣質差異，有的孩子愛哭好動，有的孩子平穩安靜。

氣質是人的天性，無好壞之分。它只給人們的言行塗上某種色彩，但不能決定人的社會價值，也不直接具有社會道德評價含義。一個人活潑或穩重不能決定他的職業發展成功與否，任何一種氣質類型的人都可以在某一領域做出突出貢獻。例如，俄國著名文學家普希金、赫爾岑、克雷洛夫、果戈理

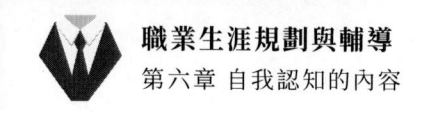

分別屬於膽汁質、多血質、黏液質、抑鬱質的氣質類型，但他們都在文學領域取得了傑出成就。而且，同一氣質類型的人也可能在差別很大的領域中取得成功。氣質不能決定一個人的成就，任何氣質的人只要經過自己的努力都可能在不同的實踐領域中取得成就，也可能成為平庸無為的人。

雖然如此，不同的氣質類型在工作性質和工作效率等方面又體現出不同的影響。譬如大多職業領域都要求「人─機」匹配、「人─崗」匹配，即要求機器操作人員和管理人員具備特定的心理特徵，如靈活性、膽量、忍耐力、沉穩、責任心等，從而提高生產及工作效率。因此，在職業生涯規劃中充分考慮個體的氣質類型，有助於顯著提高個體對職業的適應性。

(一) 氣質類型與特徵

如前所述，不同的氣質類型對個體的職業適應性存在較大影響，因此，有必要瞭解不同氣質類型及其特徵。只有這樣，才能夠把氣質類型特徵作為人從事職業活動的有利條件。

早在古希臘時代，希波克拉底就指出，人體內有四種液體：黏液汁（生於腦）、黃疸汁（生於肝）、黑膽汁（生於胃）、血液（生於心臟）。這四種液體在不同的人身上占有不同的比例，根據體液在人體內占優勢的程度不同，把人的氣質分為四種類型。血液占優勢的人屬於多血質，黏液汁占優勢的人屬於黏液質，黃膽汁占優勢的人屬於膽汁質，黑膽汁占優勢的人屬於抑鬱質。

1. 黏液質

黏液質個體屬於緘默而安靜的類型。神經活動過程平衡且靈活性低，反應遲緩，情緒穩定，因而在大多數環境中能夠保持基本的心理平衡。思維、語言、動作遲緩，在人際交往中較為適度，少外露，自制力較強。感受性較低，耐受性較高，能夠較高質量地完成那些要求堅忍不拔、埋頭苦幹、長時間集中注意力、有條不紊的工作。不善隨機應變，常有墨守成規的表現。如《紅樓夢》中的王夫人、花襲人，《三國演義》中的劉備、司馬懿，即是黏液質的代表。

2. 膽汁質

膽汁質個體屬於興奮而熱烈的類型。神經活動過程不平衡，感受性低，耐受性高；言語體態較為熱情、直爽，善於交往；喜歡指揮、控制別人，間接獨立，喜歡具有挑戰性的工作或活動，能以極大的熱情投身於一項工作，一旦認準目標，就希望盡快實現；但不持久，一旦遇到挫折或筋疲力盡，情緒易轉為沮喪或心灰意冷。膽汁質類型的人工作容易帶有明顯的週期性，適合具有較大危險和難度、需要隨時應變的工作，不適合穩定、細緻的工作。具有代表性的如《三國演義》中的張飛，《紅樓夢》中的史湘雲、晴雯。

3. 抑鬱質

抑鬱質個體屬於呆板而羞澀的類型。譬如《紅樓夢》中的林黛玉。神經活動過程易緊張，感受性高，耐受性低；情緒體驗豐富，容易因為微不足道的小事引起情緒波動；極少表露自己的感情，但在內心的體驗卻相當深刻；人際交往拘束，喜歡獨處，性格較為孤僻，但在友愛的團隊中，能成為一個很受歡迎和容易相處的人；不願承擔過多的責任和壓力，不常參加具有挑戰性的工作。適合從事需要踏實、耐心和細心的工作，不適合做需要當機立斷、調整變化的工作。

4. 多血質

多血質個體屬於敏捷而多動的類型。神經活動過程平衡且靈活性強；感受性低，耐受性高；情緒易興奮外露，開朗熱情，善於交際，在群體中表現活躍愉快，常能機智地解除窘境；反應敏捷迅速，對外界事物有廣泛的興趣，喜歡變化多樣的活動和工作，有較高的效率；不安於循規蹈矩，情緒不穩定。《三國演義》中的關羽就是這種類型的典型代表。多血質個體極易適應環境變化，但不適合做需要細心和持久的工作。

需要指出，現實生活中的個體完全屬於某一種氣質類型的人很少，且典型的多血質、膽汁質、黏液質和抑鬱質的人也不多見，大多數的人都屬於同時擁有幾種較為接近的氣質類型特徵的混合型。

2. 氣質類型與職業的匹配

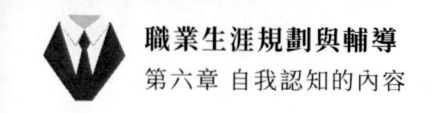

儘管氣質沒有好壞之分，但氣質卻能影響一個人的工作效率。特別是在一些需要經受高度身心緊張的職業中，氣質不僅關係到工作的效率，還關係到事業的成敗。

膽汁質的人精力旺盛，激動暴躁，神經活動具有很高的興奮性。他們能以極大的熱情去工作，主動克服工作中的困難；但如果對工作失去信心，情緒就馬上會低沉下來。他們更適合做導遊、推銷員、節目主持人、勘探工作者、演員、公關人員等工作。

多血質的人感受性低而耐受性高，不隨意的反應性強，具有較大的可塑性和外傾性。他們反應迅速而靈活，工作能力較強，情緒豐富易興奮，並且表現明顯。他們極易適應環境，但注意力不穩定，興趣易轉移。他們不適宜從事單調機械的工作和要求細緻的工作。而管理、導遊、外交、警察、軍官等職業更適合他們。

黏液質的人具有較強的自我克制能力，能埋頭苦幹，態度持重不易分心，由於靈活性相對較差，他們可能有因循守舊的傾向。黏液質的人適宜的工作有會計、法官、調解人員、管理人員、外科醫生等。

抑鬱質的人感受性高而耐受性低，不隨意反應性低，嚴重內傾，情緒興奮性高，而且體驗深刻，反應速度慢，相對刻板而不靈活。他們情感細膩，做事謹慎小心，觀察力敏銳，善於覺察別人不易察覺的細小事物，但工作的耐受性差，容易感到疲勞，並且容易產生驚慌失措的情緒。他們適宜承擔的工作與膽汁質的人正好相反，諸如打字員、校對員、檢查員、化驗員、數據登錄人員、文字排版人員、機要祕書等適合他們。

通常，要求做出迅速、靈活反應的工作，多血質的人則往往難以適應；相反，要求細膩的工作，黏液質、抑鬱質的人較為合適，而多血質、膽汁質的人卻不是最佳人選。

瑞士心理學家榮格對氣質做過更深入的研究。他把人的心態分為內傾型與外傾型兩種，它們分別與四種心理功能（思維、情感、感覺和直覺）結合起來，構成了各種不同的氣質類型。外傾型的人，心理能量流向客觀的外部

世界的表象之中，容易把自己投入到對客觀對象、人與物、周圍環境條件的知覺、思維和情感之中；內傾的人喜歡探索和分析自己的內心世界，較為內向，一般來說略為孤僻，容易過分地全神貫注於自己的內心體驗。在別人看來，他可能顯得冷漠寡言，不喜歡社交。而外傾型的人，則把注意力集中在與他人交往之中，總是顯得活躍和開朗，對周圍的一切都很感興趣。

氣質類型對職業生活的影響是重大的。榮格認為，一個內傾型的人想要成為一名汽車推銷員或者一個外傾型的人想要成為一名會計，都是很難辦到的。感覺型的人可以成為一名很好的警察、消防員，然而卻只能成為一名拙劣的教師。直覺型的人可以成為很好的修理工、故障檢修員，卻不能成為固定生產線上反覆做同一種工作的工人。情感型的人應該避免從事要求具備抽象思維能力的工作，思維型的人則應該避免從事需要豐富情感的職業。

氣質是人們的個性中最穩定的因素，在選擇職業時，一定要注意自己的氣質類型。在一些特殊職業中，例如公務員、公關人員、飛行員等，氣質類型也是錄用員工的重要標準之一。

3. 職業氣質類型

職業氣質，是指反映在職業生活中人的典型的、穩定的心理特徵。即從業者在從事特定職業行為時會表現出來的特徵總和。根據職業分類規範，我們可以將職業氣質分為12種類型，見下表。

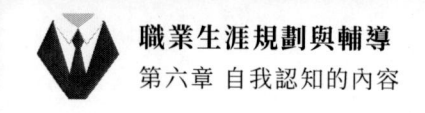

表6-1　氣質類型與典型職業

氣質類型	主要特徵	典型職業
變化型	1. 在戶外活動或新的工作情境中感到愉快 2. 喜歡經常變化的工作內容 3. 在有壓力的情況下工作出色 4. 善於將注意力從一件事轉移到另一件事上 5. 追求多樣化的工作和生活	記者、演員、推銷員、消防員
複雜型	1. 適合連續不停地從事同樣工作 2. 喜歡按照一個機械的程式和計劃進度辦事 3. 愛好重複的、有規劃的、有標準的工作	紡織工、印刷工、裝配工、電影放映員、機床工，各種流水線上的工作
服從型	1. 不願獨立做出決策，喜歡按別人的指示辦事 2. 喜歡讓他人對自己的工作負責任	秘書、辦公室職員、翻譯人員
獨立型	1. 喜歡計畫自己的活動和指導別人的生活 2. 在獨立和負有職責的工作中感到愉快 3. 喜歡對未來發生的事情做出決定	管理人員、律師、員警、偵察人員
動作型	1. 在與人協同工作時感到愉快 2. 善於讓別人按自己的意願辦事 3. 希望得到同事的喜歡	社會工作者、各類諮詢人員、街道調解員
孤獨型	1. 喜歡單獨工作 2. 不願意與人交往	校對員、排版員、雕刻藝術家
勸服型	1. 設法讓別人同意自己的觀點 2. 對別人的反應有較強的判斷力 3. 善於對他人施加影響	政治輔導員、黨政領導、宣傳工作者、作家、教師
機智型	1. 在緊張和危險的狀況下能自我控制，保持鎮定 2. 在戶外情境中工作出色 3. 出了差錯不易慌張	駕駛員、飛行員、公安人員、消防員、救生員、潛水員、指揮員
經驗決策型	1. 喜歡根據自己的經驗做出判斷 2. 當別人猶豫不定時，能當機立斷做出決定 3. 喜歡處理那些直接經歷或知覺到的事情，並用經驗來解決問題	組織管理者、採購人員、供應商、批發商、推銷人員、個體經營者、農民

續表

氣質類型	主要特徵	典型職業
實施決策型	1.喜歡根據事實做出決策 2.要求根據充分的證據來下結論 3.喜歡運用調查、測驗、統計數據來說明問題	化驗員、檢驗員、自然及社會科學研究者
自我表現型	1.喜歡能夠表現自己愛好和個性的工作情景 2.根據自己的感情做出選擇 3.喜歡通過自己的工作表達自己的注意	演員、詩人、音樂家、畫家
嚴謹型	1.注意細節的精確 2.按一套規則和步驟將工作做到盡可能完美	會計、出納、統計、檔案管理員

二、性格與職業

性格一詞直接來自日語，為日語對英語 character 的譯名，它的希臘文原為雕刻，後轉意為印刻、標記、特性。性格是人對現實的態度和行為方式中比較穩定的心理特徵的總和，它體現在個體對現實的穩定態度以及與之相適應的習慣化了的行為方式中。性格在人的個性中起核心作用。有關性格特徵的詞語：誠實、謙虛、勇敢、忠誠、自信、開朗、剛毅、膽怯、粗暴、冷靜、攻擊、爽直、執拗、神經質、忘乎所以、垂頭喪氣、優雅穩重、消沉、畏縮、豪放、猶豫、優柔寡斷、驚慌失措、見異思遷、恆心、果斷、沉著鎮定、謹慎、順應、能言善辯、圓滑、正直、熱忱、謙虛，狡猾、懶惰、粗心、傲慢等等。每個人都有自己獨特的個性，也就是說每個人的心理特徵不同，看問題、處理事情的風格、方式也不同。有的人熱情爽朗；有的人沉穩持重；有的人風風火火；有的人謹慎多疑。但「金無足赤，人無完人」，一個人在某方面有所不足，其他方面必有過人之處，說不定就是你制勝的法寶。

（一）氣質與性格之間的關係

氣質與性格都在人的生活實踐中形成，二者互相滲透、彼此制約。就氣質與性格各自形成的特點來講，氣質更多地受到遺傳素質的影響，而性格是在人自身的素質同環境的相互作用中形成的，比氣質更具有可塑性。

氣質與性格的聯繫十分緊密。一方面，人的氣質特徵直接影響一個人的性格，同樣是勤勞的人，具有多血質氣質的人在勞動中容易表現為情緒飽滿、精力充沛，而有黏液質氣質的人則可能表現為踏實肯幹、操作精細。另一方面，性格也會在一定程度上掩蓋、改造氣質，使其服從於實踐要求的行為方式。如長期從事需要精細操作、耐心堅持的性格特徵的工作，有可能逐步地改變膽汁質的衝動與多血質的注意力容易轉移等特性。

（二）性格類型及特徵

美國心理學家和職業輔導專家霍蘭德經過十幾年跨國研究，提出了職業人格理論。他認為人的性格大致可以劃分為六種類型，這六種類型分別與六類職業相對應，如果一個人具有某一種性格類型，便易於對這一類職業發生興趣，從而也適合於從事這種職業。這六種性格分別是：

1. 現實型

現實型的人喜歡有規則的具體勞動和需要基本技能的工作。這類職業一般是指熟練的手工業行業和技術工作，通常要運用手工工具或機器進行勞動。這類人往往缺乏社交能力。現實型的人適於做工匠、農民、技師、工程師、機械師、魚類和野生動物專家、車工、鉗工、電工、報務員、火車司機、機械製圖員、電器師、機器修理工、公車司機。

2. 研究型

研究型的人喜歡智力的、抽象的、分析的、推理的、獨立的任務。這類職業主要指科學研究和實驗方面的工作。這類人往往缺乏領導能力。

3. 藝術型

藝術型的人喜歡透過藝術作品來達到自我表現，愛想像，感情豐富，不順從，有創造性，能反省。藝術型的人缺乏辦事員的能力，適於做室內裝飾專家、攝影家、作家、音樂教師、演員、記者、作曲家、詩人、編劇、雕刻家、漫畫家。

4. 社會型

社會型的人喜歡社會交往，常出席社交場所，關心社會問題，願為別人服務，對教育活動感興趣。這類人往往缺乏機械能力。社會型的人適於做導遊、福利機構工作者、社會學者、諮詢人員、社會工作者、學校教師、公共保健護士。

5. 企業型

企業型的人性特別傾，愛冒險活動，喜歡擔任領導角色，具有支配、勸說和言語技能。這類人往往缺乏科學研究能力。企業型的人適於作推銷員、商品批發員、進貨員、福利機構工作者、旅館經理、廣告宣傳員、律師、政治家、零售商等。

6. 常規型

傳統型的人喜歡系統的有條理的工作任務，具有實際、自控、友善、保守的特點。這類人往往缺乏藝術能力。傳統型的人適於做記帳員、銀行出納、成本估算員、核對員、打字員、辦公室職員、統計員、電腦操作員、祕書、法庭速記員等。

3. 性格與職業的匹配

職業性格是一個人對職業的穩定態度和在職業活動中習慣化了的行為方式所表現出來的個性心理特徵，對個人的職業生涯規劃有重要意義。性格對職業生涯規劃有重要的影響，基於以下原因：

第一，性格是個體人格中具有核心意義的部分，幾乎涉及一個人的心理過程及個性特徵的各個方面，與職業息息相關。性格使一個人更加偏愛某一種而不是另一種環境，由於性格的不同，每個人在對不同環境的認知過程中，也表現出不同的個性化風格。從事與自己的性格不匹配的工作，個人的才能就會受到阻礙，會讓你覺得整個工作狀態都很「不對勁」。因此在職業選擇中，我們應盡可能地充分考慮自己的個性特徵與職業要求是否相適應，這樣在工作中就能夠滿足你的獨特慾望，能夠發揮你特有的能力，還能利用你的個人資本，體驗到更多的快樂和愉悅。

職業生涯規劃與輔導
第六章 自我認知的內容

第二，在職業發展上，性格比能力優先考慮。用人單位在選人上逐漸認識到性格比能力重要。這種認識在國外已經相當普及。其原因是，如果一個人能力不足，可透過培訓提高，一年不行，兩年；兩年不行，三年，總可以開發出來。但一個人的性格與職業或職業不吻合，要改變起來，可就困難了。所以，公司在招聘新人時，將性格的測驗放在首位，當性格與職業或職業吻合了，才對其能力進行測驗考察。如果性格與職業或職業不吻合，再高的學歷，再高的能力，也不予錄用。

第三，性格無所謂好壞，關鍵看是否放對了地方，每一類性格都有與之相適應的職業範圍。職業心理學的研究表明，不同的職業需要不同性格的從業者，某一類職業工作能夠體現出某一類共同的職業性格。

例如，敏感型的人，精神飽滿，好動不好靜，辦事喜歡速戰速決，但行為常有盲目性，有時情緒不穩定。這類人的職業範圍包括運動員、行政人員及一般性職業。情感型的人，感情豐富，喜怒哀樂溢於言表，不喜歡單調生活，愛刺激，愛感情用事，對新事物很有興趣。這類人合適的職業範圍包括演員、導遊、活動家、護理人員等。思考型的人，善於思考，邏輯思維發達，有比較成熟的觀點，生活、工作有規律，時間觀念強，重視調查研究的精確性，但有時思想僵化，缺乏靈活性。這類人合適的職業範圍包括工程師、教師、財務人員和數據處理人員等。想像型的人想像力豐富，憧憬未來，喜歡思考問題，有時行為刻板，不易合群。這類人合適的職業範圍包括科學工作者、技術研究人員、藝術工作者和作家等。

性格對職業生涯規劃和發展的影響，充分體現在其態度成分和意志成分中：

第一，性格中對勞動、對工作態度的成分，直接影響到職業的選擇和職業的發展。有的人以勞動為榮，把勞動當作自己的需要；有的人則以勞動為恥，把勞動和工作看成自己的負擔。有的人積極、主動、肯幹；有的人消極、怠慢；有的人對工作認真負責，一絲不苟；有的人則馬虎大意，敷衍塞責。

第二，性格中反映對他人、對自己和對集體態度的成分，也往往影響到職業的規劃發展。自私、傲慢、孤僻、暴躁，對公益事業漠不關心，輕視社

會行為規範的人，就不適於從事與人打交道的職業，如教師、服務員、公關人員、外交人員、公務人員等。

第三，性格中的意志成分也同職業的規劃有密切關係。缺乏堅韌性的人不適宜從事諸如外科醫生、科學研究人員、資料管理人員、運動員等要求耐力很強的工作；動搖、怯懦、散漫的人，不適宜選擇諸如思想政治工作、服務員、教師等職業。

三、能力與職業

能力是指成功完成某件事情或工作的潛能。通常被稱為智力，是先天就具有或透過學習獲得的。技能是指經過學習和練習發展起來的能力。而能力傾向是指學習能力，是個體的潛能，區別於已經發展起來的知識技能。社會中的任何一種職業，都需要具備基本的能力、技能和能力傾向才能夠勝任。因此，我們可以把能力看作職業生涯發展的最基本條件之一。

能力一部分來源於先天遺傳，同時環境也能塑造個體的能力。一個天生具有雕塑才能的人，如果生活在沒有雕塑的環境中，則不可能發展出相應的雕塑能力。同時，在個體所處的文化環境中，如果某項能力被認為是有價值的，個體就會努力去發展這種能力；但如果大的文化環境並不認為這種能力是重要的，則很難得到發掘。

（一）能力的類型及特徵

1. 功能性技能、內容性技能和適應性技能

辛迪尼梵和理查德鮑爾斯根據能力的本質，將技能分為三個基本的類別：功能性（可遷移性）技能、內容性（知識性）技能和適應性（自我管理）技能。

功能性技能包含了寫作、組織、計算、操作、設計和思考等技能，通常用動詞表達。該技能通常在生活的方方面面得到發展，同時又可以被遷移運用到各種工作之中。

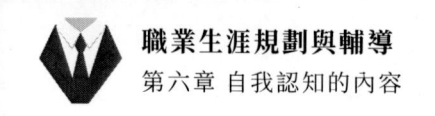

內容性技能指所學習到的具體的知識或技能內容，通常用名詞表達。它較難得到遷移，常常需要有意識的培訓，並透過記憶掌握特殊的詞彙、程序和學科。

適應性技能指個體在特定環境中與人交流、適應時具有的某些特徵。通常與個體的個人品質或人格特徵相似。

2. 一般能力和特殊能力

一般能力是在不同種類的基本活動中表現出來的共同能力，包括觀察、想像、語言能力、思維能力、創造能力等。這些能力是有效地掌握知識和順利地完成活動所必不可少的心理條件。通常所謂的智力，就是指一般能力。

特殊能力是指從事某種專業活動所必需的能力。任何一種專業活動都要求有與該專業內容相符合的能力。如畫家的色彩鑑別力、形象記憶力、空間想像力，就屬於特殊能力。

一般能力和特殊能力既相互區分又相互聯繫。特殊能力總是建立在一般能力的基礎上。任何特殊能力都是經過一般能力的專業性訓練發展起來的。例如，在機械工業中的技術工作，要區別機器結構的細節，認識機器的工作原理，這些有著特殊專業需要的能力就是在一般觀察力的基礎上發展起來的。同時，特殊能力的發展，又會促進一般能力的提升。

3. 流體能力和晶體能力

卡特爾將智力分為流體智力和晶體智力。

流體智力指在訊息加工和問題解決中表現出來的能力，與基本心理過程有關。如知覺、記憶、運算速度、推理能力等。流體智力一般在20歲後達到頂峰，30歲後隨年齡的老化而減退。流體智力很少受到文化知識的影響，而取決於個體的稟賦。許多智力測驗為了文化公平，測的就是流體智力，如瑞文推理測驗。

晶體智力指透過掌握社會文化經驗而獲得的智力。如詞彙概念、言語理解、常識等記憶儲存訊息為能力，它一直保持相對穩定，並不隨年齡的老化

而減退，在人的一生中一直在發展，只是到了 25 歲之後，發展的速度才漸趨平緩。

晶體智力和流體智力之間存在密切聯繫。晶體智力的發展依賴於流體智力。但是一個具有較強流體能力的人如果生活在貧乏的智力環境中，其晶體智力的發展也會較為緩慢或一般。

（二）能力與職業的匹配

職業發展和高度能力之間，具有不容置疑的直接關係。高度能力，不是抽象的素質，它透過職業角色得以表現：交響樂團的指揮，其能力顯然和一名出色的科技人員、一名出色的飛機駕駛員不同。

能力，是一個人能否進入職業的先決條件，是能否勝任職業工作的主觀條件。無論從事什麼職業總要有一定的能力做保障。沒有任何能力，根本談不上進入職業工作，對個人來講也就無所謂職業生涯規劃可言。能力是指完成一定活動的本領。人在其一生之中，要從事各種各樣的社會生活和社會生產活動，必須具備多種能力與之相適應。我們這裡所言的能力，是指勞動者從事社會生產活動的能力，亦即職業工作能力。

如前所述，一般能力是人們順利完成各項任務都必須具備的一些基本能力。特殊能力是指從事各項專業活動的能力，也可稱特長，如計算能力、音樂能力、動作協調能力、語言表達能力、空間判斷能力等。由此可見，能力是一個人完成任務的前提條件，是影響工作效果的基本因素。因此，瞭解自己的能力傾向及不同職業的能力要求對合理地進行職業選擇具有重要意義。能力的不同，對職業選擇就有差異。從能力差異的角度來看，在職業選擇時應遵循以下原則：首先，注意能力類型與職業相吻合。人的能力類型是有差異的，即人的能力發展方向存在差異。對職業研究表明，職業也是可以根據工作的性質、內容和環境而劃分為不同的類型的，並且對人的能力也有不同的要求，因而應注意能力類型與職業類型的吻合。能力水平要與職業層次一致或基本一致。對一種職業或職業類型來說，由於所承擔的責任不同，又可分為不同層次，不同的層次對人的能力有不同的要求。因而，在根據能力類

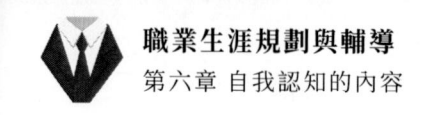

型確定了職業類型後，還應根據自己所達到或可能達到的能力水平確定相吻合的職業層次。只有這樣，才能使能力與職業的吻合具體化。

在職業發展中，應充分發揮優勢能力的作用。每個人都具有一個多種能力組成的能力系統，每個人在這個能力系統中，各方面能力的發展是不平衡的，常常是某方面的能力占優勢，而另一些能力則不太突出，對職業選擇和職業輔導而言，應主要考慮其最佳能力，選擇最能運用其優勢能力的職業。同樣，在人事安排中，如能注重一個人的優勢能力並分配相應的工作，會更好地發揮一個人的作用。

其次，注意一般能力與職業相吻合。一般能力包括注意力、觀察力、記憶力、思維能力和想像力等。不同的職業對人的一般能力的要求不同，有些職業對從業者的智力水平有絕對的要求，如律師、工程師、科學研究人員、大學教師等都要求有很高的智商。智力在相當大的程度上決定著其所從事的職業類型。

此外，注意特殊能力與職業相吻合。特殊能力是指從事某項專業活動的能力，也可稱特長，如計算能力、音樂能力、動作協調能力、語言表達能力、事務能力、空間判斷能力、形態知覺能力、手指靈活度與靈巧度等。要順利完成某項工作，除要具有一般能力外，又要具有該項工作所要求的特殊能力，如：從事教育工作需要有閱讀能力和表達能力；從事數學研究需要具有計算能力、空間想像能力和邏輯思維能力；法官就應具有很強的邏輯推理能力，卻不一定要很強的動手能力；建築工應有一定的空間判斷能力，卻不需要良好的語言表達能力。

複習鞏固

1. 希波克拉底的氣質類型分別有什麼特點，能夠與哪些職業匹配？
2. 氣質和性格之間的關係如何？
3. 能力有哪些分類？

第二節 職業心理傾向認知

心理傾向性是人進行活動的動力系統,是個性結構中最活躍的因素,決定著人對周圍世界的認識和態度的選擇和趨向,決定著個體追求什麼,什麼對他來說是最有價值的。職業傾向是指人們在職業評價的基礎上形成的一種穩定的行為動力傾向。包括職業價值觀、職業興趣、職業動機等。

一、職業價值觀

能力發展潛力決定了個體能否進入特定的職業領域,而非能力因素(如職業價值觀、職業興趣和職業性格等)也非常重要,若二者不能統一,就會出現衝突。對個體職業價值觀的研究也是職業生涯規劃的基礎之一。如果人們在職業生活中找到了自己的價值,工作就會變得有意義、有目的,工作就會成為一種樂趣,而非負擔;如果工作沒有使人得到滿足,則生活本身就會變得乏味、單調。

(一)職業價值觀的含義

價值觀是指人們在認識和評價客觀事物、環境時對自身或社會的重要性所持的內部標準。價值觀代表了個體最基本的信念,個體對自身價值觀所指向事物的評價要顯著高於其他事物,因而使得個體的行為帶有一定的傾向性。正如亞當·斯密所言,價值觀就像一隻看不見的手,在不知不覺中就決定了我們選擇什麼樣的方式度過一生。

價值觀在職業中的體現就是職業價值觀,是人們對待職業的一種信念和態度,是人們在職業生活中表現出來的一種價值取向。例如,在選擇職業的過程中,有人喜歡工作環境輕鬆愉快、有人追求豐厚的收入、有人希望奮鬥到較高的社會地位等等。

工作價值觀通常與某種具體職業相聯繫。例如,創造性如果對個體來說是一項重要的工作價值,那麼建築師、設計師、廣告創意人員、工程師和藝術家就是最好的選擇;而獨立、變化、時效性強、有影響力則被認為是記者

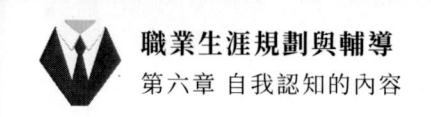

這一行業的工作價值。表 6-2 是一種職業輔導和規劃軟體 SIGIPLUS 所列出的 8 項工作價值觀以及 8 項職業價值觀。

表6-2　工作價值觀與職業價值觀

與工作相關的價值觀	與職業相關的價值觀
1.晉升 希望按照預期得到提升；避開沒有發展前途的工作	1.對社會的貢獻 希望自己的工作能夠有助於提高社會整體的健康、教育和福利水平
2.機遇 希望用自身能力解決問題，較有難度的工作會帶來成就感	2.高薪 希望自己從事的職業平均收入比其他職業高
3.交通便利 希望工作離家近，有便捷的交通	3.獨立 希望自己做老闆，自己決策，沒有壓力，不必一絲不苟的聽從指令
4.靈活機動的時間 希望工作時間靈活，可以自主安排、調整	4.領導能力 希望能夠領導別人；當事情出錯時，自己願意承擔責任
5.福利 除報酬之外，還有醫療保險、學費補助、兒童保育服務等福利	5.休閒 希望工作時間短或者休假時間長，在業餘時間得到充分滿足，工作不會對休閒產生影響

續表

與工作相關的價值觀	與職業相關的價值觀
6.在職學習 在工作過程中能夠學習新的技能和思想，得到學習的樂趣，能夠從事更高層次的工作	6.聲望 希望被人尊重
7.愉快的工作夥伴 與同事相處是令人愉快的，有相近的興趣和觀點	7.保障 從事的職業不會因經濟衰退、技術革新、政府開支以及社會趣味等方面的變化而受到影響
8.固定的工作地點 希望工作地點穩定	8.多樣性 希望參與到不同的活動中，解決不同的問題，和不同的人交流，而不是一成不變地工作

（二）樹立良好的職業價值觀

職業價值觀因人而異。不同個體因在不同的生活環境、教育背景中成長，最看重的方面也會不同。有人看重地位，在做職業生涯規劃時會優先考慮升

遷以及發展空間；有人看重收入，則偏向高薪工作；有人看重生活環境以及工作環境，則會選擇相對安穩舒適的工作。不同的人會因為自己的職業價值觀偏好做出不同的職業選擇。

職業價值觀因時而異。雖然個體成年後的職業價值觀基本穩定，但隨著時間的變化以及經歷的增多，也會出現一些調整。比如，在職業選擇初期，年輕個體往往希望能夠獲得更多的經濟利益，以滿足當前的生活需要，但隨著初級目標的滿足，個體最看重的部分就會有所偏移，譬如，更多追求成就感的獲得，或者生活的舒適度。

從另一種角度來講，不同的職業價值觀之間的差別，正體現了個體在成功與幸福之間的博弈。有研究指出，那些「最成功」的人士，並不是幸福感最高的人，而恰恰是中間階層的個體幸福指數最高。而且「全球幸福指數」的調查顯示，國民幸福感最高的地區並不是發達國家，而是拉丁美洲、亞洲以及加勒比海地區的一些中等發達國家。因此，個體應隨著自身職業的發展，不斷調整自己的需求和目標指向，發展較為適宜的職業價值觀體系。

二、職業興趣

（一）什麼是職業興趣

興趣是指建立在需要的基礎上，帶有積極情緒色彩的認知和活動傾向，是個人對其環境中的人、事、物所產生的喜愛程度，是個人力求認識、掌握某事物，並經常參與該種活動的心理傾向。當個人對某事物有興趣時，會對它產生特別的注意力，對該事物感知敏銳、記憶牢固、思維活躍、情感濃厚、意志堅強。興趣是人們活動的重要動力之一，是活動成功的重要條件。

職業興趣是指人們對某種職業活動具有的比較穩定而持久的心理傾向。它是一個人探究某種職業或從事某種職業活動所表現出來的特殊個性傾向，它使個人對某種職業給予優先的注意，並具有嚮往的情感。由於興趣愛好不同，人的職業興趣也有很大的差異。有人喜歡具體的工作，例如，室內裝飾、園林、美容、機械維修等；有人喜歡抽象和創造性的工作，例如，經濟分析、

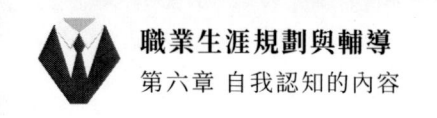

新產品開發、社會調查和科學研究等。職業興趣對職業選擇和職業發展都有一定的影響。

興趣的發展一般經歷有趣、樂趣、志趣三階段。對於職業活動，往往從有趣的選擇，逐漸產生工作樂趣，進而與奮鬥目標和工作志向相結合，發展成為志趣，表現出方向性和意志性的特點，使人堅定地追求某種職業，並為之盡心盡力。

（二）職業興趣的影響因素

職業興趣是以一定的素質為前提，在職業生涯實踐過程中逐漸發生和發展起來的。它的形成與個人的個性、自身能力、實踐活動、客觀環境和所處的歷史條件有著密切的關係。因此，職業生涯規劃對興趣的探討不能孤立地進行，應當結合個人的、家庭的、社會的因素來考慮。瞭解這些因素，有利於深入認識自己，進行職業生涯規劃。

1. 個人需要和個性

不管人的興趣是什麼，都是以需要為前提和基礎的，人們需要什麼就會對什麼產生興趣。由於人們的需要包括生理需要、社會需要、物質需要和精神需要，因此人的興趣也同樣表現在這幾個方面。人的生理需要或物質需要一般來說是暫時的，容易滿足。例如，人對某一種食物、衣服感興趣，吃飽了、穿上了也就滿足了；而人的社會需要或精神需要卻是持久的、穩定的、不斷增長的，例如人際交往、對文學和藝術的興趣、對社會生活的參與是長期的、終生的，並且不斷追求的。興趣是在需要的基礎上產生的，也是在需要的基礎上發展的。

2. 個人認識和情感

興趣是與個人的認識和情感密切聯繫著的。如果一個人對某項事物沒有認識，也就不會產生情感，因而也就不會對它發生興趣。同樣，如果一個人缺乏某種職業知識，或者根本不瞭解這種職業，就不可能對這種職業感興趣，在進行職業生涯規劃時就不會想到這種職業。相反，認識越深刻，情感越豐富，興趣也就越深厚。例如，有的人對集郵很入迷，認為集郵既有收藏價值，

又有觀賞價值，既能豐富知識，又能陶冶情操，而且收藏的越多、越豐富，就越投入、越專注、越有興趣，於是就會發展成為一種愛好，並有可能成為職業。

3. 家庭環境

家庭作為最基本的社會單元，對每個人的心理發展都產生重要的影響，因此個人職業心理發展具有很強的社會化特徵，家庭環境的薰陶對其職業興趣的形成具有十分明顯的導向作用。大多數人從幼年起就在家庭環境中感受父母的職業活動，隨著年齡的增長，逐步形成自己對職業價值的認識，使得個體在選擇職業時不可避免地帶有家庭教育的印跡。家庭因素對職業取向的影響，主要體現在擇業趨同性與協商性等方面。

4. 受教育程度

個人自身接受教育的程度是影響其職業興趣的重要因素。任何一種社會職業從客觀上對從業人員都有知識與技能等方面的要求，而個人的知識與技能水平的高低在很大程度上取決於其受教育的程度。一般意義上，個人學歷層次越高，接受職業培訓的範圍越廣，其職業取向領域就越寬。

5. 社會因素

一方面，社會輿論對個人職業興趣的影響主要體現在政府政策導向、傳統文化、社會時尚等方面。政府就業政策的宣傳是主導的影響因素，傳統的就業觀念和就業模式也往往制約個人的職業選擇，而社會時尚職業則始終是個人特別是青年人追求的目標。例如，當前電腦技術和旅遊業都得到較大發展，對這兩種職業感興趣的人也增加得很快。另一方面，興趣和愛好是受社會性制約的，不同的環境、不同的職業、不同的文化層次的人，興趣和愛好都不一樣。

6. 職業需求

職業需求是一定時期內用人單位可提供的不同職業職業對從業人員的總需求量，它是影響個人職業興趣的客觀因素。職業需求越多、類別越廣，個人選擇職業的餘地就越大。職業需求對個人的職業興趣具有一定的導向性，

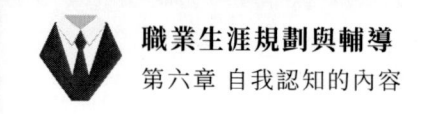

在一定條件下，可強化個人的職業選擇，或抑制個人不切實際的職業取向，也可引導個人產生新的職業取向。

最後，年齡和時代的變化也會對人的興趣產生直接影響。就年齡方面來說，少兒時期往往對圖畫、歌舞感興趣，青年時期對文學、藝術感興趣，成年時期往往對某種職業、某種工作感興趣。它反映了一個人興趣的中心隨著年齡的增長、知識的積累在轉移。就時代來講，不同的時代、不同的物質和文化條件，也會對人的興趣變化產生很大的影響。

（三）職業興趣與職業規劃

職業興趣對職業規劃具有重要作用。首先，職業興趣對個體的職業態度產生十分重要的影響。其次，職業興趣具有濃厚的情緒色彩，使個體在工作中發現樂趣，樂在其中。此外，職業興趣能夠充分發掘個體的職業潛能，推動個體不懈努力取得成功。

良好而穩定的興趣使人在從事各種實踐活動時，具有高度的自覺性和積極性。個人根據穩定的興趣選擇某種職業，興趣就會變成巨大的個人積極性，促使一個人在職業生活中做出成就。反之，如果對所從事的職業不感興趣，就會影響積極性的發揮，難以從職業生活中得到心理上的滿足，不利於工作上的成就。

值得一提的是，需要是影響職業選擇的重要且不易覺察的內在因素，動機是在需要的支配下受到外在刺激影響而形成的綜合性動力因素，從而影響職業選擇。興趣是在需要的基礎上受到動機的影響，從而對職業選擇產生一定影響的、變化的、較為外在的因素。

此外，美國著名學者霍蘭德提出了職業人格類型理論，充分闡述了不同人格類型的個體都有與之對應的職業興趣，是目前最為權威的職業興趣測量工具。這部分內容將在第七章「自我認知的方法」中介紹。

三、職業動機

（一）職業動機的概念

動機是指為滿足某種需要而產生並維持行動，以達到目的的內部驅動力。職業動機是指反映個體的職業認同、職業洞察力、職業彈性的系列個體特徵、職業決策和行為。也就是說，職業動機是引起並維持個體關於職業規劃、行為及決策的力量，由職業彈性、洞察力和認同三個維度構成，其範圍涵蓋了一個人在職業歷程中有關工作動機、管理動機以及所有與職業決策和行為相關的動機。

（二）動機與需要

動機是由需要發展而來的。著名心理學家馬斯洛指出，人類有 5 種基本的需要層次，分別是生理需要、安全需要、歸屬和愛的需要、尊重需要、自我實現需要。只有當低層次的需要得到滿足，人們才會進一步追求更高層次的需要。

生理需要是人們最原始、最基本的需要，如空氣、水、吃飯、穿衣、性慾、住宅、醫療等等。如果得不到滿足，人類的生存就成了問題。也就是說，它是最強烈的、不可避免的、最底層需要，也是推動人們行動的強大動力。

安全需要要求勞動安全、職業安全、生活穩定、希望免於災難、希望未來有保障等。安全需要比生理需高一級，當生理需要得到滿足以後就要保障這種需要。每一個在現實中生活的人都會產生安全感的慾望、自由的慾望和防禦的慾望。

歸屬與愛的需要，是指個人渴望得到家庭、團體、朋友、同事的關懷、愛護、理解，是對友情、信任、溫暖、愛情的需要。社交的需要比生理和安全需要更細微，更難捉摸。它與個人性格、經歷、生活區域、民族、生活習慣、宗教信仰等都有關係，這種需要是難以察覺和度量的。

尊重需要可分為自尊、他尊和權力慾三類，包括自我尊重、自我評價以及尊重別人。尊重需要很少能夠得到完全的滿足，但基本上的滿足就可產生推動力。

職業生涯規劃與輔導
第六章 自我認知的內容

自我實現需要是最高等級的需要。滿足這種需要就要求完成與自己能力相稱的工作，最充分地發揮自己的潛在能力，成為所期望的人物。這是一種創造的需要。有自我實現需要的人，似乎能夠竭盡所能，使自己趨於完美。自我實現意味著充分地、活躍地、忘我地、集中全力全神貫注地體驗生活。

此外，也有研究者指出，個體在職業生涯中的需要也包含以下幾種類型：

成就。具有強烈成就需要的人會從自己完成的工作中獲得樂趣。成就需要或成就動機，對於自由僱用和擔任高級管理職位的人特別重要。滿足成就需要的行動，包括自始至終參與經營或完成某個重要項目。

權力。高權力需要的人會感到控制資源的迫切需要，如控制他人和金錢。成功的領導具有很高的權力動機，表現出三個顯著特徵：透過魄力和決斷施展權力；花費大量的時間考慮改變他人的行為和想法；關注周圍人的個人立場。擔任高層職位或成為一個很有影響力的人物，都是滿足權力需要的有效途徑。

關係。具有強烈關係需要的人會追求與他人的密切關係，並且無論做朋友還是僱員都很忠誠。關係需要可以直接透過從屬於某個工作團隊來獲得滿足，這意味著你的同事是你生活的重要組成部分。很多人選擇在群體中工作而不是單獨工作，就是因為前者提供了與他人進行社會溝通的機會。

認同。具有強烈認同需要的人希望自己的貢獻和能力得到大家的廣泛認可。對於認同的需要非常普遍，因此很多公司建立了正式的認同制度，比如出色的或長期為公司工作的員工可以收到禮物、獎勵證書或雕刻公司徽標的珠寶。認同動機可以透過多種方式獲得滿足，諸如競賽獲勝、獲得獎品以及在印刷品上看到自己的名字。認同需要成為一個有效激勵因素的主要原因是，大多數個體認為自己做了很多重要的事情，卻沒有得到充分的賞識。一份調查顯示，超過 50% 的人報告說，他們很少或從未因為工作而得到口頭或書面上的感謝。

規則。具有強烈規劃需要的人，會有將事物按秩序擺放整齊的願望。他們希望事情安排妥當、平衡、整潔、精確。規則動機可以透過清理工作和生

活空間而快速得到滿足，會計師、程序員和律師助理等職位幾乎每天都向從業者提供滿足規則動機的機會。

風險和刺激追求。有些人在工作中追求持續的挑戰，願意冒著巨大的風險尋求刺激的感覺。這種需要在高科技領域顯得越發重要。對刺激的強烈追求可能對組織有一些正面影響，例如把產品引進到一個高度競爭的市場中等危險的舉動。但是，過度追求風險和刺激的員工也會導致一些問題，包括導致大量的交通事故和做出輕率的投資決定。

（三）職業動機理論

London 的職業動機理論模型包括三部分：情境條件、個體特徵、職業決策和行為。

個體特徵是指與個體的職業潛在相關的個人興趣、需要等變量，包含三個結構維度，分別是職業認同、職業洞察和職業彈性。職業認同是指個體能夠在多大程度上透過工作定義自己的價值，它總是與對晉升的需求和組織認同聯繫在一起的。職業認同為職業動機指定方向。職業洞察是指個體能夠正確地認識自己的職業現狀和客觀地瞭解自己的優缺點，以及能動地將這些知覺應用到建立清晰、切實可行的職業目標上的能力，職業洞察造成激發和喚醒個體動機的作用。職業彈性是指個體適應不斷變化的環境的能力，包括應對惡劣環境的能力，它的個體特徵有自我效能、成就需要、依賴性和迎接風險的勇氣，職業彈性造成維持個體職業動機的作用。

需要注意的是，職業認同和職業洞察在職業發展過程中，可以透過訊息的收集、評估和加工處理等方式比較容易地建立和發展起來。而職業彈性則較難發展和提高，隨著職業的發展和工作年限的增長，職業彈性或增強或減弱。因此 London 建議青年工作者應該關注自身職業彈性的培養，努力使其在成年期前有較好的職業彈性，這有助於個體職業生涯的成功。

情景變量是工作環境中對個體職業動機產生影響的因素，包括人事政策、程序、領導風格、工作設計、群體凝聚力、職業開發項目、薪酬系統等。

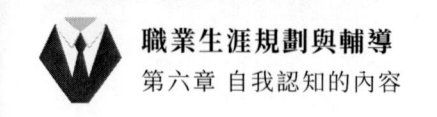

職業決策和行為是與職業有關的決策和行為，包括產生備選行動方案、蒐集訊息、分析訊息、設立目標、做決定、執行決定等。

（四）職業動機的內化

在基本瞭解自身的職業動機之後，只有不斷內化自己的職業動機，才能保持持續的職業動力，不至於中途對自己的職業選擇產生懷疑。

所謂職業動機內化，是指將外部的生活實踐與個體內在的價值目標相聯結以確立職業目標的過程。即將自己的現實生活狀態、個人能力傾向、職業發展資訊同自我內在心理衝突和心理體驗相聯繫，從自我價值和人生意義的角度去建構自己的職業目標，以便使自己更清晰地意識到為什麼從事這一職業。

複習鞏固

1. 請簡述職業價值觀與工作價值觀的區別。

2. 職業興趣的影響因素有哪些？

3. 請簡述職業動機理論。

4. 什麼是職業動機內化？

第三節 職業人格認知

一、職業人格的含義

人格通常是指個人具有一定傾向性的比較穩定的心理特徵的總和。其特徵包括獨特性、穩定性、統合性和功能性。

職業人格是指人作為職業權利和義務的主體所應具備的基本人品和心理面貌。它是一定社會的政治制度、物質經濟關係、道德文化、價值取向、精神素養、理想情操、行為方式的綜合體。職業人格既是人的基本素質之一，又是人的職業素質的核心部分。

職業人格與職業性格之間既存在相互聯繫，又有所不同。職業性格是自己的性格與職業習慣相融合的產物；而職業人格是不受職業習慣影響的性格，即獨立於職業習慣的人格。

二、人格類型及理論

(一)「大五」人格理論

近年來，研究者在人格描述模式上形成了比較一致的共識，提出了人格的「大五」模式，Goldberg（1992）稱之為人格心理學中的一場革命，研究者透過詞彙學的方法，發現大約有五種特質可以涵蓋人格描述的所有方面。「大五」人格，也被稱為人格的「海洋」，可以透過 NEO-PI-R 評定。下表分別展示了五種人格特質的含義及特點。

表 6-3　人格五因素及其相關特徵

高分者特徵	特質量表	低分者特徵
煩惱、緊張、情緒化、不安全、不準確、憂鬱	神經質(N) 評鑑順應與情緒不穩定，識別那些容易有心理煩惱、不現實的想法、過分的奢望式要求及不良反應的個體	平靜、放鬆、不情緒化、果敢、安全、自我陶醉
好社交、活躍、健談、樂群、好玩樂、重感情	外傾性(E) 評鑑人際間互動的數量和強度、活動水平、刺激需求程度和快樂的容量	謹慎、冷靜、無精打采、冷淡、厭於做事、退讓、話少

續表

高分者特徵	特質量表	低分者特徵
好奇、興趣廣泛、有創造力、創新性、富於想象、非傳統的	經驗開放性(O) 評鑑對經驗本身的積極尋求和欣賞；喜歡接受並探索不熟悉的經驗	習俗化、講實際、興趣少、無藝術性、非分析性
心腸軟、脾氣好、信任人、助人、寬宏大量、易輕信、直率	宜人性(A) 評鑑某人思想、感情和行為方面在同情至敵對這一連續體上的人際取向的性質	憤世嫉俗、粗魯、多疑、不合作、報復心重、殘忍、易怒、好操縱別人
有條理、可靠、勤奮、自律、準時、細心、整潔、有抱負、有毅力	認真性(C) 評鑑個體在目標取向行為上的組織性、持久性和動力性的程度，把可靠的、嚴謹的人與那些懶散的、邋遢的人做對照	無目標、不可靠、懶惰、粗心、鬆懈、不檢點、意志弱、享樂

（二）「大七」人格特質理論

隨著文化在心理學領域受重視的程度越來越高，一些華人心理學家對源於西方的「大五」人格理論提出了挑戰。王登峰和崔紅等人（2003）透過系統的研究，提出了人格結構的七因素理論，這七個因素為外向性、善良、行事風格、才幹、情緒性、人際關係和處世態度。

（三）卡特爾人格特質理論

雷蒙德·卡特爾（R.B.Cattell）受化學元素週期表的啟發，用因素分析法對人格特質進行了分析，提出了基於人格特質的一個理論模型。模型分成四層：個別特質和共同特質；表面特質和根源特質；體質特質和環境特質；動力特質、能力特質和氣質特質。所謂特質，是指個人的遺傳與環境相互作用而形成的對刺激發生反應的一種內在傾向。如果不做嚴格區分，也可以把特質理解為性格特徵。

個別特質和共同特質，是基於心理學家奧爾波特（G.W.Allport，1897-1967）的觀點提出來的。共同特質是屬於同一文化形態下人們所具有的一般性格特徵。人們在共同特質上有多寡或強弱的差異。個人特質是個人獨特的性格特徵。個人特質有三類不同的層次。第一類叫首要特質，代表一個人的

人格的最獨特之處。例如某人「莽撞」。第二類叫中央特質，這類特質雖不及首要特質的影響遍及個體的每一行動，但也代表人格的重要特徵。例如某人聰明、能幹、勤奮、誠懇等。第三類叫次要特質，只是個人在適應環境時表現出來的暫時性行為，而不是一種固定的特徵。

表面特質和根源特質。表面特質是指從外部行為能直接觀察到的特質；根源特質是指那些相互聯繫而以相同原因為基礎的行為特質。表面特質和根源特質既可能是個別的特質，也可能是共同的特質。它們是人格層次中最重要的一層。

體質特質和環境特質。根源特質可以再分為體質特質和環境特質兩類。體質特質是由先天的生物因素決定；而環境特質則由後天的環境決定。

動力特質、能力特質和氣質特質。動力特質是指具有動力特徵的特質，使人趨向某一目標；能力特質是表現在知覺和運動方面的差異特質，包括流體智力和晶體智力；氣質特質是決定一個人情緒反應速度與強度的特質。

卡特爾對人格特質理論的主要貢獻在於提出了根源特質。1949年，卡特爾用因素分析法提出了16種相互獨立的根源特質。這16種人格特質是：樂群性、聰慧性、情緒穩定性、恃強性、興奮性、有恆性、敢為性、敏感性、懷疑性、幻想性、世故性、憂慮性、激進性、獨立性、自律性、緊張性。卡特爾認為在每個人身上都具備這16種特質，只是在不同人身上的表現有程度上的差異。儘管每個人所具有的根源特質相同，但其程度並不相同。一個人根源特質的數量或強度會影響各個方面的表現。卡特爾還提出，有些特質是關於人格的動力的，它們是促使人朝著一定目標去行動的動力特質，這些特質是人格中的動力因素。

根據16種人格特質，卡特爾還編制了《卡特爾16種人格因素測驗》（16PF）。該測驗在國際上頗有影響，具有較高的效度和信度，廣泛應用於人格測評、人才選拔、心理諮詢和職業諮詢等工作領域。

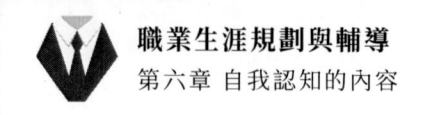

三、人格與職業

　　個體職業生涯發展與人格類型之間存在著必然且重要的聯繫，因為能力、興趣、價值觀都是隨時間和社會環境的變化而變化的，但是一個人的基本人格類型從成年以後就有著良好的穩定性。人們會被一種特定的人格類型所支配，在一生中都無法擺脫某一特定行為方式與特點的影響和約束，而合適的工作就是那些能最大限度地發揮人格中的天賦優勢和才能的工作。因此，根據人的天賦優勢和才能進行職業選擇和規劃，才能使人的天賦才能得到充分的施展與發揮，人們才能在工作中獲得深層的滿足和由衷的快樂。

　　充分瞭解人格特質對職業生涯規劃和發展具有以下幾方面的影響：

　　首先，對人格特質的瞭解和應用，有助於激發個體的職業動機和興趣。認識獨一無二的自己，在職業規劃時，能夠更加有的放矢，有針對性地選擇與自己匹配的工作內容。由此，個體會在工作過程中體驗到較高的愉悅感和成就感，進而成為激發並維持職業動機和興趣的最有效手段。

　　其次，對職業特質的瞭解，還有助於認識自己的處事方式不是對所有人都同樣有效。進而採用更為有效、靈活的溝通方式。並且能夠更加尊重不同個體的人格特質及工作方式，創造較為和諧的工作環境。

　　職業興趣的建立與培養，是一個人從事某種職業並且取得一定成就的基礎或前提。在這種興趣促使下，人的各方面能力能夠得到增強與發展，也能支持他（她）在困難環境下積極努力地開展工作。

複習鞏固

　　1.什麼是職業人格？

　　2.請簡述「大五」人格理論。

本章要點小結

　　自我認知的內容包括職業心理特徵認知、職業心理傾向認知和職業人格認知三個方面。職業心理特徵是個體在社會活動中較為穩定的部分，包括能力、氣質和性格。

　　職業心理傾向認知包括對職業價值觀、職業興趣和職業動機的認知。職業人格認知，重點介紹了「大五」人格理論、「大七」人格特質理論以及卡特爾的人格特質理論。

關鍵術語表

　　氣質 職業氣質 性格 能力 價值觀 職業價值觀 興趣 職業興趣 動機 職業動機 人格 職業人格

本章複習題

　　1.在職業生涯規劃的流程中，（　）是制定職業生涯規劃的關鍵。

　　A.自我評價　B.確立目標　C.環境評價　D.職業定位

　　2.藝術型的人適合（　）的職務。

　　A.銷售人員　B.導演　C.公務員　D.工程師

　　3.企業型的人適合（　）的職務。

　　A.銷售人員　B.導演　C.公務員　D.工程師

　　4.興趣的產生和發展的過程為（　）。

　　A. 有趣→樂趣→志趣　B. 有趣→志趣→樂趣

　　C. 樂趣→有趣→志趣　D. 樂趣→志趣→有趣

　　5.培養職業興趣的途徑有（　）。

　　① 重視培養間接興趣　② 積極參加實踐活動　③ 培養中心興趣

　　A.①② B.①③ C.②③ D.①②③

6. 不利於職業興趣培養的是（　）。

A. 重視培養間接興趣　　B. 積極參加實踐活動

C. 想幹什麼就幹什麼　　D. 在廣泛興趣中，逐漸形成中心興趣

7. 職業生涯規劃理論中特質因素理論的提出者是美國人（　）。

A. 克朗伯茲　B. 舒伯　C. 霍蘭德　D. 帕森斯

8. 以有效和實惠為中心的價值觀，屬於下面哪種類型的價值觀（　）。

A. 理性價值觀　　B. 政治型價值觀

C. 社會型價值觀　　D. 經濟型價值觀

9. 以群體和他人為中心的價值觀，屬於下面哪種類型的價值觀（　）。

A. 理性價值觀　　B. 政治型價值觀

C. 社會型價值觀　　D. 經濟型價值觀

10. 某同學有堅定的意志，具有明確的行動目的和較強的自制力，該同學的性格為（　）。

A. 理智型　B. 情緒型　C. 意志型　D. 理智—意志型

11. 重視主觀世界，常沉浸在自我欣賞和幻想之中，僅對自己有興趣，對別人則冷淡或看不起，屬於性格的（　）。

A. 內傾型　B. 理智型　C. 情緒型　D. 外傾型

12. 對一個人職業目標和擇業動機起著決定性的作用的是（　）。

A. 興趣　B. 性格　C. 能力　D. 價值觀

13. 人各有好的「好」指（　）

A. 性格　B. 興趣　C. 能力　D. 需要

14. 根據人類社會生活方式及由此而形成的價值觀，可把人的性格分為（　）。

A. 理論型、經濟型　B. 審美型、社會型

C. 權力型、宗教型　D. 藝術型、研究型

15. 興趣對職業發展的影響有哪些？（　）

A. 興趣是職業生涯選擇的重要依據

B. 興趣可以提高工作效率，充分發揮才能

C. 興趣是保證職業穩定、職場成功的重要因素

D. 興趣能夠影響職業發展的方向

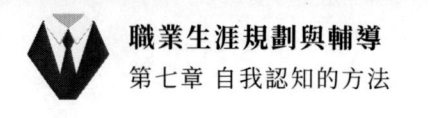

第七章 自我認知的方法

有這樣一個小孩，他每天刻苦練習小提琴，希望成為一名優秀的小提琴家。可事與願違，他的小提琴技術毫無進步。慶幸的是，他最終認識到自己到底適合做什麼，不適合做什麼，最終成了著名的科學家，他就是愛因斯坦。愛因斯坦的故事告訴我們，認識自我不僅是做好職業生涯規劃的基礎，也是實現自我成功的重要前提，這依賴於準確、客觀的自我認知方法。本章將從四個方面介紹自我認知的方法，即喬韓窗口理論和 SWOT 分析法、職業心理測評、投射測驗和日常生活分析法。對自我瞭解得越清楚，職業規劃才越清晰，職業選擇的成功率才會越高。

第一節 喬韓窗口理論和 SWOT 分析法

尼采曾經說過，「聰明的人只要能認識自己，便什麼也不會失去」。可見，自我認知尤為重要。本節將透過喬韓窗口理論和 SWOT 分析法來認識「我是誰」？

一、喬韓窗口理論

自我認知是自我意識發展的基礎。人們對自身的認識和評估不可能在封閉和獨立的空間內自發形成，需要透過與社會的接觸及與他人的交流和回饋中瞭解自己。美國心理學家 Jone 和 Hary（2006）提出關於自我認知的喬韓窗口（Johari window）理論。認為人對自己的認識是一個不斷探索的過程，並將個人的「自我」劃分為四個領域，分別為：公開的領域、盲目的領域、隱祕的領域和未知的領域（圖 7-1）。

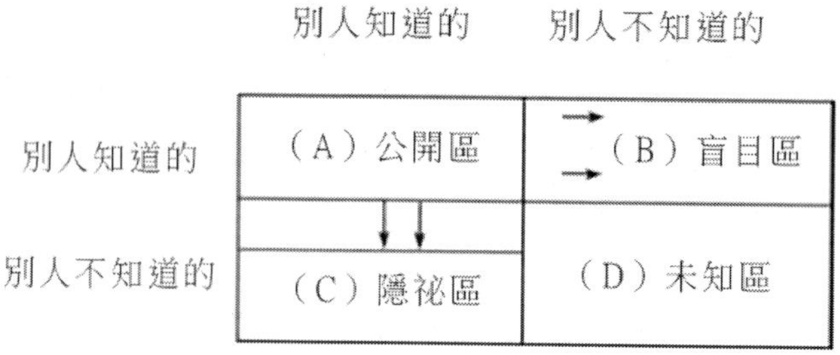

第七章 自我認知的方法

	別人知道的	別人不知道的
別人知道的	（A）公開區	→（B）盲目區
別人不知道的	↓↓（C）隱祕區	（D）未知區

圖7-1　喬韓窗口

A格：代表自己知道，也會讓別人知道的領域。這是不能隱藏或願意公開的部分，通常為「正向」訊息，也就是透明、真實的自我。例如，我是大一的學生。

B格：代表別人知道而自己不知道的領域。自己沒有意識到或無意識地在別人面前表現出來的部分，一般為「負向」訊息。比如：一些習慣性動作或姿態等。

C格：代表自己知道而別人不知道的領域。這是不願在別人面前顯露出來的部分，屬於個人隱私。例如，內心的苦楚、慚愧的往事等。

D格：代表自己不知道，別人也不知道的領域。這是基於某種原因而沒有意識到的部分，屬於無意識的部分，透過一些契機可以激發出來。

喬韓窗口理論認為，每個人的「自我」都由這四部分構成，但每個人這四部分的比例是有所不同的，並隨著人的成長、生活經歷及教育環境等發生變化。

首先，一個人透過自我開放，使一部分隱祕區進入公開區，使自我的公開領域擴大；透過他人回饋，使一部分盲目區進入公開區（圖7-1中箭頭所示）。只有當自我公開領域逐步擴大，才能對自我的認識越清楚，對自己的瞭解更全面、更客觀，生活變得更真實。不論與人交往還是自處，都顯得輕鬆愉快而有效率。對於大學生來說，在職業生涯規劃和選擇中也能揚長避短，發揮自己的能力。

其次,關注「鏡中我」,促進盲目區的減小。每個人都有自己的「盲點」,透過與他人的想法相比較,或透過他人的評判等方式,能夠不斷發現自己的不足與缺陷,並加以改進。對於自己不瞭解的盲區,只有透過他人的幫助來瞭解和認識,因為我們通常總是站在自己而非他人的角度來看待自己,並且具有自己的思維經驗。因此,對於個體意識不到的「盲點」,一個有效的途徑是透過他人對自己的態度和評價來消除,使盲目區逐漸變小,逐步形成對自我全面客觀的認識。

再次,當自己內心的苦楚或內疚長期積壓在隱祕區時,我們便成為心情和情緒的奴隸,不僅不能真實地表現自我,還會嚴重地影響身心健康。因此,在一個值得信任的關係中,例如和家人、朋友等交流,採用撰寫自傳或日記的方式把自己公開地表露出來是逐漸認識自我的重要一步。自我表露不僅是改善個人適應的重要方式,而且也使個人逐漸認清自己,促進溝通效果,增強人際關係。

最後,積極開發未知／求知區。喬韓窗口理論的功用在於,在喬韓窗口這個「共同體」中,使未知／求知區透過隱祕區與盲目區的「中介」進入公開區,實現自我擴張,發揮個體最大的潛能。研究發現,每個人都有巨大的潛能,人類平時只發揮了大腦功能的極小部分。因此,認識、瞭解「未知我」是自我認識的重點之一。只有當「窗口」的每個區達到適宜的比例時,自己的「身心靈」才達到平衡的狀態,進而形成和諧的自我。

喬韓窗口理論通常被稱為「認識自我的窗口」。人之所以常常想不開,正是由於無法解釋自己矛盾的心情,無法解釋發生在自己身上的事情,無法解釋我們自身……對自己感到迷惑,就像一個還沒有自我意識的兒童無法解釋鏡子裡的自己,對此充滿了疑惑和好奇。然而,隨著逐漸長大,便知道鏡子裡的是自己,問題便迎刃而解。多一些知識,便多一種解釋,心中便少一份疑惑,生活便多一份快樂。喬韓窗口理論給我們打開了一扇認識自我的窗口,透過這扇窗口,能夠更全面、客觀、真實地認識自己,進而做出正確的、適合自己的職業生涯規劃及職業選擇。

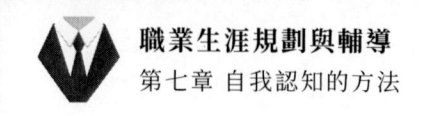

二、SWOT 分析法

SWOT 分析法又稱態勢分析法，由舊金山大學的管理學教授安德魯斯於 1971 年提出，是一種根據企業自身的既定內在條件進行分析，找出企業的優勢、劣勢及核心競爭力之所在的企業戰略分析方法。近年來，SWOT 分析法被廣被應用在許多領域，如學校的自我分析、個人能力自我分析等，SWOT 分析法也有利於建立有效的職業生涯規劃。其中的戰略內部因素（「能夠做的」）：「S」代表 strength（優勢），「W」代表 weakness（弱勢）；外部因素（「可能做的」）：「O」代表 opportunity（機會），「T」代表 threat（威脅）（表 7-1 所示）（詳見本書第三章第二節）。

表7-1　SWOT分析表

	對達成目標有幫助的	對達成目標有害的
內部因素	strength：優勢	weakness：弱勢
外部因素	opportunity：機會	threat：威脅

SWOT 分析法首先要羅列個人的優勢和弱勢，可能的機會與威脅，然後根據自己的優勢、弱勢、機會和威脅，組合成 SO、ST、WO、WT 四種策略，進行策略分析。其中 SO 策略指依靠內部優勢，利用外部機會，如：掌握更多地知識，提高競爭力；ST 策略指利用內部優勢，規避外部威脅，如：多學習自己感興趣的專業知識，將來在這方面有所發展；WO 策略指利用外部機會，彌補內部弱勢，如：積極參加演講等活動，提高自己的言語表達能力；WT 策略指減少內部弱勢，規避外部威脅，如：多參加社交活動，構建良好的人際關係。最後，對 SO、ST、WO、WT 四種策略進行甄別和選擇，確定個人目前應採取的具體策略，制定相應的行動計劃。分析時通常採用表格，更直觀地瞭解個人目前的環境。當然，SWOT 分析法不僅僅是列出四項清單，更重要的是透過對個人優勢、弱勢、機會和威脅的分析，得出一定結論：

（1）在個人現有的內外部環境下，如何最優地應用自己的資源；

(2) 如何建立個人的未來資源。

　　SWOT 分析法是對個人能力、技能和職業機會等進行分析的有用工具。透過運用 SWOT 分析方法進行自我解析，對自身內部的優勢與弱勢以及外部環境的機會和威脅有了深度瞭解，明確地知道個人優點和弱點，並且評估出自己感興趣的不同職業道路的機會和威脅所在，對自己所處的環境有較為全面、客觀的認識。在綜合考慮自身內部因素和環境外部因素之後，得出可選擇的未來發展目標與對策，制定有目標、有計劃的職業生涯規劃，提前做好就業準備。

複習鞏固

1. 簡述喬韓窗口理論包括的領域？

2.SWOT 分析法中「S」「W」「O」「T」分別代表什麼？

3. 根據 SWOT 分析法進行自我分析。

第二節 職業心理測評

　　進行職業心理測評，有助於「認識你自己」，幫你瞭解自己的能力、性格、價值觀和興趣等個性特徵，在此基礎上才能做好求職擇業的心理和行為準備，更好地規劃自己的職業發展道路。職業心理測評是心理測驗的一個分支，是指運用現代心理學、測量學、管理學、社會學、統計學、行為科學以及電腦技術於一體的綜合技術。相對於其他方法，透過心理測驗瞭解自己更加科學、更加客觀，是一種簡單易行的自我認識方法。下面介紹幾種常用的職業心理測驗。

一、職業能力測驗

　　能力是人們成功地完成某種活動所必需的個性心理特徵。在職業規劃中，職業能力是知己最重要的方面，也是事業成功的必要條件。職業能力傾向測評考察個人的基本或特殊的能力素質，例如，邏輯推理能力、口頭表達能力等，即「你擅長什麼」。

職業能力傾向測驗是一種測量從事某種職業或活動的潛在能力的評估工具。美國勞工就業保障局1944年編制的「一般能力傾向成套測驗」（GATB）是目前應用最廣的職業能力傾向測驗。該測驗把人的職業能力傾向分成九種，分別為一般學習能力傾向（G）、語言能力傾向（V）、算術能力傾向（N）、空間判斷能力傾向（S）、形態知覺能力傾向（P）、書寫知覺能力傾向（Q）、眼手運動協調能力傾向（K）、手指靈巧度（F）、手腕靈巧度（M），每種能力由五個題目測量。採用五級評分法進行自我評定，得出每種能力的等級之後，參照《職業能力與職業對照表》（表7-2）找到合適的職業。

表7-2　職業能力與職業對照表舉例

職業類型	職業能力傾向								
	G	V	N	S	P	Q	K	F	M
生物學家	1	1	1	2	2	3	3	2	3
建築師	1	1	1	1	2	3	3	3	3
測量員	2	2	2	2	2	3	3	3	3
測量輔導員	4	4	4	4	4	4	3	4	3
製圖員	2	3	2	2	2	3	2	2	3
建築和工程技術專家	2	2	2	2	2	3	3	3	3
建築和工程技術員	2	3	3	3	3	3	3	3	3
物理科學技術專家	2	2	2	2	3	3	3	3	3
物理科學技術員	2	3	3	3	2	3	3	3	3

二、職業性格測驗

性格是一個人在現實中所表現出的穩定態度和習慣化的行為方式，是最能體現個體差異的一種特質。職業性格測驗主要考察個人與職業相關的性格特點，即「你是怎樣的一個人」，有助於瞭解自己的行為方式，為職業生涯規劃、決策和行動提供可靠依據。

職業性格測評（MBTI，Myers-Briggs Type Indicator）是當今世界上最著名的性格測評工具，是一種迫選型、自我報告式的性格評估工具，用以衡量和描述人們在獲取訊息、做出決策、對待生活等方面的心理活動

規律和性格類型。它以性格理論為基礎，由美國心理學家伊莎貝爾·邁爾斯（IsabelMyers）和凱瑟琳·布里格斯（Katharine Briggs）母女於19世紀中葉共同研製開發。MBTI理論指出，某種類型性格的個體會被某些特定的職業所吸引，比如，內向實感思考判斷的個體（ISTJ）會被軍事類的職業所吸引；而外向直覺情感認知的個體（ENFP）則會被能夠提供人際輔導與諮詢類的職業所吸引。

該測評適合大學畢業生及在職人員，在高等教育階段以及從業初期進行基於性格的職業生涯規劃。MBTI職業性格測評把人的性格分為十六種類型：ISTJ、ISFJ、INFJ、INTJ、ISTP、ISFP、INFP、INTP、ESTP、ESFP、ENFP、ENTP、ESTJ、ESFJ、ENFJ、ENTJ。這十六種類型由四個維度上的不同偏好構成：

各人有不同的精力（energy）來源：

外向E———外在的人和事：透過與人互動或共事以獲取能量，具體表現為熱心高能量、積極主動、樂於表達、合群愛交際、參與投入；

內向I———注重內心思想，感受回憶：透過反省訊息、想法和概念獲取能量，具體表現為收斂從容、親密關係、深思熟慮、安靜。

讓訊息既擁有框架方向，又包括細節：

感覺S———留意和信任事實、細節和現狀，具體表現為具體明確、活在當下、務實有效、經驗體驗、傳統；

直覺N———瞭解全局，關注聯繫理論和將來可能性，具體表現為抽象思維、想像力、推理延伸、理論化、獨創能力。

人們在進行感知（perception）和判斷（judgement）時不同的用腦偏好：

思考T———運用客觀分析和邏輯推理決定事物，具體表現為推理、質疑、講道理；

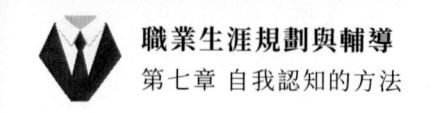

情感 F———用價值觀做決定，創造和諧，具體表現為將心比心、憐憫同情、溫柔。

就人們的生活方式（lifestyle）而言，表明如何適應外部環境：

判斷 J———有組織，有條理和快速做決定，具體表現為系統思考、計劃籌算、盡早開始、日程管理、有條不紊；

感知 P———靈活，可適應，盡可能地保持開放的選擇權，具體表現為隨意放鬆、開放心態、壓力催動、自發衝動、突然緊急。

MBTI 系統中的四種性格傾向組合為：

SJ 型———傳統主義者：有很強的責任心和事業心，忠誠，推崇安全、禮儀、規則和服從，被一種服務於社會需要的強烈動機所驅使；堅定、尊重權威、等級制度，持保守的價值觀；充當著保護者、管理員、監護人的角色，如布希、華盛頓等。

SP 型———現實主義者：有冒險精神，反應靈敏，可以在任何要求技巧性強的領域中遊刃有餘，常常認為是喜歡活在危險邊緣尋找刺激的人；為行動、衝動和享受現在而活著，約有 60% 左右 SP 偏好的人喜歡藝術、娛樂、體育和文學，被稱讚為天才的藝術家，如喬丹、梵谷等。

NF 型———理想主義者：在精神上有極強的哲理性，善於言辭、充滿活力、有感染力，能影響他人的價值觀並鼓舞其激情。幫助別人進步，具有煽動性，被稱為傳播者和催化劑。約有一半的人在教育界、文學界、宗教界、諮詢界以及心理學、文學、美術和音樂等行業顯示著他們的非凡成就，如列寧等。

NT 型———理性主義者：喜歡夢想，有獨創性、創造力、洞察力，有興趣獲得新知識，有極強的分析問題、解決問題的能力。是獨立的、理性的、有能力的人。人們稱 NT 是思想家、科學家的搖籃，大多數 NT 類型的人喜歡物理、研究、管理、電腦、法律、金融、工程等理論性和學術性強的工作，如比爾·蓋茨。

三、職業價值觀測驗

價值觀是人對客觀事物的需求表現出來的評價，包括從人生的基本價值取向到個人對具體活動或事物的有用性、重要性、價值的判斷。瞭解個人在職業發展中所重視的價值觀以及驅動力，即「你要什麼」，有助於找到激勵自己積極性的依據和途徑，並以此為依據規劃職業生涯。關於職業價值觀的量表有很多，下面介紹三種職業價值觀測評工具。

（一）大學生職業價值觀量表

該量表由凌文銓等（1998）根據對大學生的實際調查而編制，用以測量大學生在擇業時的職業價值觀，具有良好的信效度，被廣泛地應用於實際調查研究中。問卷共 22 道題目，包括三個因素：聲望地位因素、保健因素和自我發展因素。每一題目採用 5 點評分進行，要求被試根據自己的實際，按照「最不重要」「比較不重要」「一般重要」「比較重要」「最重要」五個等級進行評定，分別給予 1～5 分，根據評分結果大致可得出你的價值傾向。

（二）職業價值觀測試量表

該量表包括 52 道題目，採用 5 點評分，要求被試根據自己的實際情況或想法，按照「非常重要」「比較重要」「一般」「較不重要」「很不重要」五個等級進行評定，分別給予 1～5 分，然後根據評價表中每一項前面的題號，計算每一項的得分，並把它填在每一項的得分欄上。然後在表格下面依次列出得分最高和最低的三項，從得分最高和最低的三項中，大致可以看出你的價值傾向，進而有助於在職業生涯規劃時加以考慮（表 7-3）。

表3-3　職業價值觀測試評分表

得分	價值觀	題號	說明
	利他主義	2、30、36、46	工作目的和價值,在於直接為大眾的幸福和利益盡一份力
	美感	7、20、41、52	工作目的和價值,在於不斷地追求美的東西,得到美感的享受
	智力刺激	1、23、38、45	工作目的和價值,在於不斷進行智力的操作,動腦思考,學習以及探索新事物,解決新問題
	成就感	13、17、44、47	工作目的和價值,在於不斷創新,不斷取得成就感,不斷得到領導與同事的讚揚,或不斷實現自己想要做的事
	獨立性	5、15、21、40	工作目的和價值,在於能充分發揮自己的獨立性和主動性,按自己的方式、步調或想法去做,不受他人的干擾
	社會地位	6、28、32、49	工作目的和價值,在於所從事的工作在人們的心目中有較高的社會地位,從而使自己得到了人的重視與尊敬
	管理	14、24、37、48	工作目的和價值,在於獲得對他人或某事物的管理支配權,能指揮和調遣一定範圍內的人或事物
	經濟報酬	3、22、39、50	工作的目的和價值,在於獲得優厚的報酬,使自己有足夠的財力去獲得自己想要的東西,生活過得較為富足
	社會交際	11、18、26、34	工作的目的和價值,在於能和各種人交往,建立比較廣泛的社會聯繫和關係,甚至能和名人結識
	安全感	9、16、19、42	不管自己能力怎樣,希望在工作中有一個安穩局面,不會因為資金、漲工資、調動工作或領導訓斥等經常提心吊膽、心煩意亂
	舒適	12、25、35、51	希望能將工作作為一種消遣、休息或享受的形式,追求比較舒適、輕鬆、自由、優越的工作條件和環境
	人際關係	8、27、33、43	希望一起工作的大多數同事和領導人品較好,相處在一起感到愉快、自然,認為這就是很有價值的事,是一種極大的滿足
	變異性或追求新意	4、10、29、31	希望工作的內容應該經常變換,使工作和生活顯得豐富多彩,不單調枯燥

（三）職業錨定位測評

職業錨（career anchor）是職業價值觀的一種稱呼，是人們選擇和發展職業時所圍繞的中心。當一個人不得不做出職業選擇時，他無論怎樣都不會放棄的那種職業中至關重要的東西或價值觀。職業錨定位測評的概念是由美國施恩教授於 1978 年提出的，強調個人能力、動機和價值觀三方面的相互作用與整合。職業錨定位測評就是最佳職業定位，一個人在長期的職業生涯實踐中透過內外部條件、因素的比較，自覺主動選擇最有利於自身發展和做出最大貢獻的職業定位，所以該測評適合用於具有一定工作經驗的在職員工，是一種職業生涯規劃諮詢、自我瞭解的工具，能夠協助組織或個人進行更理想的職業生涯規劃。

職業錨傾向測評包括 40 個題項，按照「不符」「較不符」「一般」「較符合」「符合」1～5 的五級評分，得分越高表示越符合。完成量表之後，將每個題的得分寫入量表後的計分表內，然後在 40 個題中挑出得分最高的三個項目（如果有得分相同的項目，選擇你最感興趣的項目），在每個項目得分後面再加 4 分。例如：第 1 題得了 6 分，則該題再加上 4 分，變為 10 分。最後按照「列」進行分數累加得到一個部分總分，將每列總分除以 5 得到每列的平均分，得出你在每種類型的得分（表 7-4）。值得注意的是，職業錨並不是一成不變的，會隨著個人的認識發展而產生變化。

表7-4　職業錨定位測評計分表

類型	TF	GM	AU	SE	EC	SV	CH	LS
加分項	1	2	3	4	5	6	7	8
	9	10	11	12	13	14	15	16
	17	18	19	20	21	22	23	24
	25	26	27	28	29	30	31	32
	33	34	35	36	37	38	39	40
總分								
平均分								

職業錨測試結果類型：

技術／職能型（technical functional competence）。技術／職能型的人，追求在技術／職能領域的成長和技能的不斷提高，以及應用這種技術／職能的機會。他們對自己的認可來自自己的專業水平，他們喜歡面對來自專業領域的挑戰。不喜歡從事一般的管理工作，因為這將意味著他們放棄在技術／職能領域的成就。

管理型（general managerial competence）。管理型的人追求並致力於工作晉升，傾向於全面管理，獨自負責一個部分，可以跨部門整合其他人的努力成果。他們想去承擔整個部分的責任，並將公司的成功與否看成自己的工作。具體的技術／功能工作僅僅被看作是通向更高、更全面管理層的必經之路。

自主／獨立型（autonomy independence）。自主／獨立型的人希望隨心所欲安排自己的工作方式、工作習慣和生活方式。追求能施展個人能力的工作環境，最大限度地擺脫組織的限制和制約。他們意願放棄提升或工作擴展機會，也不願意放棄自由與獨立。

安全／穩定型（security stability）。安全／穩定型的人追求工作中的安全與穩定感。他們可以預測將來的成功，從而感到放鬆。他們關心財務安全，例如：退休金和退休計劃。穩定感包括誠言、忠誠，以及完成老闆交代的工作。儘管有時他們可以達到一個高的職位，但他們並不關心具體的職位和具體的工作內容。

創造型（entrepreneurial creativity）：創造型的人希望使用自己的能力去創建屬於自己的公司或創建完全屬於自己的產品（或服務），而且願意去冒風險，並克服面臨的障礙。他們想向世界證明公司是他們靠自己的努力創建的。他們可能正在別人的公司工作，但同時他們在學習並評估將來的機會。一旦他們感覺時機到了，他們便會自己走出去創建自己的事業。

服務型（service dedication to a Cause）：服務型的人指那些一直追求他們認可的核心價值，例如幫助他人，改善人們的安全，透過新的產品消除疾病。他們一直追尋這種機會，即使這意味著變換公司，他們也不會接受不允許他們實現這種價值的工作變換或工作提升。

挑戰型（pure challenge）：挑戰型的人喜歡解決看上去無法解決的問題，戰勝強硬的對手，克服無法克服的困難障礙等。對他們而言，參加工作的原因是工作允許他們去戰勝各種不可能。新奇、變化和困難是他們的終極目標。如果事情非常容易，便立刻變得非常令人厭煩。

生活型（life style）：生活型的人是喜歡允許他們平衡並結合個人的需要、家庭的需要和職業的需要的工作環境。他們希望將生活的各個主要方面整合為一個整體。

正因為如此，他們需要一個能夠提供足夠的彈性讓他們實現這一目標的職業環境，甚至可以犧牲他們職業的一些方面，如：提升帶來的職業轉換，他們將成功定義得比職業成功更廣泛。他們認為自己在如何去生活，在哪裡居住，如何處理家庭的事情以及在組織中的發展道路是與眾不同的。

四、職業興趣測驗

諾貝爾獎獲得者丁肇中教授曾說：「興趣比天才還重要。」那麼，興趣是什麼？應該如何去發現、瞭解自己的職業興趣呢？在心理學上，興趣是力求認識、掌握某種事物，並經常參與該種活動的心理傾向。在職業上，每個人都會有自己的偏好，職業興趣對人的行為有強大的驅動作用，能夠使人集中精力去獲得所喜歡的職業知識，啟迪智慧並創造性地開展工作。所謂職業興趣是指一個人想從事某種職業的願望，即一個人力求從事某種職業的心理傾向。因此，瞭解自己的職業興趣，有助於個體選擇更適合自己的職業。

美國心理學家約翰·霍蘭德（J.Holland）於1959年提出著名的職業興趣理論，隨後編制的霍德蘭職業興趣測驗有助於我們瞭解自己的職業興趣。他認為，在現代社會中，不同的行業和職業數量有成千上萬種，往往很難在數以千計的職業中確定哪種職業最適合自己。因此，一個比較可行的方法，是首先將眾多龐雜的職業歸為數量有限、劃分合理的職業群，然後從這幾個職業群中去發現自己感興趣的職業群，並從中尋找比較適合自己的職業領域。

該量表包括60道題，根據自己的情況對每一題目的第一印象作答。測試結果分為六大職業人格類型：常規型（C）、現實型（R）、研究型（I）、

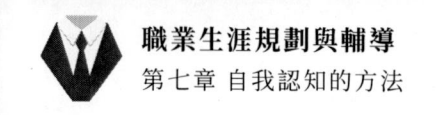

企業型（E）、社會型（S）、藝術型（A）。然後將得分最高的三種類型從高到低排列，得出一個（或兩個）三位組合答案，再對照《人格類型與職業環境的匹配》和《測試結果與職業匹配對照表》得出人格類型所匹配的職業。

生活中的心理學

職業興趣的調整

曾莞是某大學建築系專業大三學生，她覺得自己缺乏這方面的天賦，對繪圖、建模實在沒什麼興趣，加之這個專業經常會因為要趕製一張圖而熬夜，這使愛美的曾莞更提不起興趣，一想到熬夜畫圖就感到痛苦不堪。曾莞上課時「身在曹營心在漢」，經常逃課或不按時交專業課設計，兩年來，專業成績非常差。想到還有一年就畢業了，她開始著急，自己能不能畢業？畢業之後以怎樣的專業知識來求職？這些問題困擾著她。於是，她向老師諮詢，希望能夠找到解決的方法。在就業輔導老師的耐心輔導下，曾莞意識到她需要調整好自己，重新做好規劃。對於曾莞來說，首先需要加強自身專業知識的學習，保證能夠順利地畢業；其次，在抓好專業課學習的基礎上，尋找自己的興趣點，並努力學習感興趣的專業知識，積累相關的經驗，在保證畢業的前提下，以後的職業發展也有了一定的方向。

作為大學生一定要認清自己的職業興趣，在個人與職業之間找到結合點，從而進行職業定位。職業興趣的建立和培養，是一個人從事某種職業並取得一定成就的基礎或前提。在這種興趣的促使下，自身各方面能力能夠得到增強與發展。

五、人格測驗量表

人格是指一個人比較穩定的心理活動特點的總和，它是一個人能否施展才能，有效完成工作的基礎，某人的人格缺陷會使其擁有的才能和能力大打折扣。人格測驗主要用以測量個體與他人相區別的獨特而穩定的思維方式和行為風格，這些特點可能影響個體的工作績效和工作方式及習慣。透過人格測試，可以使我們更準確、全面地瞭解自己，有益於職業生涯規劃。

（一）艾森克人格問卷（EPQ）

艾森克人格問卷（Eysenckpersonalityquestionnaire，簡稱 EPQ）是英國倫敦大學艾森克（EysenckH.G.）教授根據人格結構三個維度的理論編制的。目前含有四個份量表的 EPQ 是 1975 年編制的，包括成人問卷和青少年問卷兩種，成人問卷適用於 16 歲以上的成人。

該問卷由三個人格維度和一個效度量表組成。

E 量表：內外向。分數高表示人特別外向，可能是好交際、渴望刺激和冒險，情感易於衝動。分數低表示人格內向，如安靜，富於內省，除了親密的朋友之外，對一般人緘默冷淡，不喜歡刺激，喜歡有秩序的生活方式，情緒比較穩定。

N 量表：神經質。反映的是正常行為，與病症無關。分數高可能是焦慮、擔心、常常鬱鬱不樂、憂心忡忡，有強烈的情緒反應，以至於出現不夠理智的行為。

P 量表：精神質。並非暗指精神病，它在所有人身上都存在，只是程度不同。但如果某人表現出明顯程度，則容易發展成行為異常。分數高可能是孤獨、不關心他人，難以適應外部環境，不近人情，感覺遲鈍，與別人不友好，喜歡尋釁，喜歡幹奇特的事情，並且不顧危險。

L 量表：掩飾性。測定被試的掩飾、假托或自身隱蔽，或者測定其社會性樸實幼稚的水平。L 與其他量表的功能有聯繫，但它本身代表一種穩定的人格功能。在國外，高分表明掩飾、隱瞞，成人隨年齡而升高；兒童隨年齡而降低。

EPQ 將 N 維度和 E 維度組合，進一步分出外向穩定（多血質）、外向不穩定（膽汁質）、內向穩定（黏液質）、內向不穩定（抑鬱質）四種人格特徵以及介乎於兩者之間的中間型。

EPQ 成人和兒童問卷都包括 P、E、N 和 L 四個量表，各量表又分別包括不同數目的項目。一個項目只負荷一個維度因素。每一項目只要求回答「是」或「不是」。完成之後，把答案與評分標準對照進行計分，算出各量

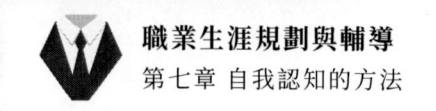

表原始分，再根據常模換算出標準 T 分，根據各維度 T 分高低判斷人格傾向和特徵，其中 T 分在 43.3～56.7 分之間為中間型，T 分在 38.5～43.3 分或 56.7～61.5 分之間為傾向型，T 分在 38.5 分以下或 61.5 分以上為典型。

艾森克人格問卷為自陳量表，施測方便，可個別也可團體施測，是臨床應用最廣泛的人格測驗。

（二）卡特爾 16 項人格因素問卷（16PF）

卡特爾 16 項人格因素問卷（16 personality factor questionnaire，16PF）是美國伊利諾伊大學卡特爾（R.B.Cattell）教授編製而成的。他認為人的行為之所以具有一致性和規律性，是因為每個人都具有根源特質，是構成人格的內在基礎因素。卡特爾根據自己的人格特質理論，運用因素分析法分離出 16 種根源特質，認為只要測量出 16 項基礎因素在個體身上的表現程度，即可知道個體的人格特徵。

該問卷現有 A、B、C、D、E 式 5 種版本：A、B 為全版本，各有 187 項目；C、D 為簡縮版本，各 105 項，這四個版本適用於 16 歲以上並有小學以上文化程度者；E 式專為閱讀水平低的人設計，為 128 項。16PF 主要用於確定和測量正常人的基本人格特徵，並進一步評估某些次級人格因素。

根據輔導語完成問卷，其中 A、B、C、D 式版本有三種答案可供選擇：A. 是的；B. 介於 A 與 C 之間；C. 不是的。E 式為兩個答案選擇一個。完成問卷之後，將每項因素所包括的測試題得分加起來，得到該項性格因素的原始得分，再根據常模換算出標準分（Z 分）。通常認為 <4 分為低分（1～3 分），>7 分為高分（8～10 分），然後根據結果得出相應的人格特徵說明（表 7-5）。

表7-5　16PF 因素、名稱、特徵簡介

因素	名稱	低分特徵	高分特徵
A	樂群性	緘默、孤獨、內向	外向、熱情、樂群
S	聰慧性	遲鈍、學識淺薄、抽象思考力弱	聰明、富有才識、善於抽象思維
C	穩定性	情緒激動不穩定、易煩惱	情緒穩定而成熟、能面對現實
E	持強性	謙虛、順從、通融、恭順	好強、固執、獨立、積極
F	興奮星	嚴肅審慎、沉默寡言	輕鬆興奮、隨遇而安
G	有恆性	權宜敷衍、原則性差	有恆負責、重良心、做事盡責
H	敢為性	害羞、畏縮、退卻、缺乏自信	冒險敢為、少有顧忌
I	敏感性	理智、著重現實、自恃其力	細心、敏感、好感情用事
L	懷疑性	真誠、合作、寬容、信賴隨和	懷疑、剛復、固執己見
M	幻想性	現實、腳踏實地、合乎成規	富於想像、狂放不羈
N	世故性	坦承、直率、天真	精明強幹、世故、善於處世
O	憂慮性	安詳沉著、有自信心	憂慮抑鬱、煩惱自擾、缺乏自信
Q1	實驗性	保守、循規蹈矩、尊重傳統	自由、批評激進、不拘泥成規
Q2	獨立性	依賴、隨群附眾	自主、當機立斷
Q3	自律性	矛盾衝突、不顧大體	知己知彼、自律嚴謹
Q4	緊張性	心平氣和、閒散寧靜	緊張困擾、激動掙扎

心理測評只是個體認識自我的一種輔助工具，因此需要正確對待和使用。首先，測評結果具有相對性，並不是百分之百正確；其次，測評結果具有間接性，只能透過測量人的外顯行為來推測其他的心理特徵；最後，測評過程不可避免地存在一定誤差。

因此，在分析測評結果時，需結合其他相關資料進行分析。雖然職業心理測評存在上述問題，但到目前為止，心理測評仍是測量心理特質的一種有效、實用的方法。

職業心理測評其實是職業生涯規劃的一個預備過程，很多人找工作，盲目進入職場，對未來是沒有規劃的、是茫然的；而有一部分人卻早瞭解到自己要做什麼，有自己喜歡的職業，有自己追求的理想，同時也知道自己想要找一份怎樣的工作。但是，你是否考慮過如何才能更好地發揮自己的優點和長處？如何才能更快地攻克一道道職場難關？這就需要首先瞭解自己，會做什麼、能做什麼、擅長什麼？職業心理測評將更有針對性地對你的綜合能力進行測評，讓你更加全面、準確地瞭解自己，瞭解自己在學習和工作中應該

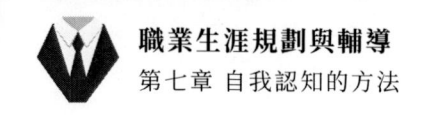

發揮的優勢,更詳細地瞭解自己所選職種的特點,進而科學、理性地確定自己的職業定位,規劃職業生涯,有針對性地制定可行性方案。

複習鞏固

1. 簡述什麼是職業心理測評?
2. 職業能力傾向測驗包括哪幾種能力傾向?
3. 艾森克人格問卷由哪幾個人格維度和效度量表組成?

第三節 投射測驗

投射是指個人把自己的思想、態度、願望、情緒等個性特徵,下意識地反應於外界事物或他人的一種心理過程,而投射測驗(projective test)是指觀察個體對一些模糊的或無結構材料做出的反應,透過被試的想像而將其心理活動從內心深處暴露或投射出來的一種測驗,從而使檢查者瞭解被試的人格特徵和心理衝突,並能繞過受訪者的心理防禦,在他們不防備的情況下探測其真實想法。

在投射測驗中,給受測者呈現模棱兩可的刺激材料(如抽象模式、不明確的人物圖片、可以做多種解釋的未完成圖片等),要求受測者對這些模糊刺激材料做出反應,如敘述模式,完成圖片或講述畫中的內容等。受測者的解釋會帶有自己潛意識的思想,不知不覺中將其情感、態度、願望、思想等投射出來,這種方式能在一定程度上瞭解被試者內心想法。

投射測驗編製方法主要有四種:

(1)聯想法:讓受測者根據刺激(如單字、墨跡)說出自己聯想到的內容,如榮格(C.C.Jung)的文字聯想測驗、羅夏(H.Rorschach)的墨跡測驗;

(2)構造法:讓受測者根據所看到的圖畫,編造一個包括過去、現在和未來發展過程的故事,如主題統覺測驗(TAT);

(3)表露法:讓受測者透過繪畫、遊戲或表演來自由表露他的心理狀態,如畫人測驗、視覺運動完形測驗(BGT);

（4）完成法：提供一些不完整的句子、故事或辯論等材料給受測者，讓他們自由補充完成，如語句完成測驗。這些測驗中最常用的是羅夏墨跡測驗和主題統覺測驗。

一、羅夏墨跡測驗

羅夏墨跡測驗（Rorschach inkblot test）是投射測驗中最常用的一種測驗工具，由瑞士精神病學家羅夏（H.Rorschach）於 1921 年編制，目的是為了臨床診斷。除臨床診斷外，該測驗也用於人才的評定選拔等。該測驗由 10 張對稱的不同墨跡圖組成，其中 5 張為黑白圖片，墨跡的深淺不一；2 張黑色加紅色的墨跡圖片；其餘 3 張為彩色的墨跡圖片，如圖 7-2 是羅夏墨跡測驗圖片一例。

圖7-2　羅夏墨跡測驗圖例

羅夏墨跡測驗施測過程一般分為四個階段：

（一）自由反應階段

即自由聯想階段。在這一階段，主試將 10 張圖片按順序讓受測者一次看一張墨跡圖片，並同時詢問受測者：「你看到了什麼？」「這可能是什麼東西？」「你想到了什麼？」等問題，避免一切誘導性問題。受測者可以從不同角度看圖片，做出自由回答。主試同時觀察並記錄被試的語言反應、對某個墨跡圖片的特殊反應以及一般的態度，並注意其情緒表現和伴隨的動作。

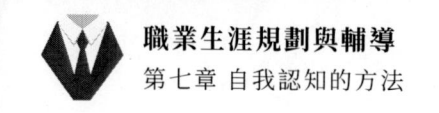

測試不限時間，也不限制回答數目，一直到受測者沒有回答時再換另一張圖片。

（二）詢問階段

這是確認受測者自由聯想階段所隱藏的想法的階段，主試以自由聯想階段的記錄材料為基礎，對受測者每一回答都系統地詢問一遍：解釋回答的內容是指圖的整體還是圖的哪一部分；為什麼說這些部位像你所說的內容。

（三）類比階段

這是針對詢問階段尚未充分明白而採取的補充措施，主要是詢問受測者對某張墨跡圖片反應所使用的決定因子是否也用於對其他墨跡圖片的反應，從而確定受測者的反應是否有某個決定因子的存在。

（四）極限探詢階段

當主試對受測者是否使用了某些部分和決定因子還存在疑慮時，加以確認。最後進行評分和結果分析。

根據受測者的反應，從四個方面進行分析：反應部位：是以圖的什麼部位來知覺圖形的，是全部、大部分還是小部分；反應因素：知覺圖形時，是以形狀為主要因素還是以顏色為主要因素，或兩者兼有；反應內容：是屬於動物還是人類，或是其他；反應的創意性：是一般人常用的反應，即普通反應，還是一般人少有的，即創意性反應。羅夏的評分相當複雜，每個反應都有上述四種分數，依據正確度、明細化、組織化三個維度，評分從-2到+5，以0.5為單位進行增減，每一類反應都有一個總分數，根據反應的分數做出解釋。一般從以下七個維度加以解釋。

區位：W（整體反應）表示概括傾向。W得分高表示有高度的組織能力和抽象思考能力。W得分低或沒有，表示缺乏綜合概括能力；D（明顯局部反應）表示受測者以一般的局部作為反應部分，這部分通常與其他部分有明顯不同，D得分高表示有良好的常識水平；Dd（特殊局部反應）表示利用墨跡中不尋常的部分反應，Dd得分高可能提示有刻板或不依習俗的思維。

形狀（F）：根據墨跡的形狀做出反應。若墨跡看上去很像受測者所描述的物體，用 F+ 表示，通常為現實性思維，即適應良好和智慧效率高；墨跡看上去與受測者所描述的物體相似性極差，用 F- 反應表示，意味著思維過程混亂。

色彩（C）：色彩反應指受測者根據墨跡的色彩做出反應。C 得分高通常表示傾向激動和內在衝動。

陰影（K）：陰影反應指受測者根據墨跡的陰影做出反應，K 得分高表示情緒焦慮、壓抑等。

動作（M）：動作反應指受測者在墨跡中看到人或動物的運動，M 得分高表示情感豐富，有豐富的社會和理想生活；M 得分低可能意味人際關係差。

內容：如果受測者的反應範圍很窄，可能表明其興趣很窄，心胸也不寬廣。

獨特與從眾：如果受測者的反應與一般人不同，則可能表示智力比較高，或者有意歪曲事實，有社會適應不良的傾向。反之，則智力一般，或社會適應良好。

可見，羅夏墨跡測驗的記分和結果解釋過程比較複雜，經驗性成分多，主試需要經過專門的訓練和經驗才能逐漸掌握及勝任。

二、主題統覺測驗

主題統覺測驗（thematic apperception test，TAT）是投射測驗中與羅夏墨跡測驗齊名的一種測驗工具，由美國心理學家默里和摩根（Murray & Morgan，1938）編製。默里和摩根認為需要有時是外顯的，有時是內隱的，主題統覺測驗可以測量個人的內隱需要。

圖7-3 主題統覺測驗圖例

　　主題統覺測驗由 30 張模稜兩可的圖片和 1 張空白圖片組成。圖片內容多為人物,也有部分風景,但每張圖片至少有一個物(圖7-3所示)。施測時,每次給被試呈現一張圖片,讓被試根據看到的內容講述一個故事,包括發生了什麼事,為什麼會出現這種情境,圖中的人物正在想什麼,以及故事的結局會怎樣。主試會從人際關係的性質、人物的動機,以及這些人物所顯露出的現實感等因素來評價故事的結構和內容,試圖發現被試的動機和人格特徵。例如,主試可以根據被試是否關心人們有沒有按照自己的意願快樂地生活以及故事是否以嚴肅、有條理的方式來評價一個人的公正性。TAT 適用於各種年齡和不同種族,為了更好地研究不同的對象,還產生了多種變式,如兒童統覺測驗等,該測驗對臨床心理診斷、諮詢服務、心理治療具有良好的價值。

　　投射測驗可喚醒被試的內心世界或反映人格的不同表現形式,從而在反應中表現出內在需要和狀態。其優點是:彈性大,被試不受限制,可以任意做出反應;材料僅為圖片,沒有閱讀能力的被試也可以進行測評。其缺點是:評分缺乏客觀標準,測驗的實施程序、記分以及對結果的解釋都必須經過長期的訓練;對特定行為不能提供較好的預測;需花費大量的時間。

投射測驗可更真實地反映自己，使我們更全面地瞭解、認識自己的人格特點，有助於在制定職業生涯規劃過程中更好地突出自己的優勢，提高就業成功率。

複習鞏固

1. 簡述什麼是投射測驗？

2. 簡述羅夏墨跡測驗施測過程的四個階段。

3. 簡述投射測驗的優缺點。

第四節 日常生活分析法

除了透過喬韓窗口理論、SWOT 分析法、職業心理測評以及投射測驗進行自我認知以外，還可以透過日常生活分析法全面瞭解自己。

一、比較法：從「我與人」的關係認識自我

與他人交往是個人自我認識的重要來源，他人是反映自我的鏡子。透過與別人相比，人們常常會對自己有更清楚的認識，也為認識自我、瞭解自我和發展自我提供了重要的標尺。

無論從家庭的親情關係到外界的友愛關係，還是進入社會並體驗到與不同人之間的交往關係，均能在這些關係中學習並獲得足夠的經驗，然後按照自我認識和需要去規劃自己的職業人生。但是，在與他人比較時，應該注意比較的參照對象：首先，跟別人比較的是做事的條件，還是做事的結果。比如，進入大學學習，如果認為自己經濟基礎或家庭背景等客觀條件不如別人，就把自己置於次等地位，進而影響學習的狀態和情緒。其實與其他同學比較畢業後各自取得的成績才更有意義。

其次，跟他人比較的標準是可變的還是不可變的。例如，有些人經常過度關注自己的長相、身材等不如他人，其實比較這些不能改變的條件是沒有意義的，應該比較透過學習可以變得更加優秀。

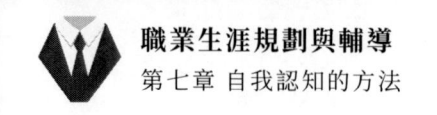

最後，與什麼人進行比較。是與自己條件相類似的人，還是與已經取得巨大成就的人或根本不如自己的人？因此，確立一個合理的參照對象進行自我認識尤為重要。

二、經驗法：從「我與事」的關係認識自我

從「我與事」的關係認識自我，就是從做事的經驗中瞭解自己。可透過自己所經歷的事，所取得的成績、成果，所犯過的錯誤等發現自己的優缺點。對那些聰明又善用智慧的人來說，成功、失敗的經驗都可以促使他們制定出更契合自己的職業生涯規劃，進行正確的職業選擇，進而取得成功。因為他們瞭解自己，有堅強的品格特徵，又善於學習，因而可以避免重蹈覆轍；對於某些比較脆弱的人，由於只看到失敗反映的負面因素，而使其更失敗，甚至陷入不斷失敗的惡性循環，這是因為他們不能從失敗中總結教訓，改變策略追求成功，而且挫折後形成害怕失敗的心理，不敢面對現實去應付困境或挑戰，甚至失去許多取得成功的機會；而對於一些自大的人而言，成功反而可能成為失敗之源。他們可能因為一時的成功便驕傲自大，以後做事便自不量力，往往遭受更多的失敗。俗話說「經一事，長一智」，能從自己的成敗經驗中瞭解自己也是一種學習。

三、自省法：從「我與己」的關係中認識自我

古人曰：「吾日三省吾身。」自我觀察是自己教育自己、自我提高的重要途徑。要認識自己，必須做一個有心人，經常反省自己在日常生活中的點滴表現，可以從以下三個方面來認識自己：

第一，認識自己眼中的「我」。個人實際觀察到的客觀的我，包括身體、容貌、性別、年齡、氣質、性格、能力等。

第二，認識別人眼中的「我」。與別人交往時，從別人對自己的態度、情感反映等來感知自己。不同關係的人對自己的反應和評價不同，它是自己從多數人對自己的反應中總結出來的認識。

第三，認識自己心中的「我」，指自己對自己的期許，即理想我。

透過自己眼中的我、別人眼中的我、自己心中的我這三個「我」的比較分析來全面認識自己、完善自己，形成統合的自我認同，進而促進自己更好地制定符合自己的職業生涯規劃。

四、他人回饋

一般來說，他人的回饋有助於對自己的品質、能力和性格等有更清晰的認識，進而增強對自己的瞭解。蘇軾寫道：「不識廬山真面目，只緣身在此山中」，認識自我有時的確比較難。因此，周圍人對自己的態度和回饋能幫助我們更好地認識和瞭解自己。

透過他人瞭解自己需要建立良好的人際關係和發展健康的社會適應行為，需要關注來自身邊周圍，如父母、老師、朋友、同學等多方面的態度、回應等訊息傳遞與情感交流。雖然每個人對我們的回應存在差異，甚至同一個人在不同時期對我們的回應也會發生變化，但是只需要把這些回應綜合起來，就有助於更全面客觀的認識自己。需要注意的是，要尊重他人的態度與評價，對於別人的回應需冷靜地分析，既不盲從，也不忽視。只有這樣，才能更好地制定自己的職業生涯規劃，做好職業選擇。

不妨嘗試下面的練習：當別人說「這件事情找到你辦就確保無誤」「你最在行做的是……」「別的不行，這個你一定行」等話語時，將這些話語詳細記錄下來，幾個星期之後，系統地分析你的筆記，你會發現自己的行為具有一定模式。俗話說「旁觀者清，當局者迷」，相信這句話，你能透過他人的回應進一步認識自己，發掘自己的潛能，找到自己的最強項，進而選擇適合自己的職業發展道路。

五、交流法

在日常生活中，免不了要與人交流，可以透過與他人交流認識自己。

運用這種方法關鍵在於如實表現自己，坦率地徵求他人對自己的看法。由於交流雙方對希望交流的認識不同，因此對希望交流者自我意識確立的作用也不同。通常有以下四種情況：

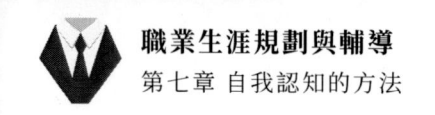

第一，自己和別人都認識到的（優點或缺點），有利於形成正確的自我意識；

第二，別人不知道而自己認識到的，容易形成肯定的自我意識；

第三，別人已經認識到，而自己未認識到的，這時自我意識確立的情況要視其對交流者信任度的不同而不同，與自己信任的人交流較易形成自我意識，反之，則較難形成確定的自我意識；

第四，若自己和別人都未認識到的，則難以形成正確的自我意識。真實地與人交流有益於形成正確的自我意識，進而才能正確地認識自己。

六、內外歸因分析法

由於人們對自己成功或失敗的歸因關係認識不清，會產生「成功」和「失敗」兩種不同的結果，而對成功或失敗的正確歸因，能促進我們進一步認識自己。所謂歸因，即歸結行為的原因，指個體根據有關訊息、線索對行為原因進行推測與判斷的過程。美國心理學家韋納（1972）對行為結果的歸因進行了系統探討，根據內外部、控制點和穩定性對行為進行歸因。

根據內外部可以將行為結果歸結於內部原因或外部原因。內部原因是指存在於個體內部的原因，如努力、能力、性格、態度、動機等；外部原因是指行為或事件發生的外部條件，如任務的難度、運氣、機遇等。根據控制點可以把原因劃分為「可控性」和「不可控性」歸因。可控性是指個體認為自己可以控制行為的結果，認為成功和失敗都是由於自己可控制的因素造成的；不可控性是指個體感到自己無法控制行為的結果，成敗都歸因於他人的壓力或運氣等外部因素。根據「穩定性」與否可以把行為的原因分成穩定性歸因和非穩定性歸因。穩定性歸因是指個體認為引發行為的原因是穩定的，不容易改變；非穩定性歸因是指個體認為引發行為的原因是容易改變的，不穩定的。韋納（1972）認為，能力、努力、任務難度和運氣是人們在解釋成功和失敗時知覺到的四種主要原因，根據以上三個維度對行為的歸因不同，會導致不同的結果（期待和情感）。

當個體把成功歸因於任務容易或運氣好等外部不穩定因素時，會對未來類似活動是否會成功產生懷疑；若個體把成功歸因於個人的努力或能力等內部穩定性因素時，則會感到自豪、滿足，並充滿信心；當個體把失敗歸因於任務太難或運氣不好時，會對未來類似活動的成功抱有希望；但個體把失敗歸因於努力不夠或自身能力不足時，會產生羞恥感，自信心受挫。

一般來說，悲觀者的歸因方式為：失敗的原因在內部，而成功是外部不穩定因素造成的；樂觀者的歸因方式為：失敗是外部因素的結果，如果成功則歸因於個人內部努力和能力的結果。內歸因學生認為個人生活學習中，多數事情的結果取決於個體在做事情時的努力程度，相信自己能夠對事情發展與結果進行控制；而外歸因學生則認為，個體生活學習中多數事情結果是個人不能控制的，他們相信命運或機遇等因素的安排。

現實生活中，有的人在制定職業生涯規劃或進行職業選擇時，往往理想與現實脫節，期望過高，一味地追求物質待遇或重地位，他們會因某一次的失敗或成功而改變自己全部的想法，不能對行為結果進行正確的歸因，這些問題的存在在客觀上大大削弱了大學生在職業選擇中的競爭力，進而導致就業受挫、就業困難。

由此可見，應加強歸因訓練，對行為結果進行正確的歸因，正確地認識自己，學會看到自己的不足，並進一步完善和改進。因此，能根據自身特點建立合理的歸因體系，不僅有利於更全面的認識自我，養成職業選擇的內部控制感，而且還有助於解決不良的就業心理和觀念，幫助正確地自我評價和認知，形成合理科學的就業觀。

拓展閱讀

自我認知的原則

透過以上方法我們可以正確地評價和認識自己，而在認識、評價和接納自己的過程中，需要遵循一定的原則，也只有在遵循這些原則的基礎之上，才能更好地瞭解和認知自己。

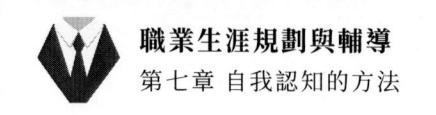

第一，客觀性。在認識自我時，要重事實、重體驗、重剖析、重規律，以客觀事實為基礎和依據，避免主觀因素的影響。

第二，全面性。認識自我時，注重優點與缺點、特殊素質與綜合素質、整體因素與占主導地位的因素等全面衡量，不要片面，不分主次。

第三，發展性。要用發展變化的觀點認識自我，注意自身潛能和可塑性，預測自己在知識結構、工作興趣等方面會有什麼樣的發展變化，並把它作為選擇職業的依據之一。

第四，適度性。認識自己時注意「度」的把握。評價過高會意識不到自己條件的侷限，進而造成由自信到自傲、狂妄；評價過低會忽視自己的優勢，導致缺乏自信、自卑等。

第五，現實性。就是要立足於現實，把握住現實自我（即現實情境下的「我」是怎樣一個人），減少理想自我（即希望自己成為怎樣的人）對現實自我評價的負面影響。

複習鞏固

1. 用比較法進行自我認知需注意什麼？
2. 自省法從哪些方面來認識自己？
3. 簡述行為結果歸因的三個維度。

本章要點小結

做好個人職業生涯規劃，首先要學會自我認知，從四個方面對自我認知的方法進行了介紹。喬韓窗口理論認識「我是誰？」，強調認識自我的公開區、隱祕區、盲目區和未知區以及如何發展四個區域達到「和諧的自我」；SWOT分析法瞭解自己的優勢、弱勢，外部環境的機會和威脅。職業心理測評可以從職業能力、職業性格、職業價值觀、職業興趣和人格測驗五個方面，借助相應的心理測驗來瞭解能力、性格等個性特徵。職業心理測評還可以透

過投射測驗和日常生活視角來進行，例如比較法、經驗法、自省法、他人回饋、交流法和內外歸因分析法。

關鍵術語表

喬韓窗口理論 SWOT 分析法 MBTI 職業性格測評 職業錨 職業興趣 投射測驗 羅夏墨跡測驗 主題統覺測驗 歸因

本章複習題

1.「喬韓窗口」的盲目區屬於（　）。

A. 自己知道別人也知道　B. 自己知道別人不知道

C. 自己不知道別人也不知道　D. 自己不知道別人知道

2.SWOT 分析法中 ST 策略是指（　）。

A. 依靠內部優勢，利用外部機會　B. 利用外部機會，彌補內部弱勢

C. 利用內部優勢，規避外部威脅　D. 減少內部弱勢，規避外部威脅

3.「ISTJ」代表（　）的個體。

A. 內向實感思考判斷　B. 外向直覺情感認知

C. 內向直覺思考認知　D. 外向實感情感判斷

4. 生活型的人是指（　）。

A. 那些一直追求他們認可的核心價值的人

B. 喜歡解決看上去無法解決的問題，戰勝強硬的對手，克服無法克服的困難障礙等人

C. 喜歡允許他們平衡並結合個人的需要、家庭的需要和職業的需要的工作環境的人

D. 追求並致力於工作晉升，傾心於全面管理，獨自負責一個部分的人

5. 卡特爾 16 項人格因素問卷 A、B、C、D 四種版本適用於（　）。

A. 閱讀水平低的人

B. 2～18 歲被試者

C. 16 歲以上並有小學以上文化程度者

D. 16 歲以上成人

6. 把成功歸因於個人的努力或能力等，屬於（　）歸因方式。

A. 內部不穩定性因素　　B. 內部穩定性因素

C. 外部不穩定性因素　　D. 外部穩定性因素

7. 「喬韓窗口」包括以下哪些領域（　）。

A. 盲目的領域　　B. 公開的領域

C. 隱祕的領域　　D. 未知的領域

8. SWOT 分析法包括哪幾種策略（　）。

A. SO 策略　　B. WT 策略　　C. SW 策略　　D. WO 策略

9. 現實主義者的性格特徵有（　）。

A. 冒險精神　　B. 有感染力

C. 反應靈敏　　D. 喜歡藝術、體育、娛樂和文學

10. 職業錨定位測試強調（　）、（　）和（　）三方面的相互作用與整合。

A. 性格　　B. 個人能力　　C. 動機　　D. 價值觀

11. 投射測驗編制方法主要有（　）。

A. 聯想法　　B. 構造法　　C. 表露　法 D. 完成法

12. 羅夏墨跡施測過程一般分為（　）四個階段。

A. 自由反應階段　　B. 詢問階段　　C. 類比階段　　D. 試探階段

第八章 職業期望與職業聲譽

很多人把白領作為擇業的首選。在人們眼中，白領出入於高級寫字樓，背著筆記型電腦，在世界各地飛來飛去。但事實上，白領青年的生活並非人們想像的那樣精彩，他們住高級公寓卻少有存款，常出入酒吧夜店卻感到空虛，拿高薪卻仍心存不滿。每個大學生對於自己將來要從事的職業都有一定的期望，並試圖去瞭解該職業在社會中的聲譽地位。薪酬豐厚的職業社會聲譽不一定高，聲譽好的職業薪酬不一定多，因為決定職業聲譽的因素很多，受各個方面綜合的影響。人們都期望選擇薪酬多、職業聲譽高的工作，這在現實生活中是很難得到滿足的。本章介紹職業期望和職業聲譽，為職業認知做好鋪墊。

第一節 職業期望

職業期望是複雜多樣的，但並不是所有的職業期望都能變成現實。一個人的職業期望能否變成現實，主要看其是否合理。在職業選擇過程中，應實事求是地對自己的職業期望進行客觀分析，分清哪些是合理的、能夠實現的、應該努力追求的；哪些是不合理的、實現不了的、應該放棄的。這要求每一位求職者，以自己的專業所長、個人素質優勢以及客觀的社會需求為基礎，確立合理的職業期望。

一、職業期望的概念

職業期望（job expectancy），又稱職業意向，是勞動者對某種職業的嚮往，也就是希望自己從事某項職業的態度傾向。職業期望直接影響人對職業的選擇，進而影響人的整個生活。可以從以下幾方面理解職業期望的概念：

一是職業期望是勞動者個體方面的行為；

二是職業期望不是空想，而是勞動者的一種主動追求，是勞動者將自身的興趣、價值觀、能力等與社會需要、社會就業機會不斷協調，力求實現的個人目標；

三是職業期望不同於職業聲望。職業聲望是職業地位的反映，是社會對某種職業的權力、工資、晉升機會、發展前景、工作條件等社會地位資源情況，亦即社會地位高低的主觀評價，其含義完全有別於職業期望，二者不可混淆。同時，二者也有聯繫，勞動者個體所追求和希望從事的職業，多是社會聲望高的職業。

職業期望屬於個性傾向性的範疇，是職業價值觀的外化，也是個體人生觀、世界觀的折射。每種職業都有各自特性，不同人對職業特性可能有不同的評價和取向，這就是所謂的職業價值觀。如有人喜歡從事運用腦力的職業，有人喜歡從事運用體力的職業，有人喜歡與人打交道的職業，有人喜歡與物打交道的職業……不同職業的特性足以影響人們對不同職業的價值判斷，而職業期望受職業價值取向的影響。

國外學者薩柏曾經將職業價值觀或職業取向概括為15種類型：助人、美學、創造、智力刺激、獨立、成就感、聲望、管理、經濟報酬、安全、環境優美、與上級的關係、社交、多樣化、生活方式。日本NHK廣播輿論調查所在職業調查中選擇和設計了7個價值取向進行調查（表8-1）：

表8-1　七種不同的職業價值取向

序號	價值取向	序號	價值取向
1	能推動社會發展的職業	5	能賺錢的職業
2	助人、為社會服務的職業	6	雖平凡，但有固定收入的職業
3	得到人們的高度評價的職業	7	若不為人所用，就自謀職業
4	受人尊敬的職業		

結果表明，人們的職業期望常常由幾種價值取向所左右，但居主導地位的職業價值取向對職業期望起決定作用。如某人期望從事賺錢的職業，同時又想有收入穩定、有社會地位的職業，權衡利弊後，若賺錢的價值取向占主導地位，他會將職業期望定位為做推銷員。因此，明確分析個人的主導價值取向，有利於個體選擇合適的職業，是獲得職業生涯成功的前提和重要保證。

二、職業期望的分類

人們由於主觀因素、客觀環境等的不同會產生不同的職業期望。按照職業期望發生過程，可分為自然性職業期望和社會性職業期望；按照職業期望所指向的對象，可分為物質性職業期望和精神性職業期望；按照職業期望實現的程度，還可分為合理性職業期望和不合理的職業期望。

（一）自然性職業期望和社會性職業期望

職業選擇中，如果對職業的要求只是為了謀求維持自己的生存及延續後代創造條件，而沒有其他的嚮往，則稱之為自然性職業期望。人是大自然的產物，決定了他永遠不能擺脫自然界的束縛，所以自然性職業期望是保障人類生存的基本要求。

在社會職業活動中形成的對人類文化的期盼，對政治生活和交往活動的追求，稱為社會性職業期望。隨著社會的發展和文化的進步，人們的自然性職業期望不斷減少，而社會性職業期望越來越強烈。從一定意義上說，當人的社會性職業期望得不到滿足，即使生存條件變化不大，也會使人產生不愉快感。比如十年動亂中，許多科學家被迫去當清潔工，高級管理人才去當門衛，實質上是剝奪了他們的社會性職業期望，給當事人造成極大的痛苦和傷害。

根據目前國家的人才管理體制，大學生的社會性職業期望一般都會得到滿足，畢業生會根據所學專業求職應聘，學用一致、人盡其才。廣大畢業生要有正確的認識：職業選擇不能只關注生活條件和物質利益，要有成就事業、貢獻社會等更高層次的職業追求。

（二）物質性職業期望和精神性職業期望

物質性職業期望指人們對職業活動中物質文化的嚮往，包括生活條件、工資待遇等，是最基本、最重要的需求。精神性職業期望指人們對職業活動中文化方面的嚮往，如文化環境、學習條件以及對美的追求。物質性職業期望和精神性職業期望的實現是相輔相成的，職業活動中，人們在物質慾望得到滿足的同時，也為精神、文化慾望提供必要的條件和環境。

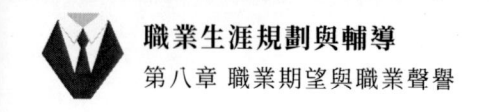

(三) 合理性職業期望和不合理的職業期望

大學生在就業過程中，也許每個人都希望自己有一份既輕鬆、待遇又好、還能成就一番事業的工作，顯然這種職業期望是不能實現的。大多數畢業生都希望去大城市尋找滿意的工作，或進入大型企業、自由的工作等，但首先需要考慮自身素質、社會需求以及其他社會因素的制約。其次，人的職業期望是不斷發生變化的，面對社會聲望較高、職業優勢突出的職業，職位競爭也會相對激烈。畢業生應該更加清楚的、更為理智地看待自我期望，並採取靈活積極的職業期望改變策略，才能找到符合自我發展的職業生涯道路。

三、職業期望的相關理論

(一) 職業選擇與輔導理論

職業選擇與輔導理論的先驅是美國的帕森斯，早在 20 世紀初帕森斯的職業輔導理論就已確立並影響至今。1909 年帕森斯著作《選擇職業》的出版標誌著職業輔導理論的正式產生。其中具有代表性的理論有特質因素理論、類型理論和發展理論。職業選擇理論著重從個體的角度探討職業行為，重視個人的需要、能力、興趣、人格等內在因素在職業選擇與職業發展過程中的重要作用。這些理論在第二章已有闡述，詳見第二章內容。

(二) 人力資本投資理論

西奧多·舒爾茨是在其 1961 年出版的《人力資本投資》一書中論述了人力資本理論。所謂「人力資本」是指存在於人體之中，後天獲得的具有經濟價值、技術、能力和健康等質量因素之和。人力資本主要透過正規學校教育、在職培訓和在實踐中學習以及職業選擇等方式獲得。教育和在職培訓在人力資本形成和積累過程中有著重要作用。人力資本是一種非物質資本，它可以為勞動者帶來持久性的收益。人力資本是透過投資形成的，也就是說人力資本並非是勞動者與生俱來的，它必須經過後天的投資才能形成。以舒爾茨為代表的「人力資本投資理論」倡導者們從經濟學角度，將所有在人身上進行的旨在提高其生產能力的投資，稱之為「人力資本投資」。舒爾茨將人力資本投資的管道概括為四種：教育、在職培訓、醫療保健和就業遷徙，後人將

其歸納為人力資本投資的「四駕馬車」。可見，對於人力的投資是多方面的，但是教育是人力投資的主要途徑。

以舒爾茨為代表的人力資本投資理論的核心就是人的素質是經濟增長的決定因素，即人力資本投資作用比物質資本投資更大，舒爾茨認為，這一點是現代經濟發展中最突出的特徵。舒爾茨人力資本投資的主要觀點可以概括如下：第一，人力資本投資是經濟增長的主要源泉。因為人力投資的增長明顯地提高了投入在經濟起飛過程中的工作質量，這些質量上的改進成為經濟增長的一個重要源泉。第二，人力資本投資是效益最佳的投資，且人力投資的目的是為了獲得收益。舒爾茨採用收益法則對1929～1957年美國教育投資對經濟增長的關係做了定量研究，得出如下結論：各級教育投資的平均收益率為17%；教育投資增長的收益占勞動收入增長的比重為70%；教育投資增長的收益占國民收入增長的比重為33%。也就是說人力資本投資是回報率最高的投資。第三，人力資本投資的消費部分實質是耐用性的，甚至是比物質的耐用性消費品更加經久耐用，即人力資本投資的回報是長期性的。

四、大學生在職業期望方面存在的問題

在大學從事就業輔導工作的人員認為，「學生的就業期望值過高」。然而，在和畢業生聊起的時候，大多數人表示他們在求職時已經沒有什麼期望值了，那麼問題出在哪裡呢？當前大學生就業市場競爭意識和職業風險意識雖有所加強，但職業期望值偏高，就業意向相對集中，致使其就業形勢愈發不樂觀。大學生的職業期望是否合理，對其能否成功就業以及未來的職業發展有著舉足輕重的影響。當前大學生們在求職中出現的期望值問題主要表現為以下幾點：過於追求優越的待遇和條件。有些畢業生在職業追求上更多地看重自身利益的實現，主要考慮的因素是「擁有優越的生活條件」「獲得理想的個人收入」，為「到城市去，到發達地方去，到掙錢最多的地方去」不惜放棄自己的專業特長和抱負。

受虛榮心影響，存在攀比心理。有些大學畢業生爭強好勝，虛榮心強，不顧自身條件和環境因素等客觀條件限制，盲目攀比，看到身邊的人找到一份不錯的工作，就一心想要找一個比別人更好，而不考慮所選職業是否適合

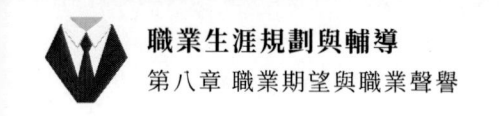

職業生涯規劃與輔導
第八章 職業期望與職業聲譽

自己,是否有利於施展自己的才能。往往使自己因為擇業期望值超越現實而無法實現目標。

自傲自大、好高騖遠。部分畢業生在工作時,可能因為「心氣兒很高」,求職期望好高騖遠、高不成低不就,最後招致「現實打擊」。期望值居高不下,這通常給用人單位留下浮躁、不踏實、眼高手低的印象,很難得到用人單位的歡迎。這同樣是由於缺乏正確的工作價值觀和職業態度所引發的。

存在從眾心理,盲目跟風。大學畢業生在求職時,普遍懷有很強的從眾心理。這種喜歡跟風,追求所謂的熱門職業的傾向,必將導致擇業意願過於集中,從而激化勞動力市場供求關係的結構性矛盾。

造成職業期望值偏高的原因是多方面的,主要涉及教育成本合理回報、家庭期待、自我發展等,所以大學生在進行職業選擇時,並不單單是個人問題,會受到許多方面的影響。從心理學角度上看,自我認知的偏差使部分大學生不能全面、客觀、正確評估自己的能力,盲目樂觀,以為憑自己的能力完全可以找到比較理想的工作,這樣過於理想化的心態勢必會造成職業期望過高。從經濟學角度看,在訊息不完全條件下,部分大學生可能只片面地看到市場對自己所學專業的需求非常旺盛的一面,而沒有看到此專業的供給也非常充足的一面,錯誤地認為非常容易找到高收入的工作,故學生容易做出盡可能高卻又不切實際的職業期望。從教育制度角度看,現有的高等教育體制本身帶有很強的城市指向———其培養目標、專業設置、教學內容等方面均明顯帶有為城市服務的特點。當代教育從小學、中學到大學,隨著受教育程度的遞增,學生會接受越來越多的反映城市理念的價值觀,導致大學生在進行職業選擇時偏好城市而疏遠農村。

總之,職業期望存在的問題,實質上是主觀判斷與客觀現實的衝突,且主要矛盾在個人主觀方面。想要找到合適的工作,關鍵在於要對自己做出客觀評估,並盡量瞭解工作的實際情況,達成期望與現實的平衡。

生活中的心理學

職業期望對查爾斯的影響

　　哲學家查爾斯在《未來的工作》一書中寫道：「我的前半生花了很大力氣，想努力成為另一個人。讀中學時，我想成為一個偉大的運動員；讀大學時，我想成為受人尊敬的社會名流；畢業後，我想成為一名商人；後來，我成為一家企業的主管。我很快就發現，上述任何一種身份我都不會成功。問題在於我努力成為另外一個人，卻忽略了我可能成為的那個人。我只是隨波逐流，用財富和權利衡量成功，在別人已經界定好的社會階梯上攀爬，卻沒有努力表達自己的想法和個性。」因此，人們在職業選擇過程中，應客觀分析自己的職業期望，防止出現不合理的職業期望。

五、制定合理的職業期望

　　現實生活中，並非所有的職業期望都能成為現實。個人的職業期望能否實現，主要看其是否合理。在職業目標之間也常存在矛盾和鬥爭，不及時解決職業目標衝突，往往會導致心理衝突。正確選擇職業目標是解決衝突的途徑。職業目標的矛盾所引起的心理衝突有以下幾種類型：

　　第一，雙趨式衝突。當一個人面臨兩個具有相同吸引力的職業目標，但只能選擇一個，又不知如何選擇時，就出現了雙趨式衝突。職業定向不確定，無中心興趣的人，尤其容易發生這種現象。在職業面前應做何種選擇必然會發生心理衝突。

　　第二，雙避式衝突。若某人的職業理想和目標是當IT技術員，但由於種種原因，只有人力資源專員和祕書兩種職業供其選擇，而這兩種都不符合他的職業目標，但又必須選擇時，就會出現職業目標的雙避式衝突。

　　第三，趨避式衝突。有這樣一些職業目標，它含有吸引和排斥兩種力量。如大都會有優越的物質資源，也有豐富的文化設施，對人有較大的吸引力，但物價遠高於一般地區，生活成本很高，使人望而生畏。解決求職者職業目標衝突，首先要以樹立正確的擇業動機為基礎。擇業動機鬥爭常常使人在不同職業目標之間游離。其次，要幫助求職者面對現實權衡利弊，分析知識狀

況、能力水平、身體素質、目標遠近以及其他主客觀原因。不能好高騖遠，要從實際出發考慮自己的職業理想和職業目標是否合乎實際。

把握職業期望值，要注意以下幾點：

一是防止偏離自己的擇業目標。擇業目標的確定需要從自身和社會需要考慮。大學生在確立自己的職業期望值時，如果偏離自己的興趣、專業特長和能力去選擇，就失去了自身的優勢。還有一些畢業生在某方面素質欠佳，卻選擇對該方面要求很高的職業；還有些畢業生在某方面能力很強，卻不去選擇可能發揮自身優勢的職業，這都不利於自身的發展和成長。

二是防止期望值過高。很多畢業生在擇業過程中，不考慮自身條件限制，實踐證明，職業期望值過高最容易陷入兩種困境：一種是由於期望值過高而屢屢碰壁；另一種是即使應聘透過，也因自身能力原因無法勝任。

正確制定職業期望值，通常採取「分步達標」和自我調整的辦法，不斷調整期望值直至達到最佳。所謂「分步達標」，即確定一個總的期望值，將總的期望值分解成幾個階段性目標，然後逐步付諸實施。在實施過程中，如果發現所選擇的期望值過高，就將影響下一階段的期望目標。所謂自我調整法，就是把職業期望按主次分成不同的層次，首先滿足主要的需求，然後根據自己的實際情況和客觀條件的變化，依次進行必要的調整，直到個人意願和社會需求二者達到平衡為止。

在制定未來職業生涯目標時，不能隨波逐流或好高騖遠，要深入分析自己喜歡以及適合哪種工作，明確什麼工作最能實現自己的價值，最能讓自身得到滿足和快樂。每個人都渴望擁有一份好工作，但由於自身興趣、愛好、家庭背景、受教育程度、經濟地位等的差異，人們對好工作的理解和定義也因此而不同。大學生作為即將走進社會的一個特殊群體，其職業期望具有與其他社會群體不同的特徵。大學生必須將自身的興趣、能力、價值觀等主觀因素與社會需要、就業機會等不斷協調，從而產生正確的認識定位。

複習鞏固

1. 職業期望的概念是什麼？

2. 大學生存在的職業期望問題有哪些？

3. 大學生怎樣制定合理的職業期望？

第二節 職業聲譽

人們選擇職業的重要標準具有職業的社會性，即職業聲譽。正常情況下，人們都會選擇職業聲譽好的職業。而影響職業聲譽的因素有很多，不同個體對相同職業的聲譽評價會不一樣，評價標準也會不一樣。但是在一定時期內，人們對職業聲譽的評價具有相對的穩定性。二次世界大戰之後，人們對職業聲譽的調查越來越趨於規範化和標準化，更加與社會實際相符合。

一、職業聲譽的概念

聲譽是指聲望和名譽，是個人、組織或團體在公眾心目中留下的總體印象，是其獲得公眾信任和讚美的程度，通常由知名度、美譽度和信任度構成。聲譽能夠滿足自我價值實現、獲取社會尊重的心理需要，也能為個體的發展奠定良好的基礎。職業聲譽（occupational reputation）也稱職業聲望，是某職業在公眾心目中留下的總體印象，是人們根據個體生活經驗對不同職業社會地位高低的評價，反映了一定社會發展階段和一定時期的職業觀。

職業聲譽的形成是多種主客觀因素綜合作用的結果，既取決於個人或群體自身行為的表現方式，又取決於交往對象對這種行為表現方式的主觀評價，還與社會的職業認知傳統有關。由於社會分工，使得職業之間在勞動強度、智力水平、收入狀況、工作條件、擁有的權力、受尊敬的程度、為公眾服務等方面存在差別，這種差別就形成人們對職業社會地位的不同看法和態度。決定職業聲譽高低的因素很多，主要有：

職業環境的影響，即任職者所能獲得的工作條件的便利與社會經濟權利的總和。包括職業的自然環境與社會環境，如工作的技術條件、空間環境、勞動強度、工資收入、福利待遇、晉升機會等。

職業功能的影響，一定的職業對於國家的政治、經濟、科學、文化水平的意義及其在社會生活中對於人民的共同福利所擔負的責任。

任職者素質，如文化程度、能力、政治態度、道德品質等。職業環境越好，職業功能越大，任職者素質越強，職業聲譽就越高。人們對職業聲譽的評價具有相當大的一致性。

社會報酬（即職業收入）的影響。職業的社會報酬是指職業提供給任職者的工資收入、福利待遇、晉升機會、發展前景等。一般來說，工作收入高、福利待遇好、晉升機會多、發展前景大的職業，其聲譽評價也越好。

職業聲譽有高有低是一個普遍事實。它是對職業地位的評價，在不同的時期不同層次的人們對職業評價的標準和尺度會有不同。職業地位是由不同職業所擁有的社會地位資源所決定的，但是它往往透過職業聲譽的形式表現出來。沒有職業地位，職業聲譽無從談起；而如果沒有職業聲譽，職業地位高低也無法確定和顯現，人們正是透過職業聲譽調查來確定職業地位的高低。

二、職業聲譽的排序

有關職業聲譽的研究，始於1897年美國人口普查工作人員W·亨特在研究美國人的職業地位時，將全部職業劃分為四個等級：

第一等級是產業為主；

第二等級是祕書；

第三等級是熟練工人；

第四等級是非熟練工人，以此來確定職業地位。

從現在的職業分工來看，這些等級遠遠不能代表當前的所有職業，但是在當時屬於開創性的舉措，是最早開展的職業聲譽研究。1925年，美國的另一位學者G·康茨第一次使用自己編制的職業聲譽量表，對美國的職業聲譽進行調查。第二次世界大戰之後，對職業聲譽的專項調查在許多國家和地區普遍進行。

由於研究者對職業聲譽調查研究目的、角度的不同，所採用的調查和測量方法和工具會有差異，對各種職業的評價結果也有差異。現實中對職業聲譽的排序有一定的限制，表現在：在不同的社會發展階段，人們對同一種職

業的評價往往很不相同；具有不同經濟文化背景的群體，對同一職業的評價不同；不同年齡和性別的群體，對同一職業的評價也有差異。

事實證明，在不同文化和社會之間，主要職業組群的聲譽排列順序大體相似。可以從社會分化的角度來理解這種相似性。在工業化過程中，勞動分工已具有普遍性，因此在所有工業化的社會裡，不可避免地出現了同樣形式的勞動分工，各種職業的意義和重要性在不同社會中也逐漸趨於一致。

職業聲譽調查一般採用以下方式：列出一些職業（可以是若干社會常見職業、被調查者自己從事的職業）讓被調查者根據主觀感覺的聲譽高低程度進行等級排序，研究人員再根據被試排列的結果賦予相應的分值。然後計算出每種職業的聲譽得分，再根據得分高低排列各種職業的聲譽等級。還有一種方法是指標法，即在職業聲譽的要素中選擇一些代表性指標，並賦予一定的權重，然後根據這些代表性指標的總分值來評價某項職業的聲譽。

1. 現代職業的分類

對職業聲譽的調查，首先要瞭解有哪些職業職業，現代社會的職業有哪些分類。不同國家有不同的職業分類，表8-2是國際勞工局制定的《國際標準職業分類》（ISCO）的職業分類標準表。

表8-2　國際職業分類標準

類別	國際標準職業分類
1	專家、技術人員和有關工作者
2	政府官員和企業經理
3	事務性行政工作者
4	銷售工作者
5	服務工作者
6	農業、牧業和林業工作者,漁民和獵人
7/8/9	生產和有關工作者，運輸設備操縱和勞動者
10	不能按職業分類的工作者

國際標準職業分類在十個大類之下有 83 個小類、284 個細類、1506 個職業項目，總計列出了 1881 個職業名稱，是一個完整的職業分類體系。

2. 職業聲譽調查

「青年勞動就業狀況調查」也對職業聲譽做了調查，結果表明在青年心目中「最受人尊敬的職業」依次為：

表8-3　最受人尊敬的職業

排序	職業	排序	職業	排序	職業	排序	職業
1	工程師、科學家	6	大學教師	11	歌星、演員	16	農民
2	律師	7	軍人	12	記者	17	產業工人
3	廠長、經理	8	銀行金融職員	13	私營企業老闆	18	攤販
4	醫生	9	公務員	14	警察	19	營業員
5	中、小學校教師	10	電視節目主持人	15	環衛工人	20	計程車司機

這一結果表明了這個時代的青年對職業看法有一種基本傾向，即名利雙收的職業最受推崇，兩者缺一的居於其中，這一方面是傳統的根深蒂固的貴賤意識在起作用，另一方面也是青年職業選擇上「白領情結」的自然流露。

21 世紀初，網站曾對大學生擇業取向進行了調查，大學生的職業聲譽排行如下：電腦網路工程師、公務員、高科技技術工程師、大學教師、自然科學工作者、電腦軟體設計、翻譯、法官、醫生、編輯、投資公司經理、工商管理人員、稅務管理人員、證券公司職員。這體現了社會變化和發展對大學生職業的理解的影響，由於現代網路的發展迅速，這方面需求的人才也越來越多，更多的大學生願意從事電腦網路設計方面的工作。排名靠前的這些職業大都屬於技術型和管理型的職業，也是白領工作，受到大學生的青睞。

可以看出，職業聲譽調查排名前位的職業都是高級知識分子或掌握著較高的專業技術或技能（如飛行、醫療、工程技術、音樂）的職業，人們對於知識和專業技能的認可度很高。公司董事長的職業聲譽也比較靠前，說明人們在市場經濟條件下對企業管理人員的認可度較高，聲譽值甚至超過了政府的公務人員。

職業聲響就是某職業在社會中的影響、形象、價值以及綜合要素形成的外部形態和社會輻射狀況。職業聲響在現代社會直接影響到該職業在社會中的信任程度和被認可程度。在一個人的職業生涯中，職業聲響不僅影響到一個人對職業的選擇，也會影響到人的職業生涯發展，是人們一定時期內職業價值觀的具體體現。

拓展閱讀

21 世紀職業發展趨勢

選擇職業，就是選擇未來職業的發展方向，也是在規劃一條適合自己發展的人生道路。預測職業發展趨勢是有必要的。根據預測，隨著經濟與社會的發展，科學技術的進步，21 世紀急需的人才主要有 10 大類：高新技術人才、訊息技術人才、機電一體化專業人才、農業科技人才、環境保護技術人才、生物工程研究與開發人才、國際經貿人才、律師人才、保險業精算師、物流專業管理人才。21 世紀發展空間較大，具備良好就業環境的人才和職業有：心理學專門人才、專事「洋務」的對外漢語專業人才、「風光無限」的地理科學專門人才、「氣象萬千」的大氣科學專門人才、「以小見大」的小語種專門人才。未來需求較大的幾類人才有：網路服務人才、數據管理人才、經營管理人才、經紀人才、教育人才、醫療保險人才、同聲傳譯人才。未來幾年最具發展潛力的十大職業是：汽車美容師、遊戲動畫設計師、景觀設計師、會展設計師、彩鈴設計師、財務策劃師、職業生涯顧問、營業配餐師、房地產估價師、金融分析師。充分認識職業所處的社會環境、行業環境、組織內部環境、職業聲響及職業的未來發展趨勢，對於選擇職業是很有幫助的。

複習鞏固

1. 職業聲響的概念是什麼？

2. 影響職業聲響的因素有哪些？

3. 測量職業聲響的基本方法是什麼？

第八章 職業期望與職業聲響

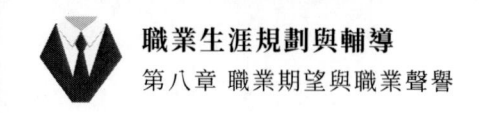

本章要點小結

職業期望按照職業期望發生過程，可分為自然性職業期望和社會性職業期望；按照職業期望所指向的對象，可分為物質性的職業期望和精神性的職業期望；按照職業期望實現的程度，還可分為合理性的職業期望和不合理的職業期望。職業期望的理論主要包括兩大類別：職業選擇與輔導理論（特質因素理論、類型理論、發展理論）和人力資本投資理論。大學生在職業期望方面存在的主要問題是：過於追求優越的待遇和條件；受虛榮心影響，攀比心理；自傲自大、好高騖遠；從眾心理，盲目跟風。

職業聲響也稱職業聲望，反映了一定社會發展階段和一定時期的職業觀。職業環境、職業功能、任職者素質和社會報酬影響職業聲響的高低。職業聲響的排序常用的方法有調查法和指標法。

關鍵術語表

職業期望 特質因素理論 類型理論 發展理論 人力資本投資理論 職業聲響

本章複習題

1. 按照職業發生過程，職業期望可分為幾類？（ ）

   A. 自然性職業期望　B. 物質性職業期望

   C. 社會性職業期望　D. 精神性職業期望

2. 按照職業期望所指向的對象，職業期望可分為幾類？（ ）

   A. 合理性職業期望　B. 物質性職業期望

   C. 社會性職業期望　D. 精神性職業期望

3. 下面哪些是不合理職業期望值的表現？（ ）

   A. 過於追求優越的待遇和條件

   B. 自傲自大、好高騖遠

   C. 受虛榮心影響，存在攀比心理

D. 存在從眾心理,盲目跟風

4. 正確制定職業期望值的方法有哪些?( )

A.「分步達標」法　B. 越高越好

C. 自我調整法　D. 實現自我價值

5. 決定職業聲譽高低的因素有哪些?( )

A. 職業環境　B. 任職者素質　C. 社會報酬　D. 社會功能

6. 下列說法正確的是?( )

A. 在社會發展的不同階段,人們對同一職業的評價往往不同

B. 在不同社會文化背景下,人們對同一職業的評價可能存在差異

C. 不同年齡和性別的群體,對同一職業的評價往往不同

D. 在不同文化和社會之間,主要職業組群的聲譽排序大體一致

7. 測量職業聲譽的方法有哪些?( )

A. 調查法　B. 指標法　C. 實驗法　D. 對比法

8. 近年來國家公務員考試出現了很熱的現象,那麼國家公務人員職業包括?( )

A. 工商稅務人員　B. 海關工作人員　C. 市長　D. 銀行行長

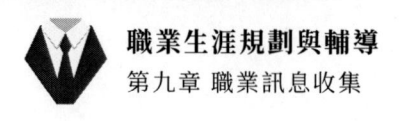

第九章 職業訊息收集

第九章 職業訊息收集

無論是原始社會以狩獵為生的模式還是如今面臨眾多職業選擇的情況下，勞動與職業已成為人類社會永恆的命題。小時候時常被問：你的夢想是什麼？天真的孩童有著不一樣的答案，這些雖然都是兒時對未來的憧憬，卻也是對未來職業的夢想，也是每個人最初的職業訊息接觸。無論創業還是就業，實現職業夢想與憧憬都離不開訊息的收集與整理。在當今就業競爭異常激烈的社會有哪些職業訊息收集方法能夠幫助我們打開職業夢想之門呢？本章主要針對職業訊息含義、內容、類型以及職業訊息的收集方法與途徑進行闡述，以幫助廣大求職者認識職業訊息，掌握收集和正確處理職業訊息的方法和途徑，促進其更好地就業和實現人生價值。

第一節 職業訊息的類型

一、職業訊息的含義與內容

（一）職業訊息的含義

職業是指從業人員為獲取主要生活來源而從事的社會性工作類別。職業訊息是對與職業有關的所有訊息的統稱，有人認為職業訊息就是用人單位發布的職業需求訊息，有人認為職業訊息就是與就業相關的訊息，包括就業市場、與就業相關的國家政策等等，還有人認為職業訊息還應包括作為訊息傳播載體的媒介訊息，這些觀點都從不同側面對職業訊息進行了概括。完整的職業訊息應該包括：職業資源訊息、職業新聞訊息、職業政策訊息、職業測評訊息以及透過對完整職業訊息的採集、對社會上提供的各職業類型、數量、需求、職業人員的要求、提供的薪酬及待遇等資料。MBA智庫百科這樣解釋職業訊息：職業訊息是指有關職業分類、各類職業勞動特點及報酬待遇、現實職業需求等方面的知識與消息。職業訊息是個人形成職業意向，定向地進行職業或專業學習和選擇職業的重要條件。

顯而易見，職業訊息與就業訊息是不同的。就業訊息是指就業需求的職業訊息，即我們常見的各種各樣的社會招聘訊息。因此，就業訊息基本上是職業資源訊息，而未包括就業政策訊息、職業測評訊息等，這說明就業訊息只是職業訊息的一部分，職業訊息包括了就業訊息。職業訊息能夠反映出以下幾個方面的資料：

第一，反映就業現狀。透過就業訊息可以得知就業市場的好壞，無論是國家和地方的各種就業政策、人才供需情況，還是國家經濟狀況都能夠透過就業訊息反映出來。

第二，反映求職行情。職業性質、內容、待遇、人才要求以及整個行業裡面的職業發展狀況都能夠在職業訊息中有所反映。

第三，反映社會人才質量水平。就業訊息包括與職業相關的訊息，職業訊息能否被學生所利用，很大程度上反映了整個社會的人才質量和技能水平的狀況。近年來，校園徵才博覽會時常會出現這樣的招聘現象：大學校園招聘有不少企業招聘需求是服務員、大堂經理、司機……在此先避開其他因素不談，應該清醒地認識到從這一現象裡反映出來的人才質量問題。

（二）職業訊息的意義

隨著現代新的技術革新和訊息時代的到來，訊息對人類社會的發展至關重要。當前就業形勢十分嚴峻，可以說是一個世界難題，職業訊息對每一個人都極其重要，甚至可以看作是求職道路的鋪路機。

1. 職業訊息對求職者的導向作用

求職者、勞動者能夠透過各種管道獲取最新的職業訊息，根據這些訊息選擇自己的職業。這裡的職業訊息不是狹隘的就業訊息，而是宏觀意義上的職業訊息，包括就業訊息、職業新聞訊息、職業測評訊息、就業形勢等訊息。在當前就業背景下，一方面，許多求職者不瞭解職業訊息，對職業訊息缺乏有效的認識，將整個職業訊息單純地認為就是就業招聘訊息，而完全忽視了職業訊息中的測評訊息、新聞訊息等方面；另一方面，眾多求職者入職前對所求職業的行業訊息瞭解不充分，在上崗之後發現自己的工作內容、性質等

和自己所期望的工作性質有一定程度的差別，對當前工作不滿意或難以適應，甚至難以融入工作中，易出現跳槽、辭職等不穩定的就業現象。如果對職業訊息進行收集和宣傳，求職者在獲取職業訊息之後，可以與各方面的訊息進行交換和比較，充分認識職業的工作性質、工作環境、工作內容、工作要求以及職業規劃發展等相關內容，以此可以判定自己與職業的匹配性和求職的可能性，提高就業成功機會。這些職業訊息都將影響著求職者的未來去向，甚至人生價值的實現。

2. 職業訊息的橋梁作用

職業訊息在人才供需過程中的橋梁基礎作用尤為重要，是職業訊息在職業需求與待業者之間搭起的一座無形的橋梁。各種各樣的職業訊息影響著求職者也影響著整個就業市場，它影響著求職者對職業訊息的採集和分析，幫助待業者個人認識社會、認識職業市場，促使人們去瞭解不同職業需求對人才的職業要求以及企業的內部文化，這有利於求職者盡早確定職業理想，不斷培養自己對未來的適應能力，也有利於求職者樹立新的職業觀和擇業觀，確保正確的職業選擇和個性的發展，甚至還有助於改變當前跳槽熱的現象。

3. 職業訊息的就業輔導作用

對於人才培養單位的學校來說，職業訊息也有著極其重要的作用。學校這一組織顯然比單個就業者的實力要強大，獲取職業訊息的途徑和方法，也就相對較多，能夠幫助輔導學生獲取職業訊息並提高就業水平。同時，學校能夠與政府、就業訊息發布單位等尋找合作機會，通力合作以實現待業者和職業需求的匹配。有部分學生由於在就業前沒有仔細瞭解行業訊息或者職業訊息，在就業後對職業性質、工作環境、工作內容、職業發展等不滿意，很快出現職業倦怠或者是跳槽現象，這都影響著就業市場的不穩定。透過學校、政府、機構、單位、個人通力合作，對職業訊息加以分析和利用，造成就業輔導的作用。

4. 職業訊息對人才市場合理性的促進作用

儘管勞動人口的數量眾多，一批又一批的大學畢業生後浪推前浪，但是近年卻出現了大學生找不到工作，企業單位找不到合適人選的「兩難」境地。這樣看來，就業與招工存在嚴重的錯位現象。但是就人才資源而言還是相當匱乏的，雖然擴大了招生比例，有更多的人接受了高等教育，但是由於各方面的原因，精英的培養卻不能跟上時代的步伐，出現了人才素質參差不齊的現象，而眾多的企業企圖在大眾化教育產物中尋找精英，坐等高層次人才，而不願意去培養自己需要的人才。如今我們看到許多用人單位在不考慮自己單位需求的情況下，提出許多不切實際的需要和招聘要求，甚至有時候招聘就是「博碩多多益善，大學等等再看，專科看都不看，高職靠一邊站」，更有甚者，部分企業將博碩高層次人才作為門面裝飾的金牌，其本質無多大的實際用處。這些都是因為職業訊息沒有得到單位和求職者的正確認識所致。

二、職業訊息的特點

（一）職業訊息的目的性

職業訊息的最終目的是待業者的就業滿足單位用人需求。職業訊息從何而來？根據廣義的定義，職業訊息的各個方面都有著自己的目的。如就業訊息是需求單位為了滿足自己單位發展需要特意發布出來的職業需求訊息，待業者需要這樣需求的就業訊息，這兩者不謀而合，互相滿足各自的需求。隨著就業市場的發展，供需漸漸地出現了供過於求或者供不足需的不平衡狀態，國家為了維護人民的利益和穩定，不得不制定相關政策制度，服務於人才供需市場的平衡，同時，隨著訊息逐漸紛繁複雜起來，各種各樣的媒介也開始傳播各種職業訊息，以方便求職者和需求者的雙向選擇。

（二）職業訊息的社會性

職業訊息是在人類社會的發展過程中產生的，是待業人員在特定社會生活中找到自己生存基礎的載體，職業訊息與社會成員的社會活動相互關聯，同時因為職業訊息的社會性，不斷地影響著求職者、擇業者以及整個勞動力人才市場。

第一節 職業訊息的類型

（三）職業訊息的不穩定性

世界上的一切都處於不斷變化和發展之中，職業訊息當然也不能脫離這一哲學規律。隨著市場經濟的發展，原來的經濟模式完全滿足不了市場的需求，人們的就業途徑必須是依靠市場的變化尋求自己的角色，有著不同要求的待業者期待著不同職業，這也就產生了職業訊息的不斷變化。國家對就業政策的改變已經體現出了就業訊息的不穩定性，更不用說就業職業訊息的千變萬化。

（四）職業訊息的規範性

一切職業訊息的發布和傳播都必須與國家和地方的法律法規以及社會道德規範相符，否則就不能算是職業訊息而只能算是虛假訊息。

（五）職業訊息的統一性

職業訊息的內部各要素是一個有機統一的整體。職業訊息包括求職者訊息、單位訊息、媒介訊息、外部環境訊息四個方面，它們密不可分，是一個有機的整體。求職者必須具備扎實的專業基礎和相應的就業意向，才能滿足用人單位的要求；單位的需求訊息和求職者的個人訊息都要靠不同的媒介來進行傳播，有選擇地把各自的訊息發布到媒介機構上去，求職者和單位再到這個媒介訊息裡面去尋找適合自己的訊息。

（六）職業訊息的時效性

職業訊息是受時間限制的。訊息具有一定的實效性，在一定的時間段裡它具有超高的價值作用，反之毫無用處。在現今社會中，職業訊息已經成為生活中的重要組成部分，職業訊息也毫不例外的要求時效性。發布職業訊息的形式主要有電視臺、廣播電臺、雜誌、報紙、就業網站等。職業訊息很大程度上受到人才市場供需、經濟發展情況、國家就業政策等因素的影響，由於電臺、電視臺、雜誌、報刊紙受到空間、時間上的諸多限制，求職者和單位要在有限的時間內獲取到最新、最有用的訊息，以免失去訊息的價值。

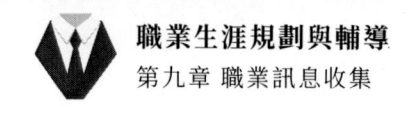

案例分析：

某大四學生很早就開始準備研究所招生考試，並把考研究所當作他的唯一出路，以至於大四這一年放棄了許多就業就會，後來考研究所卻失敗了，這給了他極大的打擊，讓他無處可去，眼前又沒有適合自己的就業機會，經過反覆思考，依然決定再戰一年，堅持繼續考研究所。這也讓他身邊的人為他捏了一把汗，最終命運再次捉弄了他，這使得他放棄了繼續讀研究所的夢想，選擇了重新尋找就業機會，最終選擇了自己不滿意的銷售工作。這個案例告訴我們，他在兩年時間裡錯過了很多有用的職業訊息，更失去了學習書本以外的不少知識。因此，我們面對職業訊息要及時做出正確的選擇。

三、職業訊息的分類

掌握職業訊息分類是收集和利用職業訊息的基礎和前提，職業訊息與職業緊密相連。當今社會訊息點多面廣，將職業訊息分類的目的主要在於，將這些紛繁複雜而又數以萬計的有關職業的訊息進行類別的劃分，形成一套職業訊息體系。

（一）總體職業訊息

總體職業訊息是指與職業相關的抽象的社會訊息，包括訊息化的社會背景訊息、國家當前的就業狀況訊息、國家引導就業的各項政策措施，這些訊息都是與職業緊密聯繫的，但又不涉及具體某一項的工作職業訊息，這些抽象的職業訊息就稱作總體職業訊息。

1. 職業訊息的訊息化社會背景

1980年代以來，訊息技術的快速發展和廣泛應用，引發了一場新的全球性產業革命。訊息化是當今世界經濟和社會發展的大趨勢，訊息化水平已成為衡量一個國家和地區現代化水平的重要標誌。世界訊息技術革命為世界經濟和社會發展帶來了機遇，世界各個國家都大力推進訊息化建設，這也是社會現代化建設的必然選擇，是促進生產力跨越式發展、增強綜合國力和國際競爭力、維護國家安全的關鍵環節。

第一節 職業訊息的類型

　　訊息化是建立在數位化技術、電腦技術和生物工程技術等先進技術基礎上的，訊息化使人類以更快更便捷的交流方式獲得並傳遞人類創造的一切文明成果。當今職業訊息處於這樣的時代背景，整個職業市場的訊息化背景也就組成了職業訊息的一部分，有關職業的各個因素都是訊息化社會的一個因子，要掌握職業訊息必須首先瞭解整個訊息化的社會背景。

　　2. 國家經濟形勢和政策趨勢

　　經濟發展形勢是一定時期內對國家或世界的整個經濟運行狀況的估價，這在很大程度上影響著職業訊息的傳播和個人職業的發展。例如，近幾年受世界經濟危機的影響，有很多的企業倒閉，相應地也造成很多工人失業，影響整個職業市場的發展。為此，國家和地方政府對經濟發展要加以總體調節，以引導經濟對職業發展的影響，這種從根本上影響職業訊息的經濟政策因素也是總體職業訊息的一種。

　　3. 目前的整體就業形勢。

　　大學生的就業問題關乎其尊嚴，關乎著民生及社會和諧。大學生是國家和社會的一筆寶貴財富，他們身上凝聚著巨大的創造力和生命力。然而，在經濟飛速發展並逐漸轉型的今天卻出現了非常嚴峻的就業形勢，大學擴招後的大眾化教育的畢業人數呈幾何倍數的增加，再加上最近幾年受世界經濟危機的影響，大學生就業問題變得更加嚴峻。

　　在畢業人數和失業率繼續攀升的同時，就業形勢也越來越複雜：40～50歲人群再就業問題沒有很好地解決，20～30歲青年一代的就業問題又浮出水面。當前，既有就業機會不足的問題，又有就業錯位的問題。在大範圍的經濟結構調整和深化企業改革競爭過程中，出現失業增加和用人需求萎縮並行的趨勢，勞動力市場競爭越來越激烈，結構性就業矛盾突出。高素質、低成本、低年齡勞動力在就業競爭中占據優勢，而低素質、高年齡的勞動者在勞動力市場競爭中越來越沒有競爭能力，呈現出就業困難群體數量急劇增加的趨勢。另一原因就是，大多數企業為了應付激烈的競爭，不願意花時間和精力去培養適合自己的新一代的員工，而是把高素質人才的希望寄託於大學或其他教育機構，教育機構的培養總是有侷限性的，不能完全滿足所有企

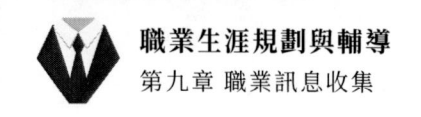

業的不同人才需求，這就造成了需要的人才不符合、符合的人才不需要這樣的人才錯位現象，這也是造成就業形勢嚴峻的因素之一，這更是我們掌握職業訊息所必須瞭解和掌握的訊息之一。

4. 國家就業政策形勢

國家就業政策是對人們的職業影響最直接的一種總體職業訊息，無論是畢業生還是社會待業青年是否能夠順利就業，或者是否能夠盡快找到適合自己的職業訊息，國家的就業政策至關重要。實施積極的就業政策，使促進就業融入經濟社會發展全部進程，以增長促就業，以就業穩增長，是促進經濟長期平穩較快發展、破解人口與資源環境矛盾的必然選擇。多管道就業是實現社會更加充分就業的現實路徑，我們在收集和處理職業訊息時必須要瞭解這一職業訊息政策背景。

(二) 個體職業訊息

個體職業訊息指的是大學生收集就業市場和職業需求訊息狀況的資料，主要包括以下幾個方面的訊息：

1. 人才供求狀況

求職者在尋找職業訊息之前，應該瞭解自己所要尋找行業的整體人才供求狀況，這在很大程度上決定了求職的難易程度，同時人才市場也受到市場價值規律的影響，我們每一個人的薪酬待遇隨之受到影響，供求關係的矛盾也是導致目前勞動力市場結構性矛盾的最重要原因，因此我們在尋求職業訊息的時候要對自己所在行業加以分析。隨著電腦技術的飛速發展，社會對外國語尤其是英語和電腦技術人員的需求量劇增，這一訊息也被社會人才培養機構所俘獲，近十年來大力培養了英語和電腦人才，當前已經完全處於飽和狀態，致使這些專業的畢業生找到對口的工作十分困難，同時這也說明，收集職業訊息是在瞭解人才供求訊息基礎上的一個長期過程。

2. 所在學校的就業政策

相對於國家的就業政策而言，學生所在學校對學生就業的輔導政策已經是一種與學生自己切身利益相關的個體訊息了。近年來，建設和完善一批投

資小、見效快的大學生創業園和創新育成中心這樣的形勢在各個大學紛紛開展起來,這樣為不少學生提供了就業機會和政策支持,也培養了一大批的企業人才,學生受益匪淺。

3. 大學就業輔導政策

每一所大學都有著自己獨具特色的就業輔導方針,眾多大學都開設了專門的就業輔導課程,為了達到課程要求,還必須要求就業輔導課舉行考試,以此檢查學生對就業輔導課的掌握情況。無論是輔導大學生創業還是就業,適時的就業輔導課有利於大學生盡早做好職業規劃,為就業做打算。

4. 各類型的培訓和考試

眾多求職者透過培訓與考試尋求到自己滿意的職業,這是求職者應該重視的一種個體職業訊息。這類培訓訊息包括職業資格證考試培訓、外語技能水平培訓、研究所招生考試培訓等,考試訊息包括各級各類公開招聘考試、職業錄用考試等,求職者透過這些職業訊息業可以走上自己的職業。

5. 用人單位的用工制度

勞動用工制度是規範企業和勞動者雙方行為,維護企業和職工雙方的合法權益的措施,勞動法明確規定職工享有取得勞動報酬、休息休假、獲得勞動安全衛生保護、享受社會保險和福利等勞動權利,同時應當履行完成勞動任務、遵守企業規章制度和職業道德等勞動義務;企業負有支付職工勞動報酬、為職工提供勞動和生活條件、保護職工合法勞動權益等義務,同時享有生產經營決策權、勞動用工和人事管理權、工資獎金分配權、依法制定規章制度權等權利。但是在競爭激烈的市場經濟背景下,有少數企業在用工制度上投機倒把,想方設法侵害工人的權利。我們在收集職業訊息的時候,對企業的用工訊息及其相關訊息要仔細分析和考究,以確定訊息的可靠性和權威性。

6. 工作性質

工作性質一般透過工作內容和事件予以體現，求職者在收集就業訊息時，首先要明確這個工作職業的工作性質如何，再結合自己的人格特性，對其進行匹配，是否能夠滿足職業要求。

7. 職業要求

它包括了工作要求、求職者學歷要求、專業技能要求、個人素質要求、思想政治要求、身體素質要求等，可以說是求職者進入用工單位的門檻。

8. 薪酬待遇

薪資待遇是眾多求職者優先考慮的訊息之一，也是職業訊息中相當重要的訊息，是關係到求職者生存的大事。近年來，工資輔導價和最低工資標準相關政策相繼出臺，在就業形勢極其嚴峻的今天，這是保護求職者合法權利的一項重大舉措，求職者在收集職業訊息過程中不能忽略此項，否則合法權益可能受到損害。

9. 其他個體職業訊息

其他個體職業訊息主要包括用人單位的合法性、機構性質、僱傭和發展前景等具體訊息。

複習鞏固

1. 什麼是職業訊息？結合本節知識加以闡述。

2. 職業訊息具有什麼特點？結合本節知識用自己的語言對各項特點加以闡釋。

3. 職業訊息有哪些類型？

第二節 職業訊息收集的方法與途徑

一、職業訊息收集的方法與途徑

職業訊息收集無論對大學生還是其他就業人員都是至關重要的。就業是畢業生告別學生生涯，開始職業生涯的重要轉折點，再就業則是人生的一大

拐點。對職業信息能夠做到有效的採集及合理的利用不僅可以讓畢業生更好地掌握和運用當前國家及地方各種促進就業的政策，而且可以更好地瞭解和融入當地及滿意城市的人才需求環境，還可以更好地尋找和確定就業單位。因此應該高度重視職業訊息的收集，並樹立正確的就業觀，瞭解相關的法規政策，做好心理調適，廣泛收集就業相關訊息，提高就業技巧，為成功就業打下堅實基礎。

（一）目前影響職業訊息收集的主要因素

1. 學生的職業訊息收集意識不強

當前的就業形勢嚴峻，多數學生感覺到就業壓力的存在，對就業前途一片迷茫。這主要是因為大學生沒有培養職業訊息收集的意識，不能主動收集適合自己的職業訊息，而主要依靠學校的就業宣傳、徵才博覽會、企業進校招聘等形式；其次是部分學生對就業形式無所謂的心態所致，這一代的學生大多是獨生子女，自己的各項事情都有父母為其操心操辦，無須擔心自己的前途和未來，所以他們認為不需要自己出去收集整理任何職業訊息。

2. 訊息交流管道堵塞

目前就業形勢依然嚴峻，出現了企事業單位捨近求遠、學生好高騖遠的現象。近年來，不少企事業單位對於人才引進提高了要求，招聘形式總是全國性的，時常有企業開著轎車走遍各地尋找公司未來的精英，到頭來招聘成了旅遊，出現了要的人才不來，來的人才不要的現象。對於學生求職來講，也出現了不少的「面霸」和「考霸」，他們是哪兒有好企業就去，哪兒有考試就報名，甚至是哪兒都能與公司談妥贏得面試，最終只能選擇一個職業，浪費了一大批的職業訊息。企業為何捨近求遠？學生為何好高騖遠？主要還是訊息交流不暢的原因，不能對自己周邊的職業訊息有效收集，以迫使企業不能就地取材、學生不能就地生根。

3. 人才需求良莠不齊，需求訊息真假難辨

首先，人才供過於求，給招聘單位帶來了一定的困難，甚至有時自己也搞不清楚到底需要的是哪一類人才，這樣一來，有些企業為了裝點門面，盲

職業生涯規劃與輔導
第九章 職業訊息收集

目追求高學歷高學位，這就讓大多數即使是有專長和技能的優秀人才也被拒之門外。其次，參加過徵才博覽會的人都知道，徵才博覽會裡面的企業更是良莠不齊，招聘洗碗工、服務員的公司屢見不鮮，這種職業又何以需要大學生來從事呢？再次，虛假訊息鋪天蓋地，讓人真假難辨，符合要求的人才簡直就是海底撈針，或者有人稱之為「蘿蔔招聘」，人們面對這些職業訊息不知如何是好。

4. 職業訊息收集的管道有限

目前影響一所學校的發展主要有生源和就業率這兩大因素，面對嚴峻的就業形勢，所有大學在就業這一方面更是你超我趕，都有自己的方法來提升自己的就業率，但是不少單位在提供就業訊息的過程中存在著一系列的問題，其主要是訊息收集的管道侷限性。不少學校收集職業訊息都是依靠企業的主動上門，或是多年來的合作夥伴單位。其次是大多數的就業輔導老師也是身兼多職，哪能專心研究和收集整理職業訊息？

（二）職業訊息收集的方法

1. 全面收集法

在職業訊息收集過程中，面對紛繁複雜的訊息，我們有必要將自己所能得到的所有訊息加以收集，隨後進行分析並劃分出不同的類別，以供自己需要時參考。採用這種方法收集到的職業訊息內容寬泛、類型各異，需要自己有較強的分類整理能力。透過這種方法收集職業訊息，措施和途徑比較寬廣，可以是網路、報刊、新聞，也可以是招聘現場、親戚朋友介紹等，其缺點是收集過程比較浪費時間，不能抓住重點，收集過程比較漫長。

2. 定向收集法

相對於全面收集方法的就是定向收集法，它是在收集職業訊息之前，先將自己的方向確定，再以自己的職業方向和職業領域，對職業訊息進行有目的和有範圍的收集整理。這種方法能夠讓職業訊息收集者擁有明確的目的和方向，是依據自己的專業知識、興趣愛好、能力傾向為依據的，能夠幫助求職者按照自己的意願盡快找到適合自己特點、更能發揮自己特長的單位，不

會讓求職者漫無目的的收集訊息。當然這種方法也有自己的缺點：那就是有可能讓求職者大大縮小求職範圍，尤其是自己確定的職業方向為熱門工作的時候，求職的競爭將會異常的激烈，這就大大縮小了自己選擇的餘地，有可能影響自己就業成功的概率，甚至最後不得不另起爐灶，尋求其他職業。

3. 分領域或地區收集法

分領域收集職業訊息也叫分地區收集法，是指求職者根據自己的喜好對某個或某幾個地區的職業訊息進行收集整理，對職業的方向和範圍的要求較少，有人說這是一種重地區輕專業的收集方法，在日常職業訊息收集過程中，這種方法很大程度上影響著年輕一代的求職者。其原因有二：首先，現在大多是獨生子女，因不習慣獨立生活而不願意遠離自己的家鄉；其次，現在許多畢業生各種背景條件優厚，回家鄉就業更具有選擇的優勢。因此，地域性對職業訊息的收集是有很大影響的，所以，可以採用分地域的方法進行職業訊息的收集和利用。

4. 分階段收集法

職業訊息的分階段收集法主要是針對大學畢業生設計，當然其他求職者也可以借鑑使用。分階段收集法就是對職業訊息收集的整個體系進行階段性的劃分，明確各個階段所要做的事情。眾所周知，大多數畢業生的唯一出路就是就業，那麼在畢業之前就應該學會對職業訊息的收集，在此以大學生為例，說明學生應該如何學習和使用職業訊息的分階段收集法。在對某外國語學院商務專業中 200 名大學生中的大學四年跟蹤調查顯示，對職業訊息的關注早晚各不相同，具體數據如下（表 9-1）：

表9-1　某大學不同階段學生對職業訊息關注所占比例情況表

年級	調查總人數(人)	關注職業訊息人數所占比例
大一	200	39.5%
大二	200	41%
大三	200	77.5%
大四	200	94.5%

以上調查表明，即使是低年級的大學生，也有不少人開始關注職業訊息。同樣，即使是大四階段的畢業生，也有少部分學生不關注職業訊息收集。大學生的分階段收集法是把大學四年的整個過程分為三個階段，在每一個階段透過學習不同的職業知識，瞭解和掌握職業訊息的收集方法，並不斷收集和積累有用的職業訊息幫助學生順利就業的方法。

5. 分管道收集法

訊息時代獲取訊息的途徑和方法眾多，究竟採用哪一種方法是要根據自己的精力和時間而論，必須得有所側重。在訊息眾多的社會要在堅持訊息便捷、權威的原則下，選擇以下一些管道進行收集：

（1）學校就業主管部門，主要是一些單位來校的招聘宣傳會，這種訊息精準可靠，單位性質多樣，訊息來源有保障，不會出現虛假、怪相招聘；

（2）人才服務部門的徵才博覽會，每年各個地區的人才服務部門都會定期舉辦專場的大中小型的徵才博覽會，包括分行業、分地區、分層次的各個類型；

（3）網路、廣播、電視等各類媒體管道，這類管道的訊息傳播及時，傳播量大，但容易出現虛假職業訊息，在收集過程中要注意低辨別真偽，比如公務員招考、各類事業單位招聘等訊息一般都是透過網路發布；

（4）書籍、雜誌、報紙等，這類訊息時效性較強，讀者難以把握其中職業訊息的時效性；

（5）實習、實踐等社會活動，這種管道是以自身投入的形式獲得職業訊息並及時獲得就業的機會；

（6）求職者積極主動與企業對接，企業的每一次招聘活動是相當耗費時間和精力的，如果有合適的求職者能夠主動找到企業，這也省去了很多的精力。

6. 分類型收集法

分類型收集法是將職業訊息進行人為的類型劃分,確定某個職業類型為自己所需要的。職業類型劃分為以下幾個大類:

第一大類:國家機關、組織、企業、事業單位負責人;

第二大類:專業技術人員;

第三大類:辦事人員和有關人員;

第四大類:商業和服務業人員;

第五大類:農、林、牧、漁、水利生產人員;

第六大類:生產、運輸設備操作人員及有關人員;

第七大類:軍人;

第八大類:不便分類的其他業務人員。

綜上各類收集方法,都有自己的缺點和優點,收集到的訊息各種各樣,求職者必須自己對訊息進行分析整理,去粗取精,去偽存真,有目的、有針對性地加以篩選處理,也可以對收集到的訊息進行再次的分等級處理,以免因為收集到的訊息雜亂無章,自己難以抉擇,這樣才能使獲得的訊息具有準確性、全面性和有效性,使之更好地為自己的求職服務。

(三) 職業訊息收集的途徑

畢業生順利就業是我們共同的期待,能否成功就業於理想的單位,在競爭激烈的訊息時代的今天,這已不僅僅取決於自身所學的專業基礎知識和個人的工作能力,還取決於個人對就業訊息量的掌握。擁有豐富就業訊息量的人,一定是會收集訊息的人。就業競爭在一定程度上就是擁有訊息量的競爭,掌握的訊息影響著學生的就業視野,也決定了其在競爭中是否能獲得主動權。因此,求職者在掌握了一定的職業訊息收集方法之後,必須拓寬和改變職業訊息收集的途徑和策略,準確地收集和利用職業訊息,為就業做好充分準備。在競爭日趨激烈的就業環境中,即使一個畢業生擁有很強的實力,如果不能獲得相當「數量」和「質量」的訊息,也將在無形中喪失優勢。這也說明,在今天就業選擇自由度較大,無論是就業輔導者還是求職者都必須相應地從

眾多途徑去獲得有用的職業訊息。獲得訊息越廣泛、質量越高、有的放矢，才能保證新職業訊息應用得越充分，這樣職業輔導和求職者就業才有更大的把握性和成功率，獲取職業訊息主要有以下幾種重要途徑：

1. 學校就業輔導服務中心等就業服務部門的就業輔導

學校就業輔導服務中心是在學校就業領導小組領導下負責全校畢業生就業工作的專門服務機構，主要是宣傳關於畢業生就業的各項方針政策和規章制度，負責制定學校的就業相關政策以及實施意見，結合本年度就業形勢確定就業工作計劃和日程安排，為學生提供畢業生就業訊息服務和諮詢與輔導，做好就業服務工作。為學生提供更多的職業訊息收集來源對學校整體就業情況有一定的保障作用，也是就業部門對學生最好的服務，因此，在為學生提供職業訊息收集服務的同時必須採取以下措施來保障自身發展，以保證更好地為學生提供訊息收集途徑：

（1）加強團隊建設，強化部門職責。訊息化社會正在促進就業服務工作向著正規化、專業化邁進，因此我們必須建立和發展一支高效、專業的就業服務團隊，強化各項職能職責，有序開展職業輔導工作。就業輔導工作包括訊息收集、政策宣講和解讀、職業諮詢、職業規劃輔導、擇業技巧等，整體看來，這已是相當巨大的一項系統工程，系統性的過程哪一個環節都不能缺少，學校要在各個方面保證就業服務工作的正常進行。

學校的職業輔導工作應當借鑑發達國家的職業輔導實踐經驗，盡快建立一支職業化、專業化、正規化的職業輔導教師團隊，學校可以透過對現有職業輔導教師進行系統的專業理論培訓，加強教育學、心理學、管理學、社會學以及人力資源管理學等知識的學習，使其在相關理論輔導下開展工作，也可以透過與用人單位的廣泛聯繫，使職業輔導教師及時掌握勞動力市場需求訊息，提高職業輔導的工作質量，充分發揮職業訊息在職業輔導中的輔導作用。

（2）完善就業服務各項制度，形成科學合理、高效的職業輔導制度，創新和發展多種就業輔導服務模式，強化運行機制，加強各部門之間的交流與溝通，保證職業訊息上傳下達道路通暢。如今大學人才培養的規模化生產出

現了畢業生回爐職校進行職業技能學習的現象，因此有大學創新出畢業生召回制度，為願意回校深造的學生提供免費再培訓的長期「售後」服務，這也是職業訊息捕捉的一種途徑。

2. 強化思想教育，開展專業培訓

當今大部分畢業生畢業時仍然處於父母的溺愛之中，前面的路都有父母為之鋪砌平坦，不需自己去收集什麼就業方面的訊息，嚴重缺乏收集職業訊息的主動性。要獲得職業訊息收集的主導權必須加強對學生的思想教育，引導學生學會去獲得職業訊息收集的主動權，這才是職業訊息收集成功的關鍵。如果學生不願意去收集任何職業訊息，缺乏收集訊息主動權，就業輔導就是一片空白。加強思想教育，讓學生主動地就業，主動地去諮詢相關就業政策法規，在就業服務部門的輔導和服務下，逐漸轉變學生的就業觀念。同時，學生在收集職業訊息過程中如何發現更多的訊息，這既需要對職業輔導教師的技能提升培訓，也需要對學生進行不斷地輔導和培訓，充分發揮輔導教師和學生的協同作用，讓學生更充分地準備就業資料，提高就業機會。

3. 堅持實時性和實用性，不斷拓寬職業訊息源

就業相關部門要對職業訊息進行質保，要歷盡千辛萬苦廣泛收集職業訊息，並加以分析整理後告知求職學生，保證職業訊息不斷更新。同時，實時性也包括對學生職業訊息收集的實時性輔導。在大學第一階段即大學一年級階段，學校要加強對新生進行專業的職業訊息輔導，逐漸引入社會勞動需求訊息等勞動就業輔導工作；在大學二三年級階段，輔導學生對職業結構、就業形式等訊息進行深入的分析，讓學生認識到職業訊息收集、職業、就業、擇業等重要內涵，並在認識職業訊息、就業政策等基礎之上，根據自己的個人興趣愛好，做出適合社會職業狀況和自身發展的職業決策，以保證訊息的實用性價值；大學畢業季則需要大學生將自己所學職業訊息收集等技能加以運用，調整好自己求職目標，樹立先就業、再擇業的理念。

4. 加強校企合作，組建職業訊息交流中心

校企合作是學校謀求自身發展、實現與市場接軌、大力提高育人質量、有針對性地為企業培養一線實用型技術人才的重要舉措，其初衷是讓學生在校所學與企業實踐有機結合，讓學校和企業的設備、技術實現優勢互補、資源共享，以切實提高育人的針對性和實效性，提高技能型人才的培養質量。在職業訊息收集工程中，校企合作能夠將職業訊息在學校與用人單位、學生之間相互交流和使用。例如，在企業建立學生實踐基地、與企業合辦人才培訓班、與企業合辦專業等形式，都可以幫助學生瞭解企業用工要求，從而獲得最新的職業訊息，也能夠幫助企業培養為我所需的專門人才，解決找不到人才的困境，達到學校、用人單位、學生三方共贏的狀態，實現人職匹配的目的。同時，這些校企之間的職業訊息不能就是簡單的相互傳閱，而是要加大經費、人員配置，安排專門職業輔導人員從事訊息的收集、整理、加工、儲存、傳遞等活動，開展職業訊息採集、整理分析和發布，拓寬職業訊息採集應用領域，建立起完善的職業訊息交流中心或平臺，使職業訊息採集更全面、傳遞更便捷、效率更精準。

5. 加強多方面的各類職業訊息開發

大學應當為畢業生提供就業輔導和服務。在經濟體制下，畢業生的就業制度逐漸轉變為「雙向選擇」的模式，無論是畢業生還是用人單位，都獲得了更多互相選擇的自由權利，這必將影響到學生就業選擇內容和穩定性的問題，職業訊息是否足夠豐富和靈通，在很大程度上制約著求職者的選擇範圍。因此，加強多方面的職業訊息開發是很有必要的。

有人說網路就是一座龐大無比的圖書館，圖書館更像是資源無比豐富的網路。在大學裡面要充分利用圖書館資源，建立職業訊息開發中心。面對雜亂無章的一線資料，許多求職者不知道如何篩選訊息，這就需要有專門的人員對這些訊息加以二次開發、整理，回應給求職者。同時，開發職業訊息必須建立完善的服務平臺，職業訊息開發出來還必須完善職業訊息後續服務。學校可配備擁有國家職業輔導師資格的專業教師，負責職業訊息開發和諮詢工作，為需要的讀者提供盡可能全面的服務。

6. 加強對畢業生的管理，引導學生主動收集職業訊息

堅持學生為本的管理理念是科學發展觀觀的核心，堅持以學生為本就是要建立起以就業管理工作服務於一切學生的方針，尊重所有畢業生的人格特性，加強學生的個性化輔導，只有透過人性化的管理與教育，才能讓學生正確認識自我，建立起正確的職業觀，幫助學生樹立人職匹配、人崗匹配的理念。在此基礎上積極引導學生參與職業訊息收集整理過程中，不斷獲得訊息回應和明確自己的準確定位。

二、職業訊息收集需注意的幾個問題

大學的就業工作是一項極其重要的系統工作，而職業訊息的收集工作做得好與壞，直接關係到這項系統工程能否順利實現。因此，在掌握了職業訊息收集方法和途徑的同時，需要社會、國家、學校、求職者等多方共同努力，不斷尋找促進就業的新辦法和新舉措。如何真正把「大學畢業生找不到合適的工作，而企業也找不到合適的人才」這一矛盾解決好，還需要注意職業訊息收集過程中的一些問題。

（一）職業訊息收集工作計劃能否正確制定

周密而詳實的職業訊息收集計劃是職業訊息收集的藍圖，只有制定出詳實、周密又切實可行的職業訊息收集計劃，才能輔導整個收集工作，保證訊息收集工作成功進行。職業訊息收集計劃既包括職業訊息收集輔導教育的計劃，也包括求職者個人和職業訊息交流中心或平臺的職業訊息收集計劃。如前所述，職業訊息是一項極其複雜的系統工程，這就要求系統工程中要分配好角色並且要各司其職，才能完成好這項工作。因此，無論是教育角色，還是個體，都要做好自己的職業訊息收集計劃。最後計劃的主體還要安排好計劃實施的時間、形式、內容，將計劃穩步推進，只有這樣扎實地計劃和推進，收集工作才可能落到實處，否則職業訊息收集將成為一句空談或凌亂不堪。

（二）注意保持訊息回饋管道暢通

職業訊息對人才培養的影響並不是水到渠成、直接而明顯的，而是經過各種管道，反映到學校教育的各個方面，才能造成影響作用。訊息回饋具有處理訊息及時、準確，控制計劃和經營管理，使之處於最佳狀態功能，便於

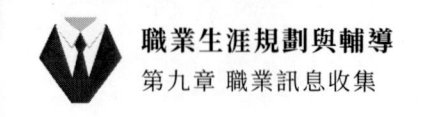

進行方案比較和擇優，有助於進行預測工作等功能。職業訊息具有很強的時效性，對職業訊息的過快和過慢等不適時地反映都會影響到其作用的發揮，因此，必須注意職業訊息收集過程中訊息回饋機制的管道暢通。

（三）保證職業訊息的準確性

職業訊息的準確性應該是職業訊息收集系統工程的一項基本標準，職業訊息要保證準確性、真實性。這就要求職業訊息必須符合要求，在收集的同時還必須對收集和利用過的職業訊息不斷地加以檢驗，判斷其訊息的真實性和可靠性，盡量能在收集信息的源頭就保證訊息的準確性，盡量將訊息收集的誤差降到最低。

複習鞏固

1. 影響職業訊息收集的因素有哪些？結合實踐經驗與本節知識內容進行闡述。

2. 簡述職業訊息收集有哪些方法？結合本節內容再根據自己的思維進行發散。

3. 結合實踐經驗簡述在職業訊息收集過程中需要注意的問題。

本章要點小結

職業訊息收集是求職者的謀生之道，職業訊息是指有關職業分類、各類職業勞動特點及報酬待遇、現實職業需求等方面的知識與消息。職業訊息是個人形成職業意向，定向地進行職業或專業學習和職業選擇的重要條件。對於無數待業人員，瞭解和學習職業訊息的含義、特點、分類方法以及獲取職業訊息的方法和途徑等知識可為求職鋪下一條平坦的大道。職業訊息分為總體職業訊息和個體職業訊息兩大類。職業訊息的重要性主要體現在求職者收集職業訊息的過程和結果之中，求職者透過學習職業訊息的收集方法，以獲得更多更廣泛的各類型職業訊息，同時也學習到在職業訊息收集過程中必須面對的問題的解決策略。

拓展閱讀

如何緩解求職的心理壓力

案例：

某大學機械專業的一名年僅22歲、來自農村貧困家庭的應屆畢業生，因在求職中遇到暫時挫折，趁晚上同學們到教室裡上課之際，在宿舍的暖氣管線上自縊身亡，結束了自己年輕的生命。

某大學畢業生在考公務員時，雖通過了筆試和面試，但因身體受限，最終沒有被錄取，他心裡極不平衡，惱羞成怒，從商店買來一把水果刀，把招聘的工作人員刺死、刺傷各一人。

小劉是市場行銷專業學生，畢業時她以某家電銷售公司的銷售職業作為自己求職的目標。為了順利應聘，她決定利用招聘會前的一週時間，為那家公司拿出一份市場調研報告。在接下來的幾天裡，她對該公司所有的產品做了細緻的市場調查，從市場份額、產品到競爭對手等各方面的情況都瞭解得清清楚楚，拿出了一份有份量的市場調研報告，最後在招聘會上擊敗了眾多學歷高於她的競聘者，被公司錄用。

張華在大學學的是財會專業，在一個招聘會攤位前，他看中了一家著名的太陽能熱水器代理公司提供的職位———行銷員，但公司要求應聘者是市場行銷專業畢業。張華決定碰碰運氣。他問招聘人員公司為何只招聘市場行銷專業的學生。招聘人員告訴他，公司要擴大業務，需要有市場開拓能力的學生。張華隨即表示自己具備市場開拓能力，並列舉了自己曾在某電動車廠實習時，參與開拓市場並取得不俗成績的經歷。張華的自我介紹和專業水準使招聘人員對他很滿意。最後他順利透過了面試，謀到了這個理想的職位。

分析：

如何有效緩解就業壓力（引自NLP學院心理學課堂知識講座）：

第一，要正確對待求職中遇到的困難和暫時失利。在求職競爭日趨激烈，有些領域專業人才相對過剩，就業形勢不容樂觀的今天，在求職中遇到挫折

和困難是正常現象，但暫時的挫折並不是人生的「滑鐵盧」，更不是人生的敗筆。招聘求職是一種雙向選擇，就像青年男女的戀愛，誰也沒有把握一炮打響，經過一次「戀愛」就大功告成，找到一個理想的「婆家」。因此，對於求職的暫時困難，應該正確對待，不要耿耿於懷，更不要心理壓抑或不平衡。

第二，要降低自己求職的期望值。對於求職者來說，求職的期望值越高，如果不成功，其失落感就會越強烈，心理上承受的壓力就越大。處理好就業理想與就業現實的關係，以務實的態度對待職業的選擇。因此，大學畢業生要認清就業形勢，正確合理地評價自己的才能，不要孤芳自賞，定位過高，人為提高就業門檻。如果暫時找不到理想的職業，不妨先就業再擇業，先解決生存問題，等積累了工作經驗或時機成熟時，再找一個更適合於自己的工作，這樣比一次到位要減輕心理的壓力，也比較實惠。

第三，不要盲目與人攀比。在求職中，人與人之間，由於許多複雜的主客觀因素的存在，有許多東西是不可比的，除了增加個人的煩惱，對求職沒什麼幫助，也無任何實際意義。

第四，善於化解求職的心理壓力，化解就業焦慮。一是要對求職有正確的認識。初次求職的暫時不順利只是一次失利，而不是人生的失敗。二是要善於調整自己的求職心態。求職就業是人生的一件大事，但又是一件十分平常的具有多種選擇的事情，要以積極的心態去面對，不要把它看得舉足輕重，或者只許成功不許失敗。三要注意自我減壓。求職特別是對於初次求職的大學生，遇到「紅燈」，被自己看好的用人單位拒聘，個人的情緒可能會受到影響，產生失落感，對此要用積極的心態和積極的思考，分析求職失利的原因，找出自己存在的不足之處。

第五，學校要加強畢業生就業心理的輔導。就業是學生走向社會，實現人生價值的重要關口，由於就業競爭的加劇和求職的難度加大，那些涉世未深的學子必然會出現心理的波動和失落情緒。為了確保畢業學生身心健康，學校的教育管理部門、就業輔導部門和心理諮詢部門，要重視畢業生就業的心理諮詢和輔導，透過各種方式，引導和幫助他們樹立正確的就業觀念，對

其就業中的暫時不順利，要給予疏導點撥，克服失落情緒，使他們以積極的心態面對現實。對求職遇到挫折，情緒不夠穩定，心理出現異常的畢業生，學校要以對國家、對學生、對家長高度負責的精神，採取有效措施，有專人進行談心和開導，做好深入細緻的疏導工作，幫助學生剋服心理危機，化解和減輕心理負擔，以防止意外事故的發生。

本章複習題

1. 以下哪幾項能夠在職業訊息中反映出來？（　）

A. 就業現狀　B. 人才質量水平　C. 人才供給情況分布

2. 以下表述正確的是：（　）

A. 職業訊息＝就業訊息　B. 就業訊息＝招聘訊息

C. 職業訊息包含就業訊息　D. 職業訊息就是職業

E. 就業訊息包含職業訊息　F. 就業訊息＝職業

3. 以下哪些作用是職業訊息所具有的？（　）

A. 導向作用　B. 促進作用　C. 橋梁作用　D. 輔導作用

4. 在大學階段職業訊息分階段收集方法中，以下表述正確的是：（　）

A. 大一實踐　B. 大二引導　C. 大一引導　D. 大三實踐

5. 以下哪幾項屬於個體職業訊息？（　）

A. 職業性質　B. 薪金　C. 國家就業政策　D. 某公司招聘銷售一員

6. 以下屬於總體職業訊息的是：（　）

A. 職業工作時間　B. 國家就業鼓勵政策

C. 2013年畢業生人數　D. 國家有關就業的經濟政策

7. 影響職業訊息收集的主要因素有：（　）

A. 求職者訊息收集能力水平　B. 社會經濟穩定情況

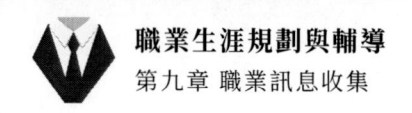

C. 所在學校級別層次　D. 訊息收集管道是否暢通

8. 學校幫助學生獲取職業訊息都有哪些途徑？（　）

A. 加強校企合作　B. 建設職業訊息交流中心

C. 加強職業引導和教育　D. 加強畢業生就業意向管理

E. 職業訊息開發　F. 擇業觀教育

9. 職業輔導團隊應該具有以下哪些特點？（　）

A. 專業化　B. 正規化　C. 職業化

第十章 家庭、學校和社會環境認知

對外部社會的認識不僅取決於我們本身，還取決於我們自身的需要、價值觀和以往經驗。在職業生涯規劃中，對外部環境的認知很重要。為了更好地進行職業選擇與職業生涯規劃，必須對外部環境（包括家庭環境、學校環境和社會環境）進行分析，透過外部環境分析弄清楚環境對職業發展的要求、影響及作用，對各種影響因素加以衡量、評估，並做出反應。本章在介紹認識職業生涯規劃中的家庭、學校和社會環境之前，先瞭解如何對外部世界進行認知，有哪些因素影響我們對外部世界的認知。這對於個體的職業生涯規劃具有重要的意義。

第一節 社會認知概述

一、社會認知的概念、特徵和途徑

（一）什麼是社會認知

社會知覺的概念最初是由美國心理學家布魯納1947年在其《價值與需要是知覺中有組織的事實》一文中提出的，用以指知覺的社會決定性，即知覺不僅決定於客體本身，也決定於知覺者的目的、需要、態度、價值觀和過去經驗。這種用法與社會心理學中的用法有所不同。在社會心理學中，社會知覺主要用來表示對己、對人和對社會群體的知覺。

隨著社會心理學對人際知覺領域研究熱潮的興起，社會知覺概念被等同於人際知覺（interpersonal perception），指關於他人或自我所具有的各種屬性或特徵的整體反映，其結果即形成關於他人或自我的印象。1960年代後，隨著認知心理學的興起及其對社會心理學的影響，社會知覺被社會認知一詞所取代。

社會認知主要指個體在人際活動中，對認知對象的外在特徵的認知，推測、判斷其內在屬性的過程。對認知對象的認知範圍很廣，包括對他人表情的認知，對他人性格的認知，對人與人關係的認知，對人的行為原因的認知。

社會認知的過程既是根據認知者的經驗及對有關線索的分析而進行的，又必須透過認知者的思維活動（包括某種程度上的訊息加工、推理、分類和歸納）來進行。社會認知是個體行為的基礎，個體的社會行為是社會認知過程中做出各種裁決的結果。

（二）社會認知的理論假設

在對社會認知的研究中，存在一些隱喻，它是對個體的社會認知特點的總看法，它們實際上是社會認知研究的前提假設，對於社會認知的研究有重要的影響。社會認知研究理論假設的發展，到目前為止大致經過了三個階段：

1.「樸素的科學家」假設

1970年代以前，社會認知研究的前提是「樸素的科學家」假設。這種假設認為，個體是一個「樸素的科學家」，在社會認知的過程中，像科學家一樣，尋找、確定事件產生的原因，以達到預測和控制的目的。在「樸素的科學家」假設的基礎上，社會心理學家提出了一些認知理論和模型，如凱利的三度歸因理論。

2.「認知吝嗇者」假設

隨著社會認知研究的深入，社會心理學家越來越多地發現，人在社會認知的過程中並不能完全地、精確地運用所獲得的訊息，從而導致社會認知、社會判斷中出現大量偏差，特別是隨著訊息加工心理學對社會心理學研究的影響，從1970年代開始，社會認知中「樸素科學家」的假設開始向「認知吝嗇者」轉變。

「認知吝嗇者」認為，人們在社會認知過程中，面臨的訊息往往是不確定的、不完全的、複雜的，在對它們進行加工的過程中，達到最滿意的合理性是困難的。個體的認知資源是有限的，因此在社會認知的過程中常常偏愛策略性捷徑，而不是採用精細的統計學的分析，以盡量節省時間和加工資源。個體偏愛用最小限度的觀察去產生社會判斷的策略加工，這是社會認知偏差產生的根源。

3.「目標明確的策略家」假設

從 1990 年代開始，社會認知的研究假設轉變為人是「目標明確的策略家」（motivated tactician），被認為有多種訊息加工的策略，在目標、動機、需要和環境力量的基礎上，對策略進行選擇。認知者能夠實用地採取加工策略以適應當時情境的需要，努力使事情完成。因此，在需要時，他們會更多地注意複雜的訊息，進行系統的、費力的加工；當目標不存在這種需要時，則會依賴於認知捷徑、簡單的策略和先前的知識結構。該理論假設認為個體能夠靈活地調節自己的認知過程以適應情境的需要。

(三) 社會認知的特徵

作為一種特殊的社會心理過程，社會認知具有如下幾個基本特徵：

互動性：在社會認知過程中，知覺者和被知覺者處於對等的主體地位，不僅被知覺者影響知覺者，而且知覺者也會影響被知覺者，從而使社會知覺過程的發生不是單向的，而是雙向的。

間接性：社會認知不僅是知覺者對他人外部屬性的直接反映，更主要的是透過對他人直接可感的外部特徵如行為表現等，達到對他人內部人格特徵的間接把握或反映。

選擇性：每個人都要經常面臨外界刺激，但是對於同樣和同量的刺激，每個人所做出的反應程度不盡相同。原因在於每個人都有獨特的經驗和認知結構，並依此做出自己的反應：選擇某一部分的刺激訊息，忽略或逃避其他訊息。大致說來，人們的認知選擇決定兩種因素：

第一，以往對報償和懲罰原則的體驗。

第二，刺激物的作用強度。

一方面，如果某種刺激物能給主體帶來愉悅，即帶來報償時，就會引發積極的認知傾向。相反，對於那些令人不快和壓抑的人和事，個人將極力逃避或置之不理。另一方面，刺激的強度也影響著認知者。一般說來，刺激量越大，越易引起認知者的注意，而微弱的刺激作用則可能使人毫無知覺。

防禦性：個人為了與外界環境獲得平衡，適應社會，從而運用認知機制抑制某些刺激物的作用就是認知的防禦性。當代社會心理學家普遍認為社會認知和防衛機能息息相關。個體在情緒困擾的狀態下對於社會客體的反應，與在中性情緒的作用下所產生的反應顯然是不同的，換言之，情緒不同的人對於同一刺激會有不同的反應。因為個人是在特定的情緒狀態下，根據已有的認知結構來辨明刺激物的意義和重要性，從而決定是否逃避。個人的認知防禦，主要目的在於維持自我的完整。

認知的完形特性：人們在社會認知過程中，自覺或不自覺地貫徹了完形原則（或格式塔原則），即個人傾向於把有關認知客體的各方面特徵材料加以規則化，形成完整的印象。這種傾向在判斷一個人的時候表現得尤為突出。當我們看到一個人既是好的又是壞的，既是誠實的又是虛偽的，既是熱情的又是冷酷的時候，便覺得不可思議，認為自己還沒有完全認識這個人。我們總是無法容忍自相矛盾的判斷。桑普森（E.E.Sampson）把這種判斷的出現稱為「認知分離」。他認為個人智力和知識的侷限性構成認知的剝奪體驗，造成個人認知和認知對象之間的分離。為了消除這種分離，個人一方面會加強其探求訊息的慾望和動力，尋求更多的訊息，擺脫認知剝奪。同時可能向幻想化的方向發展，即利用想當然的辦法給認知對象添補細節，使認知帶有濃厚的主觀色彩。

（四）社會認知的途徑

從動態上看，社會認知是一個由表及裡的過程。最初，認知者只能接收到有關對象外部特徵的訊息。在這個基礎上，認知者不斷拓展認知範圍，開始涉及對象的內在屬性。與此同時，在認知過程中，人們總是有意無意地將認知對象與周圍的人加以對照，試圖瞭解他們之間的相互關係。另一方面，認知者並不忽略對自己的認知，他們往往把自己同一定的認知對象置於某種關係網路之中，並形成對這種關係的判斷。社會認知的途徑包括如下幾個方面：

1. 對他人外部特徵的認知

外部特徵包括一個人的儀表、表情等肉眼可見的特性。其中表情一般可以分為面部表情、身段表情、眼神（合稱非言語表情）和言語表情。

儀表（appearance）是人的各種特徵的重要組成部分，構成了人的具體形象。初次和一個人接觸，我們先看到的是這個人的衣著、高矮、胖瘦、膚色以及肢體是否有缺陷等等。將這些屬於物理方面的特徵加以整合，我們就能直截了當地對對方做出某些判斷。儀表認知雖然以有關他人的感受材料為基礎，卻不只是憑感覺器官的活動來進行的。在這裡個人固有的經驗、知識以及性格等等，同時滲入了認知活動。因此，認知者不是把他人的儀表特徵當作單純的物理現象，而是把它們看作是他人向自己提供的有價值的認知訊息，力圖從中發現其意義。

面部表情（facial expression）是以面部的肌肉變化為標誌的。研究結果表明，透過觀察面部各種肌肉的變化測定人的情緒是可能的。埃克曼說，人們能夠比較準確地從面部表情上辨別出各種情緒，包括快活、悲哀、驚奇、恐懼、憤怒和懊惱等。不過，一個人的面部表情所能顯示的情緒不止這6種，個人的情緒體驗也往往不是其中單獨的某一種，而是多種不同情緒的混合。此外，上述6種情緒還各有著高低強弱的差異。

身段表情（body expression）又稱姿勢。個體的情緒狀態可以在身體姿態的變化中流露出來，如點頭、招手、鞠躬致意等等。社會心理學家發現，在身段表情中雙手最富於表情，從雙手動作上認知他人情緒，其準確率不亞於從面部表情認知。眼神的情緒表達功能更是人人熟悉。把眼睛比作「心靈的窗口」是很恰當的。社會心理學家發現，幾乎所有的內在體驗都可以表達在眼神之中。人們在認知活動中，一般都不會忽略眼神的奧妙。

言語表情（speech expression）不是指言語本身，而是說話時的音量、聲調、節奏等特徵，專家們稱之為一種輔助語言。日常生活中，我們常常透過別人說話的方式判斷其內心狀態。所謂「聽話聽音」就是這種經驗的總結。研究也表明，言語表情所傳達的訊息比言語本身更為可靠。

2. 對他人性格的認知

性格除了包括情緒反應的特徵外，更主要的還包括意志反應的特徵。瞭解一個人的性格，必須瞭解這個人對現實所採取的態度，以及與此相應的習慣化的行為方式。從這裡可以看出，透過儀表、表情判斷出一個人的情緒不等於同時瞭解這個人的性格。在實際生活中，人們卻經常從別人的情緒表露中，甚至從相貌上判定他的性格。這種認知方法當然是有其侷限性的。在性格認知過程中，認知者需要更多有關對方各方面的訊息資料，實際上人們對他人性格的認知，更多的是透過與他人的實際交往。長期的、認真的交往，才是實現性格認知的基本條件。

3. 對人際關係的認知

這種認知包括認知者對自己與他人關係的認知和他人與他人關係的認知。實際上，對他人的認知包含著選擇自己對他人的關係形式，如對某些人反感、疏遠，對某些人喜歡、親近。這種選擇直接影響認知者的交往動機。經研究證實，一個人更願意和與自己性格相似的人接近。一個人在選擇交往對象時，頗為注意對方與自己是否相似。因此，這種相似程度構成認知的重要項目。

二、社會認知的影響因素

影響個體社會認知的因素主要有三個方面，即認知者因素、認知對象因素和認知情境因素。具體如下：

（一）認知者因素

1. 原有經驗

原有的經驗對認知過程產生著特殊的影響。個體在一定的認知基礎上，形成某些概括對象特徵的標準、原型，從而使認知判斷更加簡捷、明了。如果我們沒有關於「聰明」「大方」的原型，我們無法很快地將對象認定為聰明、大方的人。更明顯的是個體原有的經驗能夠制約我們的認知角度。對於同一座建築物，建築師可能更多地著眼於它的構造、輪廓，而木匠則可能更注重於它的木料的質地及工程的優劣。

不少學者認為，人們之所以能夠認知對象的意義，是因為對關於該對象的經驗已形成了觀念，這種觀念參與了認知過程。巴克（K.Back，1984）稱之為「概念應用」。比如，一個學生的學習成績好，人們可能判斷他「有出息」；一個學生根據他在大學的化學成績，可能認為自己是當醫生的料。在這裡原先形成的概念幫助他做出了判斷。

2. 價值觀念

個人如何評判社會事物在自己心目中的意義或重要性，直接受其價值觀影響。而事件的價值則能增強個人對該事件的敏感性。奧爾波特（Allport，1931）等人做過一個實驗，目的是檢測各個背景不同的被試對理論、經濟、藝術、宗教、社會和政治的興趣。實驗者將與這些部門有關的詞彙呈現於被試面前，讓他們識別。測驗結果發現，不同的被試對這些詞彙做出反應的敏感程度也不同；背景不同的被試由於對詞彙價值的看法不同，識別能力顯出很大差異。

3. 情感狀態

個人的情感體驗如何直接影響其認知活動的積極性，巴特利特（F.Bartlett，1932）證明，應徵入伍的人比未應徵的人把軍官的照片看得更可怕，並且還能指出哪位軍官有較強的指揮能力。莫瑞（H.A.Murray）證實，處於恐懼狀態下的人，對恐懼更為敏感。在一次實驗中，他先讓一些女孩做一種很嚇人的遊戲，再讓她們和其他女孩一起判斷一些面部照片。結果是做過遊戲的女孩比沒做過遊戲的人把面部照片判定得更為可怕。日常生活中的許多現象也表明，情緒飽滿的人，活動領域也比較開闊，往往消息靈通；一個人情緒低落，則更容易把周圍看得灰暗一片。此外，菲德勒（F.E.Fiedler）的研究還發現，好惡感會影響對他人個性的認識。當我們對某人懷有好感時，容易在對方身上看到自己相似的個性特點。比如，談到一個好朋友，我們往往說他和自己「志趣相投」；而對於和自己「格格不入」的人，我們便會覺得他處處和自己不同。

（二）認知對象因素

1. 魅力

構成個體魅力的因素既有外表特徵和行為反應方式方面，又有內在的性格特點方面。說一個人有魅力，意味著他具有一系列積極屬性，如容貌美、有能力、正直、聰明、友好等等。

但是，在實際的認知過程中，個人往往只需具備其中的某一兩個特性就可能被認為有吸引力，如前面所談到的光環作用。

美貌通常最快被人認知，且直接形成人的魅力，從而往往導致光環作用。戴恩（K.Dion）等人在實驗中讓被試透過外表上魅力不同的人物照片來評定每個人其他方面的特性。結果發現，有魅力的人得到的評價最高，而缺乏魅力的人得到的評價最低。

2. 知名度

一個人知名度的大小也影響著別人對他的認知。在一個人有一定知名度的情況下，人們透過某種社會傳播媒介或周圍其他人傳遞的有關他的訊息，實際上已經開始了對個人的認知。這時，人們所依據的都是間接材料，受他人暗示的成分較大。無論是否相信這些材料，都已經形成了一定的判斷，所以一旦真正接觸到知名人士，認知者必須首先檢驗原有的看法。一般說來，知名度高、社會評價積極的人，對於認知者的心理有特殊的影響力。人們常常把這樣的人先入為主地看成是有吸引力的人。

3. 自我表演

在多數情況下，認知對象並不是認知活動中完全被動的一方，而是「讓」別人認知的一方。因此，認知對象的主觀意圖勢必要影響他人對自己的判斷。

按照戈夫曼（Goffman）的理論，每個人都在透過「表演」，即強調自己許多屬性中的某些屬性而隱瞞其他的屬性，試圖控制別人對自己的印象。這種辦法有時很成功，使得不同的認知者對同一個人形成完全不同的印象，或者使同一個認知者在不同的時間和場合下對同一個人得出不一致的看法。

比如，對同一個人，有人覺得他心胸開闊、熱情大方，有人則認為他固執、沉靜；有時使人感到深不可測，有時則使人覺得他誠摯、坦率。在這裡，認知對象的自我表演對於認知者的作用是不可否認的。認知對象透過語言與非語言訊息的表達，試圖操縱、控制知覺者對他形成良好印象的過程被稱作印象整飾或印象管理。

印象整飾在日常生活中有重要的作用，良好的印象整飾是人際關係的潤滑劑。常見的印象整飾策略有按照社會常規管理自己、使自己的言行符合角色的社會規範、隱藏自己和投人所好等。

（三）認知情境因素

1. 空間距離

空間距離顯示交往雙方的接近程度。在認知活動中，它構成一種情境因素。霍爾（E.Hull）認為人際空間距離可分為4種：親昵距離（0～45公分），表現在夫婦、戀人之間。個人距離（45～120公分），表現在朋友之間。社會距離（120～360公分），表現在熟人之間。公眾距離（360～750公分），表現在陌生人之間或一般公開的正式交往場合。這些距離是人們在無意之中確定的，卻能影響認知判斷。比如，我們希望陌生人不要過於接近自己，但是如果他莫名其妙地一步一步地向自己靠近，就會感到窘迫、緊張甚至恐懼，同時我們會斷定這個人缺乏教養，不懂禮貌或者有侵犯性。特別是在認知他人之間的關係時，空間尺度往往成為一種判斷依據，看到兩個人在低聲交談，我們就知道他們所說的事不願意讓別人聽見，並推斷他們可能有較深的關係等。

2. 背景參考

在認知活動中，對象所處的場合、背景也常常成為判斷的參考系統。巴克（K.Back）指出，對象周圍的「環境」常常會引起我們對其一定行為的聯想，從而影響我們的認知。人們往往以為，出現於特定環境背景下的人必然是從事某種行為的，他的個性特徵也可以透過環境加以認定。

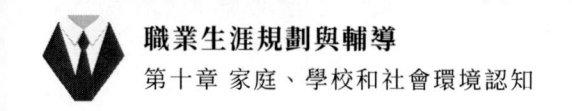

生活中的心理學

幾種常見的社會認知偏差

社會認知偏差（social cognitive bias）。在社會認知過程中，由於認知主體與認知客體及環境因素的作用，社會認知往往會發生這樣或那樣的偏差。主要有：

首因效應：也叫「第一印象」效應，它是人們第一次與某物或某人相接觸時會留下深刻印象，從而影響個體對該認知對象以後的認識。

近因效應：所謂「近因」，是指個體最近獲得的訊息，與首因效應相反。交往過程中，我們對他人最近、最新的認識占了主體地位，掩蓋了以往形成的對他人的評價。

暈輪效應：指個體對認知對象的一些品質一旦有了某種傾向性的印象，就會用這種傾向性印象評價該對象的其餘品質。例如，對某人的外表有了良好的印象後，會對此人的個性品質傾向於做出肯定性的評價或忽略其不好的品質。

社會刻板印象：指人們對某個社會群體形成的一種概括而固定的看法。一般來說，生活在同一地域或同一社會文化背景中的人，在心理和行為方面總會有一些相似性；同一職業或同一年齡段的人，他們的觀念、社會態度和行為也可能比較接近。如在職業方面，人們會自然想到教師的文質彬彬、醫生的嚴謹或地質勘探隊員的粗放等。人們在認識社會時，會自然地概括這些特徵，並把這些特徵固定化，這樣便產生了社會刻板印象。

複習鞏固

1. 什麼叫社會認知？
2. 社會認知的特徵有哪幾個？
3. 影響社會認知的因素有哪些？

第二節 家庭環境認知

一、家庭環境分析

家庭環境對個體職業發展有著重要影響。任何人的成長以及個性和品質的形成都離不開家庭環境的影響，大學生在進行職業生涯規劃時，考慮更多的是家庭的經濟狀況、家人期望和意見、家族文化、離家遠近等因素。個人職業發展規劃的確立，總是同自身的成長經歷和家庭環境相關聯的。個人在成長過程中，在不同時期也會根據自己的成長經歷和所受教育的情況，不斷修正、調整，並最終確立職業理想和職業計劃。正確而全面地評估家庭情況才能有針對性地設計適合自己的職業規劃。

家庭環境分析是指對家庭軟、硬環境的分析。家庭軟環境主要指家庭的心理環境，是指籠罩著特定場合的特殊氣氛或氛圍，它訴諸人的內在情緒和感受，對人起著潛移默化的作用，是人的個性和社會化發展的「溫床」。家庭硬環境是指可以用量化指標來評判和衡量的環境因素，比如，家庭的成員結構、家庭資源分配、生活方式等。良好的家庭硬環境無疑有利於學生的成長，反之則會影響學生的成長。家庭環境的影響是多方面的、多層次和深遠的，往往一個好的家庭環境能夠影響人的一生。

（一）家庭軟環境

家庭軟環境即心理環境，作為家庭環境的核心，是人的個性和社會化發展的「溫床」。包括家庭結構、家庭成員的關係、父母的教育方式等，這些方面對親子關係、人的自我概念的發展、師生關係、自身行為問題均有較大影響。

1. 家庭結構

家庭結構（family structure）：家庭中成員的構成及其相互作用、相互影響的狀態，以及由這種狀態形成的相對穩定的聯繫模式。家庭結構包括兩個基本方面：一是家庭人口要素。家庭由多少人組成，家庭規模大小；二

是家庭模式要素。家庭成員之間怎樣相互聯繫，以及因聯繫方式不同而形成的不同的家庭模式。

隨著社會經濟、生產力的發展，家庭結構也在發生變化。如離異家庭、獨生子女家庭越來越多。

一般來說，離異和離異重組家庭存在兩個主要問題：一是父母關係不和。父母雙方經常打架、互相謾罵、不尊重對方。在這樣的家庭環境成長起來的學生可能產生嚴重的緊張情緒，並且他們內心對他人、對世界的美好感受受到破壞，成天神思恍惚，情緒低落，無法安心學習，對自己的未來也比較迷茫。二是離異和離異重組家庭的父母對子女要求容易走向兩個極端：要麼過分嚴厲，要麼放任不管。父母對子女過分嚴厲，經常打罵，易使其產生膽怯、自卑及強烈的逆反心理；而放任不管，則會使其被社會上不入流的習氣所影響，自暴自棄，心理總有一種「沒人管」的心態。長此以往，父母對孩子失去信心，孩子會痛恨學習、痛恨父母，同時也會對自己、對生活失去信心，自暴自棄，毫無目標可言，就更談不上什麼職業生涯規劃了。

2. 父母教養方式

父母是孩子的第一任老師，是孩子學習的榜樣，父母良好的教養方式是孩子良好心理素質形成的關鍵，良好的教養態度和教育方法直接影響個體的行為和心理。父母的教養方式，大致可分為四類：

第一類是專橫的遵循封建舊規的家庭。這類家庭常常強調輩分，強調絕對服從父母的意志，因此稍有不聽從就加以懲罰。這類父母持過分嚴厲的教養態度，因此稍有不聽從就加以懲罰。在這類父母的教養態度下，孩子自身缺少自主權，要看父母臉色做人，這就可能形成膽小、自卑的心理，缺乏自信和獨立性，或者另一方面會形成暴戾、橫蠻、撒謊、逆反心理強的性格，並往往會在捉弄別人、尋找報復中得到心理上的補償和平衡。

第二類是過分嬌寵，有求必應，家長只想為兒童提供無所不到的幫助和保護。由於父母過分包辦代替，使孩子有了極大的依賴性，就會形成自私、任性、放肆、易發脾氣、好誇口的品性。

第三類是放任自流，不過問的教養態度。在這種忽略型家庭中，兒童會因為得不到關心、得不到父愛與母愛而產生孤獨感，逐漸會形成富於攻擊、冷酷、顯示自我甚至放蕩的不良品質，常常會有情緒不安、反覆無常、容易觸怒、對周圍的事物漠不關心的心態。

第四類是以民主、平常的態度教育兒童，這類家庭常常強調寬容、平等、隨和、諒解、互相愛護、關心，父母能多給子女鼓勵和誘導，並對子女的缺點、錯誤能恰如其分地批評指正，提高子女的認識，改正缺點。這樣就逐漸培養了孩子對別人坦誠友好，自尊、自立、熱情、大方，能接受批評、經受壓力、關心他人的品質，有獨立處事的能力。

可見，不同類型的家庭教養態度對個體個性品格形成、心理素質養成及個人成績提高的影響是不同的。

（二）家庭硬環境

主要指家庭中可以用量化指標來評判和衡量的環境因素，比如家庭經濟條件、家庭資源分配、父母文化水平及職業狀況等。成長不良學生的家庭硬環境或存在家庭結構缺陷、家庭資源配置不合理、父母道德文化水平低下和職業狀況較為不良等情況，這些不良的家庭硬環境嚴重影響著他們的道德修養、學習習慣、行為方式等，從而導致學生品行不佳。

1. 家庭資源

家庭資源可以影響兒童的學習動機，家庭資源的合理配置可以為兒童鋪設良好的物理環境，使他們在壓力適中、條件優越的家庭環境中，發展獨立性和自我管理能力，增進學習的願望和主動性。如家庭中很少藏書，父母較少給子女買適合他們看的書，很少對他們看電視的時間及節目進行限制，很少過問作業或其他學習活動，很少在學習上給予支持和輔導，對孩子的評價多數消極，只挑毛病不看進步，期望過高或不抱期望，為孩子提供的學習場所和條件比較差等。在日常生活中，我們可以看到這樣的場景：有的家長電視一開長坐不起，有的通宵打麻將，有的終日醉醺醺，家裡環境嘈雜不堪。

學生沒有一個安靜的環境學習，這樣的父母的行為對學生產生潛移默化的影響，從而使他們喪失學習興趣，更不善於規劃自己的未來。

2. 父母的文化水平和職業狀況

父母的文化水平和職業狀況對子女的學習也會產生影響，父母的文化水平直接影響其教養方式。有研究表明，父母文化程度越低，對子女的態度越嚴厲、懲罰越多。而父母文化程度越高，越能給子女更多的情感溫暖與理解。父母的文化水平和職業狀況直接影響著子女的專業選擇和未來行業選擇。

二、家庭環境對個人職業發展的影響

家庭對個人職業生涯規劃的影響，不純粹是父母或長輩對自己抱有期望和限制。很多例子顯示，一些子女有意違抗父母的心願，選擇與「正統」背道而馳的職業道路。結果所從事的工作既沒能滿足父母的心願，也不能讓自己感到滿意。

家庭對個人職業規劃的影響不一而足。有人被引導與父母競爭，也有人試圖彌補父母的遺憾。另外，也有人選擇某工作領域的原因，是希望藉此吸引父母的注意，或讓他們感到光榮。現實生活中有很多女性朋友就是如此，她們都非常聰明，能力也很強，但由於是女性，她們未能得到應有的鼓勵和肯定。

這裡有一個案例：黃某是一個非常聰明能幹的姑娘，但她卻沒有得到掌管家族房地產企業的父親的認可，從來沒有像兩位兄弟一樣被考慮參與經營家族事業。於是，她下定決心要出人頭地，以獲得父親的肯定。她在大學畢業後繼續攻讀 MBA 學位，以第一名的成績畢業於頂尖學府，畢業後努力進入一家知名的公司，從事房地產開發建設的工作。任何人都能夠明顯感受到她的企圖，她自己也坦言不諱。事實上，就個人興趣而言，這一行業並不是她真正喜歡的，但是父親對她的忽視使她產生了微妙的心理變化，這種心理矇蔽了她的理智，使她完全不考慮其他可能更適合的工作，將自己的職業規劃列車開向坑窪的路面。

有些時候，被家人認可的心理不僅可以左右其對工作的選擇，還會導致其在職業生涯規劃上的錯誤。

複習鞏固

1. 什麼叫家庭環境分析？

2. 家庭軟環境、家庭硬環境分別指什麼？

3. 家庭教養方式有哪些？

第三節 學校和社會環境認知

一、學校環境的分析

學校環境是指所在學校的辦學特色與教學優勢、專業的設置、社會實踐經驗等。大學的擴招和擴建，就業形勢嚴峻，很多大學畢業生抱怨找不到專業對口的工作。一方面，學校教育並非完全按照社會所需設置專業，畢業生的職業發展受到市場供需比例的影響；另一方面，大學在專業設置上太寬泛，而社會職業太精細，導致畢業生較難找到絕對專業對口的工作。

因此，大學生在規劃個人職業發展時可以先根據自己所在學校的特色與優勢、自己所學專業，再結合自身優勢以及學校給自己創造的社會實踐條件做出比較具體的分析。

（一）學校 SWOT 分析

對學校的優勢、劣勢進行分析有利於更好地利用學校資源，合理地配置資源，從而更好地利用學校現有條件為個人職業發展提供服務。

學校的優勢、劣勢分析可以從這些方面進行，如：學校的歷史和知名度、學校地理位置、學校性質、學校的特色和教育理念、學校規模、硬體設施、教學資源、學校的專業設置、學校的人才培養方案、教師和學生的精神面貌、學校人文環境氛圍等。

以上這些方面存在哪些優勢或劣勢？有哪些優勢可以為我們使用，有哪些劣勢需要我們在其他方面加以彌補。同時，自己所在學校存在哪些競爭優勢和發展機會？哪些是可以為自己所用的，發現它並開始利用它。

當然，學校所給的只是一個環境、一個平臺，如何利用這樣的環境、這樣的平臺將對我們產生重要影響。只有在對其進行全面、充分、客觀的認識和瞭解下才能更好地利用它的資源，才能最大限度地發揮學校環境對職業發展的效用。

二、社會環境的分析

人脫離不了社會，對社會環境進行瞭解和分析也是職業生涯規劃的重要內容之一。

所謂社會環境分析，就是對我們所處的社會政治環境、經濟環境、法制環境、科技環境、文化環境等宏觀因素的分析。社會環境對我們職業生涯乃至人生發展都有重大影響。透過對社會大環境包括國際、國內與所在地區 3 個層次的分析，來瞭解和認清國際、國內和自己所在地區的政治、經濟、科技、文化、法制建設、政策要求及發展方向，以更好地尋求各種發展機會。

總體來說，我們現在面臨一個非常好的宏觀環境：社會安定，政治穩定，經濟發展迅速，並與全球一體化接軌，法制建設不斷完善，文化繁榮自由，尖端技術、高新技術突飛猛進。因此，在這個大前提之下，需要特別注意的是就業環境的變化。

就業環境是指與大學畢業生擇業有關的政治、經濟、文化等社會環境，是在時間和空間上以直接或間接的方式對就業起激勵、約束、導向作用的主客觀和社會發展因素的總和。就業環境對畢業生擇業的影響作用是多方面的，有些是直接的、現實的，有些則是間接的、潛在的，有些是積極的、正面的，有些則是消極的、負面的。影響就業環境的因素有：知識經濟對社會的就業影響與挑戰；經濟結構與產業結構調整；區域經濟發展狀況。

就業環境是一種社會存在。畢業生在擇業前正確認識並分析自己所處的就業環境，尋找有利因素，避免不利因素，有助於幫助畢業生制訂出符合社會實際的擇業目標。

對社會環境因素的瞭解主要包括以下幾個方面：

社會政策，主要是就業政策、人事政策和勞動政策。在制定職業生涯規劃前，我們要瞭解相關的國家人事政策和勞動政策，避免在職業發展中走彎路。

社會變遷，比如知識經濟和訊息化社會的發展，就會對人的職業生涯發展產生較大的影響。

社會價值觀，價值觀會隨著社會的不斷發展和進步而發生不同程度的變化，從而會影響社會對人的認識和對職業的要求。

科學技術的發展，科技的發展會帶來理論的更新、觀念的轉變、思維的變革、技能的補充等，而這些都是職業生涯規劃中不可或缺的要素。

複習鞏固

1. 學校環境指什麼？

2. SWOT分析的含義是什麼？

3. 影響職業發展的社會環境因素有哪些？

本章要點小結

1. 社會認知是指人對社會性客體及其相互關係的認知，以及對這種認知與人的社會行為之間的關係的理解和推斷。作為一種特殊的社會心理過程，社會認知具有選擇性、互動性、間接性、防禦性、認知的完形特性等特徵。

2. 家庭環境分析指的是對家庭軟、硬環境的分析。家庭軟環境主要指家庭的心理環境，是指籠罩著特定場合的特殊氣氛或氛圍，它訴諸人的內在情緒和感受，對人起著潛移默化的作用，是人的個性和社會化發展的「溫床」。家庭硬環境是指可以用量化指標來評判和衡量的環境因素。

3. 學校環境是指所在學校的辦學特色與教學優勢、專業的設置、社會實踐經驗等。人脫離不了社會，所謂社會環境分析，就是對我們所處的社會政治環境、經濟環境、法制環境、科技環境、文化環境等宏觀因素的分析。

關鍵術語表

社會認知 社會認知偏差 職業環境 家庭環境 學校環境 SWOT 分析

本章複習題

1. 社會認知具有哪些基本特徵？（　）

A. 互動性　B. 選擇性　C. 間接性　D. 防禦性

2. 家庭軟環境包括（　）。

A. 家庭結構　B. 家庭成員的關係　C. 父母的教育方式

D. 家庭經濟情況

3. SWOT 分析法中的「S」「W」「O」「T」分別指（　）。

A. strength，優勢　B. weakness，弱勢

C. threat，威脅　D. opportunity，機會

4. 影響職業發展的社會環境因素有哪些？（　）

A. 社會政治環境　B. 經濟環境　C. 法制環境　D. 科技環境與文化環境

5. 家庭教養方式有哪些？（　）

A. 專制型　B. 放任型　C. 民主型　D. 自主型

6. 影響社會認知的因素有哪些？（　）

A. 認知者因素　B. 認知對象因素　C. 認知情境因素　D. 社會背景

7. 學校環境主要指（　）。

A. 學校的辦學特色與教學優勢　B. 學校專業設置及優勢

C. 社會實踐經驗　D. 校園文化與校園氛圍

8. 對社會環境因素的瞭解主要有哪些？（　）

A. 社會政策　B. 社會變遷　C. 社會價值觀　D. 科學技術的發展

9. 社會認知的理論假設，到目前為止大致經歷了哪些階段？（　）

A.「樸素的科學家」假設階段

B.「認知吝嗇者」假設階段

C.「目標明確的策略家」假設階段

D. 訊息加工階段

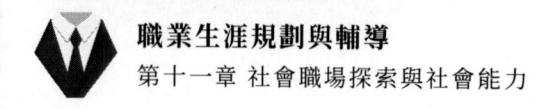

職業生涯規劃與輔導
第十一章 社會職場探索與社會能力

第十一章 社會職場探索與社會能力

　　初入職場的新手都會有一些期待，職場中會發生什麼樣的事情呢？是像電影裡演的那樣人與人之間衝突激烈，還是日常生活中朝九晚五、平平淡淡？下面進行一項練習：

　　(1) 如果你正在聆聽求職培訓，你希望瞭解什麼？

　　(2) 如果你即將面試，你覺得有必要瞭解什麼？

　　(3) 如果你即將進入職場，你覺得會面臨什麼？

　　現在就這三個問題分別評價你的焦慮狀態，以 1～10 評分，1 代表完全不焦慮，10 代表完全焦慮。由此可見，在進入職場之前，對社會職場進行必要的探索是尤為重要的。在本章你將學到進行職場探索要關注的焦點以及探索的方法。在對職場有所瞭解之後，就要檢查自身的社會能力，不僅需要掌握特定的技術，還需要學會適應並融入職場。

第一節 社會職場探索

　　職場探索不僅對職場新手來說尤為重要，對於老職員的升職、離職也具有重要意義。下面首先介紹職場探索的基本內容。

一、基本內容

　　職場探索一般被定義為對專業、職業、行業、企業和職位等職業世界進行實際調研和理論分析的過程。它所涵蓋的內容極為廣泛，從宏觀角度來說包括區域分析，即社會經濟、文化、價值觀體系和人才環境的探索，經濟全球化、從工業時代進步到訊息時代的轉換更迭，諸多企業再造、導致組織結構更趨扁平化，中層主管人數隨之減少，員工和公司之間相對穩固的社會契約不復存在，不再像過去只要努力工作就能終生得到僱傭（提摩西·巴特勒，詹姆士·沃德魯普著，趙劍非譯，2004），對職場環境宏觀方面的考察會讓你發現職業環境在不停地變動，你需要不斷地補充新知識才不至於被環境所拋

棄。從中觀角度出發包括行業分析，即行業簡介、人才結構及需求分析、行業發展前景分析。

行業分析首先要瞭解行業的分類，行業是指從事國民經濟中同性質的生產或其他經濟社會的經營單位或者個體的組織結構體系的詳細劃分。在瞭解基本行業分類後，針對自身所處或者即將所處的行業進行深入探索，包括這個行業是什麼、國內外最著名的業內公司及介紹、行業的人力資源需求狀況及趨勢等。比如餐飲業近年來快速發展，但是員工流失率極高。最後從微觀角度，包括企業及職業分析，即企業基本概況、發展階段、職業描述及要求。職場新手要從以下兩個方面認識職業：一是瞭解和熟悉你的公司與工作，包括公司的歷史、傳統、實力、現狀、使命、前景發展規劃、工作場所和工作設施、組織文化、核心價值觀、用人理念和工作氛圍、規章制度及其他規定、產品和服務、工作程序和工作流程、客戶和市場競爭的情況、組織系統和架構；二是瞭解、熟悉自己的本職工作，包括瞭解你的工作職業、公司和上司對你的工作期待等等。

對社會職場的探索應該具有全面性和發展性，如在校學生對未來職場的探索、員工對所在職場以及潛在職場的探索。「知己知彼，百戰不殆」，個體職業發展的各個階段都離不開對社會職場的探索，它能夠幫助個體更好地調整自身以適應職場。

二、職場禮儀

禮是中華傳統文化的核心，禮的中心思想是社會關係，不同的社會關係中禮的形式和內容均有不同。禮儀是人際交往中的通行證，泛指有良好教養並在交往和公共場合能遵循公共的規矩和禮節。大致包括形象禮儀、稱呼禮儀、交際禮儀、溝通禮儀、公關禮儀、會議與慶典禮儀、談判禮儀。

職場作為一種特殊的社會關係場合，存在一套自身的禮儀模式。首先是儀表禮儀，儀表指個人的外表，包括內容、舉止、姿態、風度等。人際交往過程中效果有 20% 是由語言決定，另外 80% 是由個人的舉止、言行所決定。根據首因原則，第一印象在陌生人的交往中極為鮮明、鞏固。在職場中，與

客戶交往、與其他部門的人員接觸,很多時候不會過於深入,此時第一印像往往是靠個人的儀表。

某些公司明文規定職員穿正裝、化淡妝,而在有些職場你需要從他人的儀表中加以瞭解。無論具體情況如何,首先,整潔是基本要求。其次是談話禮儀,職場中存在上下級或同級關係,與不同的人交往時稱呼、內容的隨意度有一定的差異,但是諸如「請」「謝謝」等禮貌用語是不可缺少的,而談話過程中距離的把握也有一定的原則,人際交往距離可分為親密距離、個人距離、社交距離和公共距離(金盛華,2010)。

在人際交往過程中,一旦超過適宜的距離就會產生不適感。當然這一範圍的波動度較大,在實際情況下可以自行調整。而工作禮儀包括對辦公軟體的使用,日常用語的使用等,不同職位的員工所需要掌握的專業禮儀不同,例如服務業員工就需要瞭解斟酒的方式、頻率等,其中最簡單也是最重要的一條禮儀就是準時上下班,「準時」能夠體現一個員工對於工作的真誠度,而真誠又是人際吸引的最重要特質(金盛華,2010)。

三、職場文化

職場文化包括顯文化、潛文化以及所屬的社會文化。

文化差異一直是影響個體適應的重要因素,每一個組織都存在於自身獨特的文化中。組織文化是一個組織長期以來形成的不可言傳而靠自身行為來體現的信仰、價值觀和行為態度等的總和。只有瞭解並認同組織文化,才能獲得彼此的協同發展。職業滿意度取決於個人的信仰和價值觀與組織文化的「匹配」程度。

一個企業的顯文化可以透過企業的核心價值觀來瞭解,諸如企業文化標語。潛文化是企業在發展中所形成的「潛規則」,企業中除了明文規定的員工守則以外,進入職場後你會發現員工之間、員工與領導之間的工作模式、交往方式會具有一定的同質性,例如某些公司的作息時間一般是晚到晚退(比方說,中午開始上班、晚上加班)。最後,無論是顯文化還是潛文化都受到企業所屬的社會文化的影響。不論在國內還是在國外求職,對該企業所屬的

社會文化的認識都極為重要。例如，英國商人說「一點都不壞」的時候表明他不感興趣，日本商人說「我們會考慮」的時候其實意味著「不」，瑞典人不喜歡在工作中討論衝突，亞洲人不喜歡吹噓自己的成就等等。

文化價值觀共 7 個維度（都布林著，姚翔，陸昌勤等譯，2008）：

（1）集體主義和個人主義，個人主義文化中人們首先關注自我，最看重自我利益。處於個人主義環境中的員工往往更注重自己的職業發展，相反集體主義傾向的企業注重組織或團隊合作。隨著美國文化越來越強調團隊合作，越來越多的美國公司也開始宣揚集體主義文化。

（2）對權力與權威的服從。某些文化群體的人會有這樣的觀點：「組織內部的員工應該擁有不同等級的權力和權威」，在崇尚權力和權威文化的組織中會存在較為森嚴的等級制度，員工不可越級進行報告，管理者會更多進行自行決策，員工也會樂意服從，這時一旦有人對管理者的決策加以反抗就會脫離這一文化。而較不接受權力和權威文化的組織中，員工和管理者之間的關係比較平等，只有當員工認為管理者的決策是正確的時候才會加以實施，管理者也會適當下放權力，例如在「海底撈」，員工可以給客人免一個菜或加一個菜，甚至免一餐。

（3）物質主義與關注他人。這一連續體的一端物質主義是指對金錢、物質性東西的重視，在這樣的文化中企業更加重視結果以及員工能夠為企業帶來的利益，員工之間與工作無關的交流較少；關注他人強調對他人幸福的關注，這與積極心理學大師彼得森所說的「otherpeoplematter」的觀點一致，也就是說員工之間、員工與領導之間除了正常的工作交流外，還會存在其他的內容的傳遞諸如情感的交流、生活情況的交流等。

（4）儀式化和非儀式化。一個強調儀式化的企業會相當重視禮節、傳統和等級。而非儀式化的企業比較隨意，行為態度比較變通。

（5）緊急時間取向和隨意時間取向。緊急時間取向企業中通常會規定最終期限，員工也會急於著手做事，而隨意時間取向的企業中員工更加崇奉的是耐心、「慢慢來」的理念。

（6）工作取向和閒暇取向。主要關注人們期望投入在工作、閒暇或其他非工作活動中的每週小時數和每年星期數，諸如比利時、瑞典等國家的工作時間低於日本。

（7）高情境與低情境文化。高情境文化中企業重視事情發生的背景或情境，願意接納由特殊原因所導致的任務失誤，而低情境文化中的企業不會花時間去建立關係與營造信任，任何事情都不能存在藉口。

四、衝突

衝突廣泛存在於生活的各個方面，主要包括以下六個來源（都布林著，姚翔，陸昌勘等譯，2008）：

（一）有限資源的競爭

不是所有人都可以得到自己想要的東西，以個人導向的企業會要求員工競爭那些基於個人努力的獎賞，此時衝突就產生了。當經濟危機公司準備削減開支的時候，員工與員工之間的衝突就更加強烈。

（二）代際和個性衝突

人們不同的價值觀和個性會導致工作上的衝突。最常見的是新老員工之間的衝突，單從年齡進行劃分，不同時代的人所經歷的社會歷史事件不同所形成的觀念也存在不同，老員工可能更加傾向於保守的工作原則，而新人往往具有初生牛犢不怕虎的氣質，活動更具有冒險性，一旦合作完成某個項目或僅僅在同一部門工作都會產生衝突。

（三）好鬥的個性

包括以強欺弱。同事之間自然會存在不同的觀點、建議，但是有些人習慣把這種不同轉化為對他人的攻擊。

（四）文化多元的團隊

不同的教育背景、工作特長的員工之間對訊息的處理角度會存在不同，在團隊任務中自然而然會產生衝突。

（五）工作和家庭需求之間的競爭

工作和家庭的平衡是員工需要處理的重要問題，這類屬於員工本身的衝突，一旦處理不當往往會影響家庭生活和工作。

（六）性別衝突

不同性別的員工所遇到的衝突類型、表現形式會有一定的不同。針對女性的職業研究發現「性騷擾」是一項重大的衝突（彼得森，岡薩雷斯著，時勘等譯，2007）。性騷擾如今已經成為影響女性員工工作效率的重要問題和導致她們工作壓力的主要因素。性騷擾被定義為「故意和／或重複的，不受歡迎、未曾被要求也沒有回饋的包含著性意圖或指向性的行為」，性騷擾帶來的衝突對女性員工影響極為嚴重。

身處職場，衝突在所難免。而衝突也能帶來一定的益處，在面對衝突時，人們往往更有創造力，這是一種壓力情境下對自身潛力的激發，衝突也可以使得團隊內部更加團結，能夠避免企業內部的盲目跟風，促使企業健康、積極地成長。

在衝突的不同來源中，工作和家庭的衝突是所有職場人在職業發展中不得不面對的問題，而對職場的探索不能僅僅限定在工作場所，更要關注與工作有關的閒暇。

五、休閒活動

以前，一個人追求閒暇、做一些與工作無關緊要的事情是被認為對組織的不負責，但現在的工作場所鼓勵這樣的做法。從長遠觀點來看，一個感覺滿意的、平衡的個體才會是一個富有成效的僱員，閒暇活動可以使人輕鬆、自然，也可以培養創造力、自我表達能力，促進個人的自我發展，這些都能夠提升個體在工作中的表現，抵消工作壓力所帶來的負面影響。在過去 5 年裡，48% 的美國人說他們自發地減少了工作上面的時間分配以便能夠過一種均衡的生活。閒暇作為一種積極的發展態勢，也受到了極大的關注。工作和休閒之間一直存在相互作用的關係（艾澤歐著，謝彥君譯，2010）。首先工作能夠影響休閒行為，是能夠促進優秀工作績效的因素，對個體休閒行為和

休閒滿意度也有積極的影響；在工作中員工討論自己的休閒體驗會影響他人的休閒偏好和參與度，而相似的休閒興趣能夠增進彼此之間的友誼，減少衝突的產生，增加合作，從而增加工作滿意度。其次，休閒對工作也會產生影響，不同的休閒活動對工作的影響不同，如果一個人的休閒活動是通宵聚會喝酒，這可能會增加生理疲勞從而影響第二天的工作效率。

工作滿意度是工業心理學家極為關注的指標，與「工作是完全孤立於其他的生活領域」的假設不同，現在的工業心理學家肯定工作與閒暇之間具有緊密的聯繫，因為工作不可能存在於一個真空的環境中，設想一下有兩個人，從事的都是具有挑戰和能提高能力的工作，能賺取大量的錢，但是一個人工作在沒有任何休閒服務的環境中，另一個人的工作環境能夠提供多種不同的休閒服務，那麼哪一個人的工作滿意度更高？選擇毋庸置疑。當前國外越來越多的公司開始施行僱傭遊憩專家計劃、組織、管理僱員的休閒活動，休憩管理學十分符合當今社會的需求，CNN Money 將這個領域的工作列為拯救世界的最佳工作之一。隨著積極心理學、積極組織行為學的發展，「正能量」這一概念逐漸出現在各大企業，透過將工作環境設計得更為休閒自然能使員工更為輕鬆並感受到企業對員工本身的關注。

除了員工非在職時間的休閒活動以外，還存在諸如年會、員工運動會等企業組織的員工之間一同參與的休閒活動，這既能夠增進員工之間的情感聯繫、團結合作能力，也能作為一種獎勵機制對員工的工作進行正向的激勵。

休閒活動的探索也包括對工作時間的瞭解，國際上通用八小時工作制，但每個公司的上下班時間是有一定的差異的，如有些公司從 9：30 開始上班，而另一些公司則從 8：30 開始。

到現在為止，我們瞭解了很多職場探索的內容，那麼如何探索職場訊息，如何盡可能全面深入地瞭解你即將進入的職業世界呢？接下來簡單介紹一些探索方法。

六、探索的方法

當你把興趣集中到了某一職業領域，接下來就要展開對以上內容的深入探索。訊息的獲取途徑主要分為三種（戴安娜·薩克尼克，威廉·本達特，莉薩·勞夫曼著，周文霞，潘靜洲等譯，2011），首先是學校，大學幾乎都會有就業輔導中心，不僅能夠提供招聘訊息，還能提供就業的一系列相關幫助，諸如職業輔導、入職輔導等。其次是個人的社會關係，關於社會關係的經典研究發現無論社會網路資本水平高低，都傾向於用關係來找工作（Mouw，2003），社會關係確實能夠幫助個體尋找職業，你可以透過有相關經歷的熟人瞭解相應的職業訊息，很多公司也採用熟人推薦的入職方式。最後還可以透過傳媒，如報紙、雜誌、廣播電視以及網路等途徑，見習和實習更是職場探索的最直接方法。

儘管不同行業、企業的具體活動各不相同，但是都會有著普遍性的功能型需求以及相似的組織結構，例如，幾乎所有組織都需要會計人員，管理、財務、人力資源、市場行銷、公共關係、管理訊息系統等知識對所有工作領域幾乎都適用。工作職能一般分為四類：核心職能、專業職能、管理職能和一般職能。一些大型公司會對公司內部的這些職能有詳細的描述，你可以先透過職能在企業中的具體表現來熟悉它們，然後再擴張到其他公司、行業。

最後，我們總結一下探索的步驟以及可能出現的問題。在決定了你想要選擇的領域之後，最初應該選擇那些能夠在很小的範圍內給你足夠的訊息，讓你能確定是否對該職業領域感興趣的資源。瞭解關於職業最新的事件和訊息，雜誌、報紙、網路等都富含大量的訊息資源，會介紹當前的行業形勢、相關的新技術、核心的公司和組織以及工作的增長情況。你可以透過以下問題瞭解工作：這項工作的責任和義務是什麼，這個領域典型的職業發展路徑是什麼，這個行業將來的發展前景怎麼樣，在這個領域工作的人的平均工資水平如何，最高的工資又有多少，這個領域有哪些典型的僱主，這個領域有哪些主要的專業和行業協會，這個領域的工作環境怎麼樣，需要經常出差嗎……

生活中的心理學

角色扮演技術在衝突解決中的作用

　　角色扮演是一種使人暫時置身於他人的社會位置，並按這一位置所要求的方式和態度行事，以增進人們對他人社會角色、自身原有角色的理解，從而學會更有效地履行自己角色的社會心理學技術。社會心理學家莫雷諾（Moreno）於1930年代創立該技術，主要是以個人為中心探討其內心世界，研究個體人格，後來發展為「社會劇」，主要以團體為對象，目的在於瞭解及解決個體在團體內的生活問題，偏重於團體成員相互間的人際關係。心理學研究發現，在人際衝突發生時，交往雙方往往會進行外歸因。人們總是存在自我主義偏向，即無法站在別人的角度看待問題，這樣就使人際溝通產生斷層，角色扮演使人們能夠親身實踐他人的角色，從而更好地正確理解他人處境，體驗他人在各種狀況下的內心情感，只有與他人擁有相同或類似的體驗才能更好地促進社會理解能力、改善人際關係。角色扮演技術主要有啞劇表演、心理劇、「空椅子」等方法，一般根據活動的目的及扮演者需要體驗的情景而選擇不同的方法。

複習鞏固

1. 作為職場新人，你需要從哪些方面來瞭解職場的基本情況？
2. 文化差異包括哪幾個方面，在職場中的表現如何？
3. 衝突的來源有哪些，具體表現是什麼？
4. 休閒活動和工作的關係是怎麼樣的，有什麼作用？

第二節 社會能力

　　社會能力是個體有效地適應社會和滿足環境需要，在工作、學習、生活及社會交往中做出適當判斷與行為的能力，一般包括適應性行為和社會技能。不同的職業類型對於個體所需要掌握的社會能力的要求不同，表11-1列舉了五類不同職業的員工所需要的社會能力。

表 11-1　五類不同職業的員工所具有的能力素質

職位類型	能力素質
管理人員	計劃能力、組織能力、領導能力、控制能力、專業技術能力、商務能力、金融能力、安全能力、財務能力、會計能力、自我認知能力、換位思考能力、自我激勵能力
技術人員	主動性、獨創性、嚴密性、疑問性、變通性、洞察力、想像力、持久力、自信心、勇氣、興趣相對專一
操作人員	較高的務實性、較高的樂群性、較好的身體素質、較強的服從性、較強的適應性、較低的文化水準
行銷人員	具有獨立性和自我管理能力較強、善於捕捉訊息、靈活應變、時間觀念強、善解人意、勸說能力強、誠實、守信用、喜怒不形於色、性格外向、人際交往能力強、口頭表達能力和洞察能力強
人力資源人員	熟悉人力資源業務、對公司人才戰略的考慮、成為帶動變革的先鋒、能做管理者和員工之間的橋樑

一、社會技能

　　社會技能是個體在人際關係層面上同他人相互作用的能力，它既是個體心理發展的重要內容，也是判定個體人格是否健全的重要指標。Riggio（1986）認為完整的社會技能應該是一個包含了社會訊息的接受、解釋和傳遞等技能在內的多維結構體，這些基本技能從功能上分為表達、感受和控制三類，並且在非言語的（或稱為情感的）溝通與言語的（或稱為社會的）溝通兩個層面進行操作。具體分為情緒表達能力（情感、態度以及狀態之間的交流）、情緒敏感性能力（解讀他人情緒、信念、態度以及狀態線索的能力）、情緒控制力（調節情緒交流和非語言活動的能力）、社會表達性（語言表達、語言靈活性以及開啟對話的能力）、社會敏感性（接受、理解語言訊息和知識以及對於社會線索、規範的關注）、社會控制力（角色扮演的能力、言語行為的調節和自我呈現的技能）。

根據具體內容技能通常被分為三種類型：功能型、工作內容型和適應型（洛克著，鐘谷蘭，曾垂凱，時勘譯，2006）。前兩者是與工作本身相關的。功能型技能是那些並不與某個特殊工作相關的技能，僅僅是被用於完成一般的任務或者工作，諸如識字能力、診斷、解決問題的能力、時間管理能力。工作內容型技能是對於某個工作特定的、專業化的技能，例如醫生能夠解釋病理情況等。適應型技能更多地被描述為個性特質或者軟技能，這一內容將在下一部分社會適應性中加以詳細解釋。除了個人素質外，基本的技能可以包括文書技能、技術技能、公共技能、農藝技能、銷售技能、手工技能、管理技能、溝通技能、研究技能、財政技能、服務技能這十一個方面。除了以上分類以外，現在職場上極為重視可轉換技能，即你所具備的某個方面的基本工作技能，在其他工作領域也可靈活運用。可轉換技能可分為三大類：有關訊息方面、有關與人打交道方面、有關事情處理方面。社會技能的習得對社會生活有著重要作用，功能型的社會技能是個體生活的前提，人在社會化的過程中也在不停地攝取這些知識，而工作內容型的社會技能是個體與職場緊密相關的學習內容，在進入職場之後更會受到更大的提升，所具有的技能水平越高，你的選擇職業的自由度越大，求職中的競爭力就越大。例如在大學教育領域，一般只有受過高層次教育的博士才有可能勝任，而且不同的教育領域還要有不同的專項技能。

社會技能也可以分為硬技能（hard skills）和軟技能（soft skills），其中硬技能包括：學歷，諸如學校、專業、學位等；執照，現在職業越來越專業化，法律、會計、醫學、心理學等行業均對執照有要求；專業技能；聽說讀寫算，這不是學校裡的英語能力，而是得體說話術、郵件撰寫技術等，還有辦公室軟體的運用，在招聘條件中往往有「熟練運用辦公軟體，如Powerpoint、Excel 等」。而軟技能（soft skills）是問題解決的能力，對內外客戶員工的溝通服務能力，包括：性格特質，智商、情商、抗壓性三者並重；歷練，諸如醫學專業學生畢業進入醫院最初需要進行輪轉，使其有機會在不同部門和各個部門醫生有一定的交流；人脈，人際網路一直以來是企業中較為重視的內容；形象管理，這在職場禮儀中已有提及；訊息情報能力，訊息時代更新換代迅速，如果無法及時掌握最新的訊息，會遭到社會的淘汰。

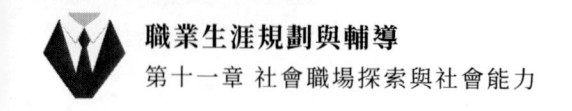

（一）測量

　　如何評估自身的技能呢？目前對社會技能的測量主要有以下幾種，首先是紙筆測驗，這也是最為大眾化的測量方式，這裡主要介紹社會技能量表（Social Skill Inventory，SSI），該量表被分為三個維度，即傳送技能、接收技能、調節或控制技能，這三種技能在兩個層次上進行操作：言語或社會的溝通與非言語或情感的溝通。研究發現領導者的 SSI 分數越高越可以提升組織成員間相互作用的質量以及成員對領導的滿意程度。當然，SSI 更是一種有效的人事選拔工具，不同的工作所要求的優勢的社會技能有所不同。

　　其次是情境測量法，史丹福大學心理學家理查德·拉皮爾對態度與行為的研究發現，一個人的態度和行為可以是不一致的，因此自我報告可能更多測量了對社會技能的理解，而情境測量主要透過設計一些生活中的情境來測量解決問題的能力，最後是行為記錄法，這是一種系統觀察法，可以透過日誌記錄法或者體驗抽樣法（Experience Sample Method，ESM）來進行日常行為記錄（劉翔平，陳堯坤，1995）。

　　現在你來嘗試測量一下你自身所擁有的社會技能，下面列出一些作為動詞的技能（部分），你對這些技能瞭解得越多，越有利於你明確自己想要具備的技能是什麼，在你喜歡應用的技能旁邊畫「×」，你運用得非常好的技能旁邊畫「√」，你從沒用過的技能下面畫「—」，最後在你想要發展或者擁有的技能旁邊畫個「○」。

教育方面的技能：
傳授　訓練　解釋　評估　建議　澄清　交流　指導　演示　交談
演講　發展　深入　淺出　負責　啟發　推理　挑戰　發現　糾正
影響　預見　督導　輔導

幫助方面的技能：
協調　闡明　傾聽　診斷　同感　疏導　鼓勵　示範　整理　追蹤
建議　護理　創新　改變　引導　調解　教練　陪伴　教育　對質
計畫　主張　促進　扶助

創造方面的技能：
策劃　行動　設計　改造　綜合　想像　美化　塑造　發明　雕刻
編制　剪裁　構思　創作　建立　裝飾　布局　烹調　組合　圖示
表演　選擇　研究　分析

服務方面的技能：
了解　設立　回答　排除　清潔　投遞　移動　安排　銷售　解釋
籌備　接受　維修　通知　收集　轉介　說明　解決　發送　檢查
給予　列印　翻譯　找回

交流方面的技能：
表達　鼓動　說服　發言　會見　接待　辯論　談判　激發　勸說
宣傳　起草　質疑　編輯　致辭　寫作　推銷　宣導　溝通　傳播
歸納　回憶　記憶　察覺

管理方面的技能：
把握　組織　凝聚　布置　分配　總結　增長　提高　委派　招聘
指導　主持　流通　檢查　提拔　回顧　決策　選擇　協調　控制
預測　報告　重建　處理

技術方面的技能：
生產　聯結　組裝　設計　操作　建築　試驗　測量　計算　編程
製造　修理　維修　排除　鑄造　加工　檢修　驗證　承包　指揮
使用　選購　記錄　駕駛

在結束以上步驟之後，回顧那些既被標記了「×」又被標記了「√」的選項，這些技能反映了你掌握的領域以及你非常感興趣的領域，只要有可能就在工作中運用這些技能，並且尋找其他途徑去應用它們，你就會從工作中感到更多的樂趣和滿意度。

(二) 培養

在瞭解自身的技能以及自己還需要完善的技能之後，下面介紹一種較為廣泛的習得方式，即體育活動，學校體育主要透過體育課、課外體育活動、運動競賽等表現形式來完成其體育教學任務，這一過程中，學校體育能有效地促進學生社會技能的形成和發展。這一培養方式是基於遊戲理論，發展心理學家一致認為遊戲對兒童情感和社會性發展具有重大價值，孩子透過遊戲自然而然地獲得了幼兒期必需的大部分能力，如運動能力、情緒控制能力等。體育課可以根據學生不同年齡階段及各年齡階段的發展規律組織各種體育遊戲、競賽以促進學生技能的發展。技能的獲得不僅僅靠學習更需要應用，因此各專業都會鼓勵學生去實習以真正掌握技能。

最後，我們對時間管理能力進行分析，以便你能夠對社會技能有更深入的瞭解。時間的不可逆性使時間一旦浪費所造成的不良後果將無法彌補，因此時間管理能力作為功能型技能對個體生活工作有重要意義，管理學家德魯克認為「不能管理時間，便什麼也不能管理」。如何掌握時間管理能力，主要有四點法則：設立明確的目標，可以透過列清單的方法；確定輕重緩急和優先順序，ABC 管理法是較為有效的方法，主要是根據事情的重要程度把它們分為 ABC 三類，並制定工作優先順序表；制定計劃；珍惜當下。現在你可以進入相應的鏈接進行練習以獲得更好的時間管理能力。

在社會交往的情境中，個體運用已有的社會知識經驗，透過觀察、模仿而形成能帶來最大社會適應效能的活動方式，也就是社會技能的習得能夠保證人們適應社會環境。接下來我們從技能和職場互動的角度來瞭解適應性。

二、社會適應性

適應與發展是個體人生發展的基本任務，個體的成長是一個不斷適應社會、發展自我的過程。社會適應是個體的社會化與個性化的過程，個體學習和掌握社會技能、應對社會環境變化、遵循社會規範的過程。適應（adaptation）在心理學上一般指個體調整自己的機體和心理狀態，使之與環境條件的要求相符合。適應性（adaptability）則指個體在這種使自己的

機體和心理狀態適應環境要求時表現出來的特徵（鄭溪璐，2009）。個體的適應性特徵，既帶有種族的進化痕跡，又具有明顯的遺傳特點，還受到後天環境的極大影響。社會適應狀況是透過個體的適應性行為表現的，適應性行為的定義繁多，主要表現為個體為了滿足外在社會環境、文化的要求和內在身心發展的需要，而在實際生活領域中學會處理日常生活和承擔社會責任的能力。前文中我們已經提到適應性內容更多地涉及個性特徵和軟實力。那麼關於社會適應有哪些相關依據呢？

對社會適應的研究離不開與人格的聯繫，人格是一種多層次、多層面的複雜心理特徵的整合，是構成一個人的思想、情感及行為的特有模式，這個獨特模式包含了一個人區別於他人的穩定而統一的心理品質（彭聃齡，2004）。許多心理學家認為人格是個體適應行為的內在依據。人格心理學家從大五人格理論的角度對社會適應行為做出瞭解釋（聶衍剛，林崇德，鄭雪，丁莉，彭以松，2008）：社會交往與外傾性相關，在這方面較好的人往往善於交際、較能接納他人、有信心、渴望成功；社會容讓與宜人性相關，這方面較好的人與環境相匹配，容納他人和環境，不易產生衝突；責任心與盡責性相關，這方面較好的人願意承擔責任，有道義感，富有同情心；穩定性與神經質相關，高穩定性的人比較自律和克制，情緒反應平緩、接受規則；開放探索與開放性相關，高分者對新事物敏感，喜歡獨特和創新，易於溝通，自我感覺良好，樂於接納自己，也希望給外界留下好印象。

除了人格因素以外，認知心理學家更強調智力在個體社會適應中的作用，其中情緒智力在社會適應中的作用尤為顯著。情緒智力理論是由美國哈佛大學教授丹尼爾·戈爾曼提出的，他將情緒智力概括為五個方面的內容，而這五個方面的內容與社會適應息息相關（丹尼爾·戈爾曼著，耿文秀，查波譯，1997）：瞭解自我，對自我情緒變化的監測，觀察自己的內心世界，只有認知自我才能調試自我；自我管理，調控自己的情緒，使之適時適度地得到表達，自我管理能力強的人能夠根據環境進行即時的調控；自我激勵，依據活動的目標，調動自身情緒以獲得積極的狀態；識別他人的情緒，能夠透過細微社會線索，敏感而正確地感知他人的需求與慾望，才能夠認知他人的情緒，與他人正常地交往；處理人際關係，調控與他人相處的情緒反應的技巧，具

體指受社會歡迎程度、領導權威、人際互動效能等。在社會生活的各個領域，適應的影響無處不在，接下來我們將針對職業適應性進行詳細的分析。以便提升個體的職場適應能力。

職業適應性的形成與發展是個體社會化的一項基本任務，是每個準備走上工作職業、進入社會生活領域的職業人必須解決的一個重要問題。從不同角度分析，職業適應性的概念有所不同，從人力資源管理的角度分析，職業適應性是一個人從事某項工作所必須具備的生理、心理素質特徵，它是在先天因素和後天環境相互作用基礎上形成和發展起來的；從心理學角度分析，職業適應性可以理解為個體的職業素養及其發展水平與所選職業或所任職務對從業者的要求的一致性程度（黃強，2004）。總之，職業適應主要涉及個體的生理、心理對未來工作環境、任務的準備以及和諧一致的狀態，即職場中個體與環境的相互作用。職業適應性包括職業環境適應、職業角色適應、職業技能適應、職業人際適應和職業心態適應等（譚明，方翰青，2012）。職業適應性的培養首先要探索職場即職業環境適應、職業技能適應、職業角色適應、職業人際適應，這一點在上一節已經進行了詳細敘述。在對職場進行詳細瞭解之後，要進行心態上的調試，初入職場，由於社會環境、角色轉換必不可少地會帶來心理上的挑戰，研究指出環境改變、角色轉換會使人出現短暫的生理上的不適應，主要是對工作時間、勞動強度以及緊張程度的生理不適應（郭平，2006），根據相關調查，人在職場適應中可能出現的心理問題主要有懷舊、依賴、自傲、自卑、浮躁、孤獨等。

拓展閱讀

體驗抽樣法（experience sample method，ESM）是一種收集個體日常生活環境、內容等訊息的手段。ESM 與以往的研究方法不同。ESM 被廣泛地用於研究工作場所中的個人體驗。這一方法可以更好地瞭解員工如何在工作中分配時間以及瞭解當完成工作中的不同任務時員工的感受，另外 ESM 也可被用於比較不同職業中的員工（比如經理人和藍領職員）在注意力、娛樂或者心流方面的體驗，也可以用於瞭解員工對不同工作情境的心理反應。ESM 用於工作研究的優勢之一是它能夠評估員工工作時的主觀體驗，使用

ESM 可以表明個體對特定工作以及員工不同情境中的感知實質性的變化,而理解工作時員工的感受對於幸福感有重要意義。

複習鞏固

1. 使用本節中的技能測評,測量你的優勢技能以及需要進一步提升的技能。

2. 如果你是領導者,設計一種情境測評來測量職員的問題解決能力。

3. 職業適應性主要包括哪些方面,你需要如何培養職業適應能力?

本章要點小結

宏觀角度的職場探索包括區域分析即社會經濟、文化、價值觀體系和人才環境的探索。中觀角度的職場探索包括行業分析即行業簡介、人才結構及需求分析、行業發展前景分析。微觀角度的職場探索包括企業及職業分析即企業基本概況、發展階段、職業描述及要求。

職場文化包括顯文化、潛文化以及所屬的社會文化。衝突主要包括以下六個來源:有限資源的競爭;代際和個性衝突;好鬥的個性;文化多元的團隊;工作和家庭需求之間的競爭;性別衝突。

社會關係是人與人之間複雜關係的總稱。社會能力是個體有效地適應社會和環境需要,在工作、學習、生活及社會交往中做出適當判斷與行為的能力,一般包括適應性行為和社會技能。根據具體內容技能通常被分為三種類型:功能型、工作內容型和適應型。社會技能測量主要包括紙筆測量、情境測量以及行為記錄。職業適應性包括職業環境適應、職業角色適應、職業技能適應、職業人際適應和職業心態適應等。

關鍵術語表

職場探索 職場文化 工作取向和閒暇取向 衝突 有限資源的競爭 代際和個性衝突 社會能力 文化多元 工作和家庭的平衡

職業生涯規劃與輔導
第十一章 社會職場探索與社會能力

本章複習題

1. 職場探索的中觀角度包括（　）。

   A. 區域分析　B. 行業分析　C. 企業分析　D. 職業分析

2. 職場潛文化的重要指標是（　）。

   A. 企業文化標語　B.「潛規則」　C. 員工守則　D. 輔導手冊

3. 以下哪些不屬於文化價值觀的維度？（　）

   A. 集體主義、個人主義；物質主義、關注他人

   B. 對權力與權威的服從；儀式化和非儀式化

   C. 草根文化、精英文化

   D. 緊急時間取向、隨意時間取向；工作、閒暇；高情境、低情境

4. 甲和乙同屬於設計部門，領導希望兩個人能夠給出各自的設計方案加以選擇，此時的衝突最有可能來源於（　）。

   A. 有限資源的競爭　B. 好鬥的個性

   C. 工作和家庭需求之間的競爭　D. 文化多元的團隊

5. 工作和休閒之間的關係是（　）。

   A. 休閒活動減少工作時間和投入

   B. 工作的投入導致休閒活動的減少

   C. 工作和休閒是此消彼長

   D. 工作和休閒之間存在一定積極的相互作用

6. 你可以從哪些地方獲取職業訊息？（　）

   A. 學校　B. 朋友　C. 媒體　D. 家人

7. 甲在對自己進行職業能力調查後發現，自己在計劃能力、組織能力、領導能力等方面極強，甲最適合以下哪一職位？（　）

274

A. 技術人員　B. 操作人員　C. 行銷人員　D. 管理人員

8. 可轉移技能屬於以下哪一認知過程？（ ）

A. 定勢　B. 遷移　C. 功能固著　D. 適應

9. 在某公司的面試中，有一道情境測量的題目「你所屬的部門接到一個新任務，領導讓你擔任主管，在團隊中有更老資歷的員工。因此他們對你的決定有不服從的情況，這時你該如何處理」，這道情境題最有可能考察員工的哪方面能力？（ ）

A. 執行力　B. 協調能力　C. 合作能力　D. 決斷力

10. 適應性與「大五」人格匹配情況不正確的是（ ）。

A. 社會交往—外傾性；社會容讓—宜人性

B. 責任心—盡責性

C. 穩定性—外傾性

D. 開放探索—開放性

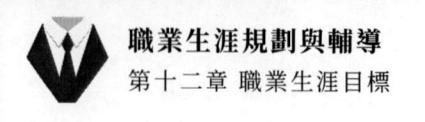

第十二章 職業生涯目標

　　在職業生涯規劃中，正確合理的目標至關重要。有效的職業生涯規劃需要切實可行的目標，以排除不必要的干擾，全心致力於目標的實現。職業生涯目標的設定是職業生涯規劃的核心。個人事業的成敗，很大程度上取決於有無正確適當的目標。目標的設定是在繼職業選擇、職業生涯路線選擇後，對人生目標做出的抉擇。其抉擇是以自己的最佳才能、最優性格、最大興趣、最有利的環境等訊息為依據。儘管職業生涯目標的設定關係到個人職業生涯的成敗，但在現實生活中，不論是尚未就業的年輕人，還是有一定職業經歷的人，對個人發展的道路是什麼、應該如何設定目標等問題往往是迷茫的。本章論述職業生涯目標的概念、影響因素和確立方法，並提供一些有效設定目標的指南。

第一節 職業生涯目標概述

　　一位哲學家到一個建築工地分別問三個正在砌築的工人：「你在幹什麼？」第一個工人頭也不抬地說：「我在砌磚。」第二個工人抬了抬頭說：「我在砌一堵牆。」第三個工人熱情洋溢、滿懷憧憬地說：「我在建一座教堂！」聽完回答，哲學家馬上就判斷了這三人的未來……第一個眼中只有磚，他一輩子能把磚砌好就很不錯了；第二個眼中有牆，心中有牆，好好幹或許能當一位工長或技術員；唯有第三位必有大出息，因為他有「遠見」，他的心中有一座殿堂。

　　歌德曾說過：「決定一個人的一生以及整個命運的，只是一瞬。」無數的事實證明，一個人能否成就一番事業，在很大程度上取決於是否擁有明確而適當的人生目標。明確而適當的目標，就如同人生路上的啟明燈，引導著我們克服重重困難，走向成功的彼岸。如果沒有人生目標，將找不到生活的意義和方向，導致渾渾噩噩，一事無成；如果目標選擇不正確，即使再努力，也只會與成功南轅北轍，白白浪費時間精力；如果目標沒有方向性，缺乏清晰的思路，今天學這個，明天又想學那個，不僅會錯失大好時機，還會喪失

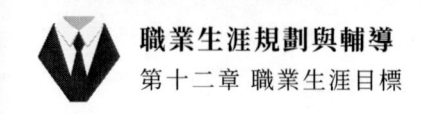

自己的核心競爭力，最終消耗了自己。由此可見，正確、明確、清晰的目標，是走向成功的前提條件和必經之路。

一、什麼是職業生涯目標

（一）目標

在生活中常常聽說，有人宣稱 30 歲成為公司 CEO 或百萬富翁，剛走出校門的大學生往往躊躇滿志，想在職場大放異彩或在創業中闖出一片天。我們小時候對未來事業也都有過美好憧憬：「我要成為科學家」「我想當明星」，即使很多退休的老年人，仍然計劃著參加各種工作或志願活動，在其中發揮餘熱。

這些例子無一不指向一個共同的主題：職業生涯目標。目標是指一個人行動的預期目的。有目標才有動力，有目標才有方向，目標透過輔導和調整個人行動影響一個人的成就。研究一些成功者的成功軌跡，就會發現他們走向成功之前大都有著自己的明確目標。美國成功學家拿破崙·希爾在《一年致富》中有這樣一句名言：一切成就的起點都是渴望。一個人追求的目標愈高，他的才能發展就愈快。一心向著自己目標前進的人，整個世界都給他讓路。希爾認為，所有成功，都必須先確立一個明確的目標，當對目標的追求變成一種執著時，你就會發現所有的行動都會帶領你朝著這個目標邁進。

目標就是力量，奮鬥才會成功。古今中外凡在智慧上有所發展、事業上有所成就的人，無不有著明確而堅定的目標英國前首相班傑明·迪斯雷利原本是一名並不成功的作家，出版數部作品卻無一給人留下深刻印象。後來迪斯雷利涉足政壇，決心成為英國首相。他克服重重阻力，先後當選議員、下議院主席、高等法院首席法官，直至 1868 年實現既定目標成為英國首相。對於自己的成功，在一次簡短的演說中迪斯雷利一言以蔽之：「成功的祕訣在於堅持目標。」明確而堅定的目標是贏得成功、有所作為的基本前提，因為堅定目標的意義，不僅在於面對種種挫折與困難時能百折不撓，抓住成功的契機，讓夢想一步步變為現實，更重要的還在於身處逆境能產生巨大的奮進

的激情，使自己的潛能得到最大限度地發掘與釋放。目標對個人的影響是多方面的：

目標使人產生積極的心態。

目標使人看清使命，產生動力。

目標使人感受到生存的意義和價值。

目標使人把重點從過程轉到結果。

目標有助於人分清輕重緩急，把握重點。

目標使人集中精力，把握現在。

目標能提高激情，有助於評估進展。

目標使人產生信心、勇氣和膽量。

目標使人自我完善，永不停步。

目標使人成為一個成功的人。

人們常說「有志者事竟成」「天下無難事，只怕有心人」，可是現實情況卻並非如此。的確，「想幹什麼」與「能幹什麼」不是一回事，每個人的能力、天賦和悟性都有所不同，確立了一個目標，未必就能夠百分百達到，但是，如果沒有一個目標，則更加不容易獲得成功。國外有句諺語得好：如果連你自己也不知道你要到哪裡，往往你哪裡也到不了。中國有句古語：欲得其中，必求其上；欲得其上，必求上上。所以，不管制定的目標是否能夠達到，目標對成功都有著重要的積極意義。

（二）職業生涯目標

上面例子中的目標均圍繞未來的職業展開，是在職業範圍內設定的目標，即職業生涯目標。由此，職業生涯目標可以理解為：個人希望從自己的職業生涯中獲得的成果。

職業生涯目標的確定包括人生目標、長期目標、中期目標與短期目標的確定，它們分別與人生規劃、長期規劃、中期規劃和短期規劃相對應。一般，

第十二章 職業生涯目標

我們首先要根據個人的專業、性格、氣質和價值觀以及社會的發展趨勢確定自己的人生目標和長期目標，然後再把人生目標和長期目標進行分化，根據個人的經歷和所處的組織環境制定相應的中期目標和短期目標。

1. 人生目標

整個職業生涯的規劃，時間長至 40 年左右，設定整個人生的發展目標。如規劃成為一個有數億資產的公司董事。

2. 長期目標

5～10 年的規劃，主要設定較長遠的目標。如規劃 30 歲時成為一家中型公司的部門經理，規劃 40 歲時成為一家大型公司副總經理等等。

長期規劃是職業生涯目標設定的重要一步。概念上，長期目標需要考慮個人的需要、價值觀、興趣、才能和期望，因此，應包括工作職責、自主程度、與他人交往的類型與頻度、物質環境以及生活方式等方面；行動上，長期目標是把概念目標具體化為某一特定的工作或職位，這就需要對環境進行考察，即考慮什麼樣的具體職位才能給你提供機會，符合你的重要價值觀、興趣、才能和生活方式的要求。

3. 中期目標

一般為 2～5 年內的目標與任務。如規劃到不同業務部門做經理，規劃從大型公司部門經理到小公司做總經理等等。

4. 短期目標

2 年以內的規劃，主要是確定近期目標，規劃近期完成的任務。如對專業知識的學習，2 年內掌握哪些業務知識等等。

短期目標作為一種手段，能夠支持長期目標和中期目標，它是中長期目標的系統分解。需要注意的是，我們不能把短期目標只看作一個階段的終點，而要考慮它能否給人提供應有的回報，能否有助於長期目標的實現，能否帶來有意義的工作任務，能否實現所希望的生活方式，因此，短期目標與長期目標一樣，也應該與個人偏好的工作環境的主要因素相一致。

二、影響職業生涯目標的因素

影響個人職業生涯目標選擇和設計的因素有很多。從總體上一般可分為以下兩類：

（一）外部因素

1. 社會環境

（1）經濟發展水平

從宏觀上看，一個國家在經濟上發展迅速，必然在科技上就會不斷進步，就能對人才產生極大的需求，並能為人才的成長提供多方面的條件。而經濟衰退、科技停滯，人才就很難產生。改革開放以來，隨著市場經濟體制的建立，為人們的成才提供了很多機會，也為人的發展提供了良好的社會環境。從微觀上看，在經濟發展水平高的地區，企業相對集中，優秀企業也比較多，個人職業選擇的機會就比較多，因而就有利於個人職業發展和目標選擇；反之，在經濟落後地區，個人職業發展也會受到限制。

（2）社會文化環境

包括教育條件和水平、社會文化設施等。在良好的社會文化環境中，個人能受到良好的教育和薰陶，從而為職業發展打下更好的基礎。教育是賦予個人才能、塑造個人人格、促進個人發展的社會活動，它奠定了一個人的基本素質，對人生有著巨大的影響。有時候，一個企業會拒絕未達到某一教育水準的人。有些人擁有的技術已過時或者過於專業化，結果因為市場對他們的才能需求削減，他們在職業上的處境就將較為不利了。現在樹立終身教育的觀念，不斷學習成為人們的主要任務。教育上的成功與社會階層的晉升有明顯的關聯，教育是改變社會階層的主要動力，教育是一項工具，能夠幫助他們突出於庸碌的同事之上。人們的專業、職業種類，對於其職業生涯目標有著重大的影響，往往成為其職業生涯的前中部分以至一生的職業類別，即使人們轉換職業，也往往與其所學專業有一定聯繫。

（3）政治制度和氛圍

政治和經濟是相互影響的，政治不僅影響到一國的經濟體制，而且影響著企業的組織體制，從而直接影響到個人的職業目標。政治制度和氛圍還會潛移默化地影響個人的追求，從而對職業生涯目標產生影響。它主要指政策、法律等政治因素，特別是在目前條件下，法律、法規尚在逐步建設過程中，政策制度變化也很大，而一些政策、法律的變化，不僅對企、事業單位盛衰影響很大，而且可能影響到整個行業的興衰。所以，我們在進行職業生涯目標的設計和選擇時，一定要瞭解政策法規，並注意它們的發展趨勢。

(4) 社會價值觀念

一個人生活在社會環境中，必然會受到社會價值觀念的影響，大多數人的價值取向，甚至都是為社會主體價值取向所左右的。一個人的思想發展、成熟的過程，其實就是認可、接受社會主體價值觀念的過程。社會價值觀念正是透過影響個人價值觀而影響個人的職業目標選擇。

2. 組織環境

(1) 企業文化

前面我們已經提到過，企業文化決定了一個企業如何看待員工，所以，員工的職業生涯目標，是為企業文化所左右的。一個主張員工參與管理的企業顯然比一個獨裁的企業能為員工提供更多的發展機會，而渴望發展、追求挑戰的員工也很難在論資排輩的企業中受到重用。

(2) 管理制度

員工的職業目標，歸根到底要靠管理制度來保障，包括合理的培訓制度、晉升制度、考核制度、獎懲制度等等。企業價值觀、企業經營哲學也只有滲透到制度中，才能得到切實的貫徹執行。沒有制度或者制度定得不合理、不到位、員工的職業目標就難以實現，甚至可能流於空談。

(3) 領導者素質和價值觀

一個企業的文化和管理風格與其領導者的素質和價值觀有直接的關係，企業經營哲學往往就是企業家的經營哲學。如果企業領導者重視員工發展，

給員工提供充分自由發展的機會和條件，鼓勵員工制定長期和短期職業目標，對於員工職業生涯目標的制定和實施都是十分有利的。相反，如果公司不重視員工的職業發展，或因擔心人才流失而限制員工的職業目標規劃，都會消減員工制定目標的積極性和主動性。

（二）個人因素

1. 能力

能力是一個人能否從事某種職業、能否在職業生涯旅程中順利成長和獲得成功的重要條件。對於不同的人來說，能力有高有低，對於個人來說，每個人都有能力的強項和弱項。因此，在進行職業生涯目標的選擇和設計時，要根據自身能力的客觀條件，從實際出發，堅持「人崗匹配」的基本原則，盡量揚長避短，充分發揮自己能力的強項。一個人如果能在自己的強項上不斷進步和充分發揮，就會取得巨大的成就，達到職業生涯的終極目標。

有這樣一則小故事：有一天，一群動物聚在一起，彼此羨慕對方的優點，抱怨自己的缺點，於是決定成立一所學校，希望透過訓練，使自己成為一個通才。他們設計了一套課程，包括奔跑、游泳、飛翔和攀登。所有動物都注了冊，選修了所有的科目。結果是：小兔子在奔跑方面，名列前茅，但一到游泳課就渾身發抖；小鴨子在游泳方面，成績優異，飛翔也還差強人意，但是奔跑與攀登的成績卻慘不忍睹；小麻雀在飛翔方面輕鬆愉快，但就不能正經奔跑，碰到水就幾乎精神崩潰；至於小松鼠，固然爬樹的本領高人一等，奔跑的成績也還不錯，卻在飛翔課中學會了溜課。大家越學越迷惑，越學越痛苦，終於決定：停止盲目學習別人，好好發揮自己的長處。他們不再抱怨自己、羨慕別人，因此又恢復了往日的活潑和快樂。由此可見，在樹立自己的目標時，要認真思考自己擅長的是什麼，而非一味地與他人比較或羨慕別人。

此外，能力雖具有客觀穩定性，但並非一成不變的，它在一定程度上具有主觀能動性，即個人透過不斷努力，可以使能力不斷提高，甚至使弱項變成強項。因此，個人在盡力發揮能力強項的同時，也要努力完善自己各個方

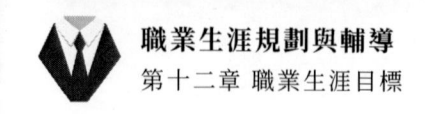

面的能力，提高在職場中的競爭力，不斷拓寬自己的職業目標，這樣才能充分發揮自身價值，有把握、有實力抓住實現目標的機會。

2. 價值觀

價值觀是人們希望獲得哪些結果的一種抽象說法。它揭示著人們看待工作或職業回報、薪酬或其他問題的不同態度。各種職業都有各自的特性。不同的人對職業的特性可能有不同的評價和取向，這就是所謂的職業價值觀，也稱擇業觀。價值觀對人的一生有著重要的影響。作為人們對待職業的一種信念和態度，職業價值觀往往決定著人們的職業期望，影響著人們對職業方向和職業目標的選擇。生涯規劃中，我們常常需要做出這些選擇：是要工作舒適輕鬆，還是要高標準的工資待遇，要成就一番事業，還是要安穩太平。當兩者有矛盾衝突時，最終影響我們決策的是存在於內心的職業價值觀。可見價值觀對職業生涯目標的影響是高層次的、深遠的。

有一種理論將個人的價值觀分為六大類型：理論的價值觀、經濟的價值觀、審美價值觀、宗教價值觀、社會價值觀和政治價值觀。儘管有些人把獲得權力（屬於政治價值觀）或幫助他人（屬於社會價值觀）放在首要位置，但也有人更關注為世界創造美（屬於審美價值觀）或做學問（理論的價值觀）。可能每個人都有幾種自己認為重要的價值觀，並形成獨特的組合。瞭解自己的職業價值觀，也就明確了自己的職業生涯志向。舉個極端的例子，一個非常務實且有極強政治慾望的人，不可能對一個低工資且無法發揮自己領導才能的工作感興趣。又如，人人平等的價值理念，鼓舞「聖雄」甘地帶領印度人民走向獨立；懷大愛心、做小事情的信念，使諾貝爾和平獎獲得者德蕾莎修女，創辦了 20 世紀世界上最大的慈善機構，幫助了無數的人。

不同的人有不同的價值觀，而不同的價值觀適合從事不同的職業或職業。如果在制定職業生涯規劃選擇職業時，沒有考慮自己的價值觀，選擇了不適合自己的職業，也就很難在這個職業上工作下去，當然也就談不上事業發展的成功。

工作價值觀通常都是與某種職業緊密相連的，並且工作價值觀也可以作為在你和工作之間進行匹配的基礎。舉個例子來說吧，假如創造性對你來說

是一項重要的工作價值，那麼，建築師、設計師、廣告創意人員、工程師和表演藝術家可以作為你的職業選擇；如果你認為幫助他人有意義，你應該經營服務取向的生意；如果你生性喜歡冒險，可以選擇充滿刺激的行業；如果安全在你心目中是第一位的，則應盡量避免那些風險大的職業。當你認為某項很重要的價值在一項職業裡缺失的時候，就會出現職業錯位的現象。

另外，知識經濟時代要求從業者具備終身學習能力，從業者能力的提高必然帶來擇業機會的增多，而後者直接導致從業者在面對職業選擇機會時困惑的加劇。職業困惑部分源於外在因素對價值觀的影響，更有一部分是因為困惑者對自身需求的不瞭解。為此，發現你的價值觀，對於職業生涯目標就有重要意義。

3. 興趣意志

興趣是職業目標選擇的重要依據，當一個人對某種職業發生興趣時，他就能發揮整個身心的積極性，就能積極地感知和關注該職業知識動態。興趣可以提高人們的工作效率，興趣可以調動人的全部精力，讓人們以敏銳的觀察力、高度的注意力、深刻的思維和豐富的想像力投入工作，進而大大提高工作效率。在其他條件相似的情況下，從事自己感興趣的職業不但讓你感到滿意，而且能夠讓你的工作單位感到滿意，並由此導致工作的長期性和穩定性。此外，多方面的興趣可以使人善於應付多變的環境，如果變換工作，只要自己感興趣，就能夠很快地學會這門工作技能，求職成功，並能夠在新的職業上很快地熟悉和適應新的工作。人們不僅需要知道自己有能力從事什麼樣的工作，更重要的是需要知道自己對哪類工作感興趣，只有將能力和興趣結合起來考慮，才能規劃好職業目標並取得職業目標的成功。

意志是一個人自覺地確定目標，支配與調節自己的行動，克服各種困難，從而達到預期目標的心理狀態，包括自覺性、果斷性、堅韌性、自制力和勤奮性五個方面。一個人要對自己行動的目的有著正確、充分的認識，善於明辨是非，能當機立斷做出決定並予以執行，有堅韌的毅力、百折不撓的精神，在行動中善於控制自己的情緒，約束自己的言行，幹事情有刻苦執著的精神等，這樣有助於職業目標獲得成功。職業生涯規劃的自覺性、進行職業抉擇

的果敢性、為實現長期職業目標而努力的堅韌性、職業目標規劃和決策中的自制性、為完善職業生涯目標做出大量努力等方面都有益於達到職業生涯目標的科學性和合理性。就像一位哲人所說的那樣：「偉人都是熬出來的，對信念的執著不能靠一時的小聰明。在遇到困難時，多數人是再選擇而不是將原來的選擇堅持到底。成功者與常人的差別並不是智商而是一種毅力。這種固執會產生一種力量，使人勇往直前。」沒有堅強的意志，人就會在順境中得意忘形，在逆境中消沉頹廢，最終不能實現自己的職業生涯目標。意志強弱對於一個人的職業生涯目標來說有著重大的影響作用。

4. 機遇

機會，是一種隨機出現的、具有偶然性的事物。在一個人一生當中會遇到許多偶然的機會，有利的偶然機會就是機遇。如果社會上出現了給一個人提供個人發展、向上流動的職業環境，對於職業發展而言，那就是出現了機遇，這對一個人的職業生涯規劃有積極的推動作用。把握機遇的前提是完善自我、提高素質、具備職業發展的潛質。不具備這種前提，那機遇就不會青睞這種人，這種人就會與機遇擦肩而過。具備了這種前提還要善於發現機遇，如果漠視機遇，那這種人只能是英雄無用武之地，找不到職業發展的方向。抓住機遇是關鍵，只有抓住了機遇，才能有一個施展才華、快速成長的機會。機遇對於任何人都是平等的，又總是降臨於素質高、有準備的人的身上，誰素質高、準備充分，誰就能夠抓住機遇，獲得機會。

生活中的心理學

幾種有趣的定律

①當下定律：人不能控制過去，也不能控制將來，人能控制的只是此時此刻的心念、語言和行為。根據吸引定律，如果人總是悼唸過去，就會被內疚和後悔牢牢套在想改變的舊現實中無法解脫。如果人總擔心將來，人的擔心就會把不想發生的情況吸引進現實中。

② 80／20 定律：人在達成目標前 80% 的時間和努力，只能獲得 20% 的成果。80% 的成果在後 20% 的時間和努力中獲得。

③間接定律：要提高自我價值，包括物質和精神兩方面，必須透過提高他人價值間接實現。你要提高自己的自尊，必須透過首先提高別人的自尊間接實現。你要有所成就，必先透過成就別人間接達成。間接定律中提高自我價值和提高他人價值往往是同時發生，即當你在提高別人價值的時候，你的自我價值馬上就提高。

複習鞏固

1. 職業生涯目標的概念是什麼？

2. 職業生涯目標包括哪幾部分？

3. 影響職業生涯目標的因素包括哪幾部分？

第二節 職業生涯目標確立的方法

一、確立職業生涯目標的意義

目標，像分水嶺一樣，把資質相似的人分成少數的精英和多數的平庸之輩。前者主宰了自己的命運，後者隨波逐流，枉度一生。當一個人下定決心之後，往往沒什麼能阻止他達到目標。一旦有了成功的渴求，就會產生強烈的使命感與責任感並為之拚搏。西方有句諺語：你想要的儘管拿去，只要付出相應的代價就行。有位哲人說：「決心攀登高峰的人，總能找到道路。」強烈的動機可以驅使人超越諸多困境，無須揚鞭自奮蹄。如果你至今仍不清楚自己希望達到怎樣的人生高度，那麼請把你的目標寫下來，矢志不渝地向著心中的目標拚搏進取，如此，你就會敏銳地捕捉到成功的契機，順利抵達理想的境地。

所以，我們要敢於夢想，敢於制定富有挑戰性的目標，這樣，我們的潛能才能最大限度地激發出來，才更加容易在未來的職場上獲得成功。在職業生涯中，設定目標的具體意義主要體現在以下兩方面：

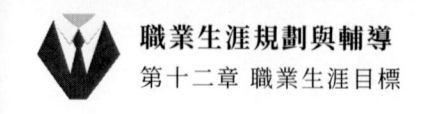

（一）對於大學生

從學校走向社會，大學生將會面對一個全新的世界，在這個社會裡，使大學生能夠立足的是所選職業，它不僅是生活的基礎，更重要的是它能體現出每個人存在的價值。

但調查發現，相當大的一部分大學生對於自己將來的職業沒有一個非常明確的定位，不知道自己將來一定要做什麼。他們從學校走向社會，許多人一開始根本沒有考慮到事業發展會怎麼樣，在找工作時一個是看哪個單位的牌子大，再就是哪個單位能出國，還有就是挑哪家單位待遇高，而並沒有考慮到自身的發展問題。因此，進行職業生涯目標規劃，針對個人特點，確立未來的發展方向，對一個人的一生來說，顯得特別重要。但職業怎麼發展，是有一系列科學講究的，這個科學實際上就是職業生涯目標設計的過程或者方法。大學生們要根據職業生涯規劃理論與原則以及職業成功的標準，掌握正確的職業生涯設計方法，準確地進行自我定位，合理規劃職業人生，列出具體措施和日程，透過具有前瞻性的職業生涯目標設計，減少在人生路上的徘徊猶豫，避免浪費時光，為主動迎接未來職業發展的挑戰做好充分準備。

大學生制定職業生涯目標規劃，有利於自我定位、認識自我、瞭解自我，明確自己的方向，明確自己的人生目標。他們在進行規劃的時候，都會問：「我想幹什麼？我能幹什麼？現在準備什麼？就業環境如何？」這樣，就有助於在校生的個性化發展和創新人才的培養。個性張揚，而非「個色」發揮。在校生可以自己找點事情做，如自己對寫作感興趣並有一定的能力，可以試著寫一本書。找出自己特長的東西，並發揮這種特長。

因此，大學生及早制定屬於自己的職業生涯目標規劃是十分必要的，而制定職業生涯目標規劃也需要遵循一定的原則，對自己的認識和定位是重要的。在全球化的競爭之下，每個人都要發揮出自己的特長。從事熱愛的工作，這樣的人才是最幸福和最快樂的人，他們最容易在事業上取得最大的成功。「知己」十分重要，「知彼」也是同等重要的。

（二）對於員工

1. 促進員工對自己的瞭解

有自我生涯目標的人會有清晰的發展目標，每個人的人生不僅與收入有關，還與自己的生涯規劃發展有關。有目標的人才能抗拒短期的誘惑，有目標的人才會堅定地朝著自己的方向前進，有目標的人才會感覺充實。每個人只有找準自己的角色定位才能取得最大的成功，做自己喜歡的事情，做到極致，最容易成功。很多時候失敗的人不代表沒有能力，而是角色定位的失敗。個人生涯規劃正是對個人角色的有效定位的方式。

如果人們不充分瞭解自己的能力、價值觀、興趣愛好和生活偏好，就很難設定合理和合適的職業生涯目標。其實，職業目標的確定和設計過程有助於員工對自我的思考和瞭解，當員工對自己有了深入的瞭解，並與其他有見識的人，尤其是自己的上級討論修正時，會極大地促進他們職業目標的實現。

2. 促進員工對環境的瞭解

為設定現實而有效的職業生涯目標，員工必須廣泛收集環境的訊息。在這一過程中，員工可以實現對工作環境、組織環境乃至地區就業環境的充分瞭解。透過對環境的熟悉和瞭解，不僅有助於員工做好當前本職工作，更給了員工更廣闊的發展空間。在如今迅速發展的職場環境下，很多員工希望加深對不同領域職能的瞭解，有了目標就有了動力，制定長遠的目標，有助於員工擴大自己的事業，學習組織內部及其他組織和領域的知識，促進職業生涯成功。

生活中的心理學

目標對人生影響的跟蹤調查

哈佛大學有一個非常著名的關於目標對人生影響的跟蹤調查。調查的對像是一群智力、學歷、環境等條件都差不多的大學畢業生。結果是這樣的：27% 的人，沒有目標；60% 的人，目標模糊；10% 的人，有清晰但比較短期的目標；3% 的人，有清晰而長遠的目標。以後的 25 年，他們開始了自己

的職業生涯。25 年後，哈佛再次對這群學生進行了跟蹤調查。結果是這樣的：3% 的人，25 年間他們朝著一個方向不懈努力，幾乎都成為社會各界的成功人士，其中不乏行業領袖、社會精英；10% 的人，他們的短期目標不斷地實現，成為各個領域中的專業人士，大都生活在社會的中上層；60% 的人，他們安穩的生活與工作，但都沒有什麼特別的成績，幾乎都生活在社會的中下層；剩下 27% 的人，他們的生活沒有目標，過得很不如意，並且常常抱怨他人、抱怨社會、抱怨這個「不肯給他們機會」的世界。其實，他們之間的差別僅僅在於：25 年前，他們中的一些人知道自己到底要什麼，而另一些人則不清楚或不很清楚。

二、確立職業生涯目標的原則

要想職業生涯目標能夠順利落實，就必須遵守一些基本原則。

1.SCI（ENCE）-ART（科學與藝術原則）

Specific（明確的）：就是指你的目標盡量以一種能夠用數字加以衡量的方式來表達，而盡量不要用寬泛的、一般的、模糊的或抽象的形式。只是說「我會更加努力地打好網球比賽」或是「我的目標是更好地利用時間」是遠遠不夠的。你怎樣衡量「更加努力」和「更好」呢？你需要用一種可以衡量的方式來表達自己的目標，例如「我的目標是在下個星期二晚上 11 點之前寫完 11 頁實驗報告」。當下個星期二到來的時候，你就會知道你是否實現了自己的目標，因為在設立目標的時候你使用了可以測量的單位。你要有一個可以衡量的成功或者失敗的標準，以此來準確評價自己的目標。然後你可以把當前的目標保持下去，或是對部分目標進行調整，如果你認為有必要，也可以把它徹底地放棄。如：我要在 3 年內賺 200 萬＞我要變富有。

Clear（清晰的）：考慮目標、措施是否清晰、明確實現目標的步驟是否直截了當。你的目標必須是以普通人都能理解的口頭語言或書面語言表達。一個長期目標的用詞必須仔細推敲，這樣才有可能將它進一步分解為一系列的環節或短期目標。有時你會感到要表述一個目標非常困難，因為那需要你把抽象的感覺變為具體、清晰的陳述。

如：我要成為行業第一名 > 我要成為高手。

Image（景象化的）：能夠把目標轉換成視覺形象 > 模糊的文字表述。

Acif-now（現在時的）：如：我要成為一名培訓師 > 我是一名培訓師。

Realistic（可實現的）：規劃的設計應有明確的標準，以便評量、檢查，使自己隨時掌握執行狀況，並為規劃的修正提供參考依據。如：有檢驗標準 > 沒有檢驗標準。

Timed（有時限的）：如：我想在 4 年內當上老闆 > 我的理想是當老闆。

（二）A+B（積極平衡原則）

Active（積極的）：不僅目標內容要正面積極，而且表達目標的方式也要積極。用肯定的預期來預測你的結果，說出你希望的而非不希望的。如「我不要整天無所事事」就是否定的表達方式，不可取！可以改為「我要每天都過得充實」。這是為什麼呢？因為你關注什麼就會得到什麼，你抗拒什麼，你也將收穫什麼，用負面的詞彙表達，最終你將收穫負面的內容。這是吸引力法則的作用效果。

Balanced（平衡的）：需要考慮職業目標與生活目標方面的平衡，也要考慮自己目標與他人的互利共贏。想一想你的目標是否損害你周圍人的利益，是否對社會有利，有沒有違背法律？這一條絕對不是可有可無的，當我們的目標是對自己和他人都有利的時候，我們稱之為雙贏，當我們的目標對自己、他人和社會都有利時，我們稱之為三贏。三贏是使你的成功持久的關鍵，我們可以透過一時的欺詐得到自己想要的，但我們不可能長久的這樣做。誠信與良心，是一塊溫柔的枕頭，也是人生美滿的重要基石。

（二）先理智後情感原則

人的大多數決定過程是先情感決定，後理智證實。之於職業目標應該反其道而行之，先充分考慮可能的選擇，然後用自己的感覺去評估決定。

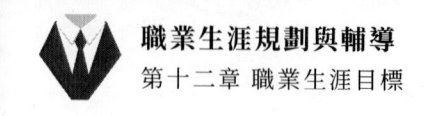

（四）實事求是原則

準確的自我認識和自我評價是制定個人職業計劃的前提。面對現實，不說大道理，自己的前途，自己來把握。當我們追求理想時，當然不能忽略了實際問題。最完美的是能將理想和實際相結合，找一份你最愛的工作。當理想和實際有分歧時要面對現實，分析現實就業形勢和自身條件，從實際出發，制定切實可行的目標，逐步實現理想。理想與實際是可以兼得的，但是你必須有計劃，必須付出，必須執著。三百六十行，行行出狀元，所以不能說什麼工作好什麼工作不好。許多做出成就的人其實都是從小事做起，兢兢業業，然後才取得成功的。一個工作只要你喜歡，而且這個工作又特別適合你，能最大限度地發揮你的長處，那麼，這就是個好工作。在就業的同時能實現擇業當然好，但是，在就業形勢比較嚴峻的形勢下，很難在就業的同時實現擇業。在這種情況下，先就業後擇業未必就不是一件好事，在這個過程中你會發現自己積累了很多社會經驗，積累了許多職業技能，應該說哪一行都不好做，只要努力哪一行都能做好！

（五）切實可行原則

首先，個人的職業目標一定要同自己的能力、個人特質及工作適應性相符合，一個學歷不高又無專業特長的員工，卻一心想進入管理層，在現代企業中顯然不切實際。其次，個人職業目標和職業道路確定，要考慮到客觀環境條件。例如，在一個論資排輩的企業裡，剛畢業的大學生就不宜把擔當重要管理工作確定為自己的短期職業目標。

（六）協調一致原則

個人職業計劃目標要與企業目標協調一致。員工是借助於企業而實現自己的職業目標的，其職業計劃必須要在為企業目標奮鬥的過程中實現。離開企業的目標，便沒有個人的職業發展，甚至難以在企業中立足。所以，員工在制定自己的計劃時，要與企業目標協調一致。

瞭解了以上內容後，我們就可依此進行自身的職業規劃了。當然實際操作中你可能會遇到很多困難，如「我究竟是個什麼樣的人？」「我的職業訊

息太少，沒法決策！」「怎樣的行動方案才更適合我？」等等一系列問題。其實這很正常，現實中真正能全部解決這些問題的是很少的。當我們自己操作遇到困難時，明智的做法是尋求專業職業規劃諮詢機構的幫助。這樣既省時又高效，最關鍵的是，這樣大大地提高了我們職業成功的概率。

三、確立職業生涯目標的方法

職業目標關乎你一生的職業生涯方向的確定，所以適不適合自己，適不適合自己的發展尤其重要，那麼怎麼樣才能明確職業目標呢？具體步驟如下：

（一）自我分析

職業目標確定的前提是自我認知，只有在自我認知透徹之後才能明確自己的目標，這樣結合自己的情況做出的選擇會更適合個人的職業生涯發展。自我認知也就是所謂的對自身的分析，各方面的分析包括自己的興趣愛好、特長優勢、自己的缺點、自己所擅長的方面等等，總之對自己的瞭解越是深入，最後的結果越是準確，因為選擇的方向目標都是自己所擅長的，或者說自己的優勢所在，這樣制定出來的職業規劃也會更加適合個人的職業發展。

如果一個人清楚地知道了自己想做什麼，適合做什麼，能做什麼，就一定能夠找到發展自己的人生舞臺，並演繹你多彩的職業人生。盤點自己主要是：個人的能力；個人的興趣與愛好；個人的性格與氣質；個人的學識水平；個人的技能。進而綜合評價職業自我。可採用 SWOT 方法進行自我分析，見第七章 SWOT 自我分析法。

當初步確定了自己的職業目標和職業定位之後，下一步就應該圍繞著職業目標和職業定位，設計合理的「職業發展路線圖」，最終實現職業目標。

（二）職業目標路線選擇

基於以上對自我的分析，確定自己的職業發展路線，詢問自己：想往哪一條路線發展？我適合往哪一路線發展？我可以往哪一路線發展？

1. 選擇方法

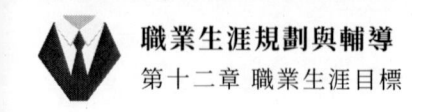

選擇，或者說確定自己的職業生涯發展目標，需要用預測、衡量和比較的方法。

（1）預測。預測是設想各種方案並對各種方案的可能性進行評估。「我能成為總統嗎？」「我能成為將軍嗎？」「我能成為董事長嗎？」「我能成為總經理嗎？」「我能成為高級技師嗎？」「我能成為一名企業主力嘛？」這些就是預測，恐怕最有可能成功的是後面的技師、經理與主力。因為它們最接近現實，透過奮鬥最有可能實現。

（2）衡量。即考慮事物的輕重得失，對目標進行考量。需要從三個方面進行衡量：

第一，主要考慮本人現實條件與目標匹配的程度。

第二，考量目標究竟能給自己帶來什麼好處、實惠和回報，如果目標得以實現，那麼自己有何種滿足程度，如果目標實現了，自己也不會感到滿足，那麼，這樣的發展目標就應該修正。

第三，要考慮目標對外部環境的要求，目標是不是符合外部環境發展趨勢，目標有沒有實現的機遇。

這些都要考慮，如果不合時勢，沒有實現的可能和機遇。那就要重新調整發展目標。

（3）比較。就是把多種發展目標的優劣進行比一比，取其實現可能性大、對自身奮鬥回報高的目標，從而把它確定為最優目標，這樣職業生涯發展目標就得以選擇和確定。

2. 選擇路線

職業目標路線，包括一個個職業階梯，我們可以從低到高一步步上升。由於每個人的自身條件不同，適合的職業目標路線也不同，有的人適合搞研究，能夠在專攻領域求得突破；有的人適合做管理，能夠成為優秀的管理人才。在確定職業目標路線時，需要對職業進行定位，這裡就需要提到職業錨的概念。所謂職業錨，又稱職業繫留點。錨，是使船隻停泊定位用的鐵製器

具。職業錨，實際就是人們選擇和發展自己的職業時所圍繞的中心，是指當一個人不得不做出選擇的時候，他無論如何都不會放棄的職業中的那種至關重要的東西或價值觀。

職業錨，也是自我意向的一個習得部分。個人進入早期工作情境後，由習得的實際工作經驗所決定，與在經驗中自省的動機、價值觀、才幹相符合，達到自我滿足和補償的一種穩定的職業定位。職業錨強調個人能力、動機和價值觀三方面的相互作用與整合。職業錨是個人同工作環境互動作用的產物，在實際工作中是不斷調整的。

對自己的職業觀進行定位後，要依據自身特點選擇目標路線。一般來講，有以下幾種路線可供我們選擇：

（1）技術／職能型路線（technical functional competence）：專業技術型發展路線是指工程、財會、生產、銷售、法律等職業性專業方向。適合技術／職能型路線的人，追求在技術／職能領域的成長和技能的不斷提高，以及應用這種技術／職能的機會。他們對自己的認可來自他們的專業水平，他們喜歡面對來自專業領域的挑戰。他們一般不喜歡從事一般的管理工作，因為這將意味著他們放棄在技術／職能領域的成就。

（2）管理型路線（general managerial competence）：適合管理型的人追求並致力於工作晉升，傾心於全面管理，獨自負責一個部分，可以跨部門整合其他人的努力成果，他們想去承擔整個部分的責任，並將公司的成功與否看成自己的工作。具體的技術／功能工作僅僅被看作是通向更高、更全面管理層的必經之路。行政管理型發展路線對個人素質、人際關係技巧要求很高。

（3）自主／獨立型路線（autonomy independence）：自主／獨立型的人希望隨心所欲安排自己的工作方式、工作習慣和生活方式。追求能施展個人能力的工作環境，最大限度地擺脫組織的限制和制約。他們情願放棄提升或工作擴展機會，也不願意放棄自由與獨立。適合的職業路線包括編輯、藝術類工作方向。

(4) 安全／穩定型路線（security stability）：安全／穩定型的人追求工作中的穩定與安全感。他們可以預測將來的成功從而感到放鬆。他們關心財務安全，例如：退休金和退休計劃。穩定感包括誠信、忠誠以及完成老闆交代的工作。儘管有時他們可以達到一個高的職位，但他們並不關心具體的職位和具體的工作內容。

(5) 創業型路線（entrepreneurial creativity）。現在，不少人開始選擇自我創業或走自由職業者的道路。適合創業型的人希望使用自己能力去創建屬於自己的公司或創建完全屬於自己的產品（或服務），而且願意去冒風險，並克服面臨的障礙。他們想向世界證明公司是他們靠自己的努力創建的。他們可能正在別人的公司工作，但同時他們在學習並評估將來的機會。一旦他們感覺時機到了，他們便會自己走出去創建自己的事業。創業自有快樂，但創業的艱難也非常人能夠想像的。因此，要想創業，要做好物質和心理方面的準備，較好的途徑是到相關領域組織中從事研究開發和市場行銷。

(6) 服務型路線（service dedication to a cause）。服務型的路線指追求認可的核心價值，例如：幫助他人，改善人們的安全，透過新的產品消除疾病。追求服務型路線的人一直追尋這種機會，即使這意味著變換公司，他們也不會接受不允許他們實現這種價值的工作變換或工作提升。

(7) 挑戰型路線（pure challenge）。適合挑戰型路線的人喜歡解決看上去無法解決的問題，戰勝強硬的對手，克服無法克服的困難障礙等。對他們而言，參加工作或職業的原因是工作允許他們去戰勝各種不可能。新奇、變化和困難是他們的終極目標。如果事情非常容易，它馬上變得非常令人厭煩。

(8) 生活型路線（lifestyle）。生活型路線允許人們平衡並結合個人的需要、家庭的需要和職業的需要的工作環境，將生活的各個主要方面整合為一個整體。正因為如此，需要一個能夠提供足夠的彈性讓人們實現這一目標的職業環境。有時需要犧牲職業的一些方面，如：提升帶來的職業轉換。適合這一路線的人認為自己在如何去生活，在那裡居住，以及如何處理家庭事情及在組織中的發展道路是與眾不同的。

需要強調的是，不管你選擇哪種職業目標發展路線，最重要的是一定要結合實際，綜合考慮自己的個性、價值觀、興趣、能力等自身條件和社會環境。另外，在實際選擇路線過程中，以上路線只是作為參考，並且它們之間存在很多交叉，所以需要結合實際靈活選擇。

（三）職業目標分解 V

目標分解是將目標清晰化、具體化的過程，是將目標量化成可操作的實施方案的有效手段。目標分解就是根據觀念、知識、能力差別，將職業生涯的遠大目標分解為有時間規定的長、中、短期分目標，直至將目標分解為在某個確定日期可以採取的具體步驟。目標分解程序如下：

1. 確定長期目標

在經過自我識別定位和職業環境分析，選定了職業路線之後，我們就需要確定一個長遠目標。時間為五年以上的目標，它通常比較粗、不具體，可能隨著企業內外部形勢的變化而變化，在設計時以畫輪廓為主。它的主要特徵有：

（1）目標是自己認真選擇的，和組織、社會的發展需求相結合；

（2）目標很符合自己的興趣、價值觀，能為自己的選擇感到驕傲；

（3）目標能用明確的語言定性說明；

（4）有實現的可能，並有更大的挑戰性；

（5）目標與志向相吻合，能夠立志透過努力實現理想；

（6）目標與人生目標相融為一，輔導自己為創造美好未來堅持不懈。

2. 確定中期目標

長期目標確定後，需要將之分解為數個中期目標。中期目標一般為三到五年，它相對長期目標要具體一些，如參加一些旨在提高技術水平的培訓並獲得等級證書等。其特徵主要有：

(1) 目標是結合自己的志願、組織的環境及要求制訂的，與長期目標相一致；

(2) 目標基本符合自己的興趣、價值觀，使人充滿信心，且願意公之於眾；

(3) 目標切合實際，並且未來的發展有所創新，有一定的挑戰性；

(4) 目標能用明確的語言定量與定性說明；

(5) 目標有比較明確的執行時間，根據外部環境變化可做適當的調整；

(6) 目標可以發揮自己的能動性，實現的可能性非常大。

3. 確定短期目標中期

目標繼續分解為短期目標，通常是指時間在一至兩年內的目標，是中期目標和長期目標的具體化、現實化和可操作化，是最清楚的目標。其主要特徵主要有：

(1) 目標表述清晰、明確；

(2) 目標對於本人具有意義，與自我價值觀和中長期目標一致，有可能暫時不能完全滿足自己的興趣要求，但可「以迂為直」；

(3) 目標切合實際，並非幻想；

(4) 有明確的具體完成時間；

(5) 有明確的努力方向，透過努力能達到適合環境需要的能力，實現起來完全有把握；

(6) 目標精練。

四、確立職業生涯目標的注意事項

（一）明晰職業規劃，確定職業目標———價值觀和人生定位

自我的人生價值和角色定位、人生主要目標的設定等等，簡單地說就是：你準備做一個什麼樣的人？你的人生準備達成哪些目標？這些看似與具體壓

力無關的東西其實對我們的影響卻總是十分巨大,對很多壓力的反思最後往往都要歸結到這個方面。卡內基說:「我非常相信,這是獲得心理平靜的最大祕密之一———要有正確的價值觀念。而我也相信,只要我們能定出一種個人的標準來———就是和我們的生活比起來,什麼樣的事情才值得的標準,我們的憂慮有 50% 可以立刻消除。」

(二) 心態調整———以積極樂觀的心態擁抱壓力

法國作家雨果曾說過:「思想可以使天堂變成地獄,也可以使地獄變成天堂。」我們要認識到危機即是轉機,遇到困難,產生壓力,一方面可能是自己的能力不足,因此整個問題處理過程,就成為增強自己能力、促進成長重要的機會;另一方面也可能是環境或他人的因素,則可以理性溝通解決,如果無法解決,也可寬恕一切,盡量以正向樂觀的態度去面對每一件事。如同有人研究所謂樂觀係數,也就是說一個人常保持正向樂觀的心,處理問題時,他就會比一般人多出 20% 的機會得到滿意的結果。因此正向樂觀的態度不僅會平息由壓力帶來的紊亂情緒,也較能使問題導向正面的結果。

(三) 理性反思———自我反省和壓力日記

對於一個積極進取的人而言,面對壓力時可以自問,「如果沒做成又如何?」這樣的想法並非找藉口,而是一種有效疏解壓力的方式。但如果本身個性較容易趨向於逃避,則應該要求自己以較積極的態度面對壓力,告訴自己,適度的壓力能夠幫助自我成長。同時,記壓力日記也是一種簡單有效的理性反思方法。它可以幫助你確定是什麼刺激引起了壓力,透過檢查你的日記,你可以發現你是怎麼應對壓力的。

(四) 建立平衡———留出休整的空間,不要把工作上的壓力帶回家

我們要主動管理自己的情緒,注重業餘生活,不要把工作上的壓力帶回家。留出休整的空間:與他人共享時光、交談、傾訴、閱讀、冥想、聽音樂、處理家務、參與體力勞動都是獲得內心安寧的絕好方式,選擇適宜的運動,鍛鍊忍耐力、靈敏度或體力,持之以恆地交替應用你喜愛的方式並建立理性的習慣,逐漸體會它對你身心的裨益。

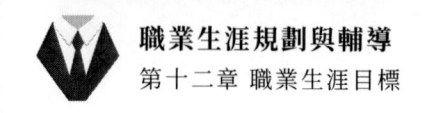

（五）時間管理──關鍵是不要讓你的安排左右你，你要自己安排你的事

工作壓力的產生往往與時間的緊張感相生相伴，總是覺得很多事情十分緊迫，時間不夠用。解決這種緊迫感的有效方法是時間管理，關鍵是不要讓你的安排左右你，你要自己安排你的事。在進行時間安排時，應權衡各種事情的優先順序，要學會「彈鋼琴」對工作要有前瞻能力，把重要但不一定緊急的事放到首位，防患於未然，如果總是在忙於救火，那將使我們的工作永遠處於被動之中。

（六）加強溝通──不要試圖一個人就把所有壓力承擔下來

平時要積極改善人際關係，特別是要加強與上級、同事及下屬的溝通，要隨時切記，壓力過大時要尋求主管的協助，不要試圖一個人就把所有壓力承擔下來。同時在壓力到來時，還可主動尋求心理援助，如與家人朋友傾訴交流、進行心理諮詢等方式來積極應對。

（七）提升能力──疏解壓力最直接有效的方法是設法提升自身的能力

既然壓力的來源是自身對事物的不熟悉、不確定感，或是對於目標的達成感到力不從心所致，那麼，疏解壓力最直接有效的方法，便是去瞭解、掌握狀況，並且設法提升自身的能力。透過自學、參加培訓等途徑，一旦「會了」「熟了」「清楚了」，壓力自然就會減低、消除，可見壓力並不是一件可怕的事。逃避之所以不能疏解壓力，則是因為本身的能力並未提升，使得既有的壓力依舊存在，強度也未減弱。

（八）活在今天──集中你所有的智慧、熱忱，把今天的工作做得盡善盡美

壓力，其實都有一個相同的特質，就是突出表現在對明天和將來的焦慮和擔心。而要應對壓力，我們首要做的事情不是去觀望遙遠的將來，而是去做手邊的清晰之事，做好準備的最佳辦法就是集中你所有的智慧、熱忱，把今天的工作做得盡善盡美。

（九）生理調節———保持健康，學會放鬆

另外一個管理壓力的方法集中在控制一些生理變化，如：逐步肌肉放鬆、深呼吸、加強鍛鍊、充足完整的睡眠、保持健康和營養。透過保持你的健康，你可以增加精力和耐力，幫助你與壓力引起的疲勞鬥爭。

（十）日常減壓

以下是幫助你在日常生活中減輕壓力的十種具體方法，簡單方便，經常運用可以造成很好的效果：

一是早睡早起。在你的家人醒來前一小時起床，做好一天的準備工作。

二是跟你的家人和同事共同分享工作的快樂。

三是一天中要多休息，從而使頭腦清醒，呼吸通暢。

四是利用空閒時間鍛鍊身體。

五是不要急切地、過多地表現自己。

六是提醒自己任何事不可能都是盡善盡美的。

七是學會說「不」。

八是生活中的顧慮不要太多。

九是偶爾可聽音樂放鬆自己。

十是培養豁達的心胸。

拓展閱讀

沒有目標的跳槽，越跳越糟

每年三四月份和九十月份都是職場的一個「波動期」，無論大公司還是小公司，員工跳槽的比例都大幅度增加，大家把跳槽看作晉升、加薪、提高的一種手段，認為想改變現狀就得跳槽。但是，頻繁的跳槽其實並不利於工作經驗的積累，也不利於職業生涯目標的發展。有些人在跳槽中越跳越迷茫，跳到最後竟然迷失了方向，連自己能做什麼工作都不知道了。由此，職場專

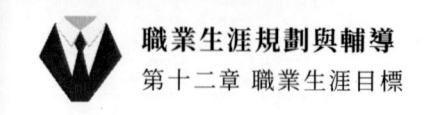

家告誡職場人：在跳槽前，請先明確自己的職業目標。有個目標，就不會讓自己像無頭蒼蠅到處亂撞了。

職業專家認為，跳槽無罪，但是自己的職業生涯需要經營，跳槽切忌漫無目標。經營自己的職業生涯時，不妨從這幾個問題入手：針對下一步發展，我有清晰的職業計劃嗎？我將如何一步步實現它們？對於職業目標是否有充分瞭解？自己的志向適合自我的發展需要嗎？

事實上，跳槽並不是目的，那只是接近個人職業目標的方法之一。職業專家認為，如果能在跳槽前做好職業定位，充分考慮自己的內在職業取向和獨特的商業價值，瞭解新公司的企業實力、環境和文化背景，對自己即將從事的職業進行充分調動和全面瞭解，做到心中有數，充分做好準備再去應聘，這樣獲得的新工作就自然會變得穩定許多。

複習鞏固

1. 確立職業生涯目標的意義是什麼？
2. 確立職業生涯目標的原則有哪些？
3. 確立職業生涯目標的具體步驟包括哪幾部分？
4. 長期、中期和短期目標的特徵分別是什麼？

本章要點小結

個人事業的成敗，很大程度上取決於有無正確適當的目標。職業生涯目標是指個人希望從自己的職業生涯中獲得的成果，包括人生目標、長期目標、中期目標與短期目標。影響個人職業生涯目標選擇的外部因素主要包括社會環境和組織環境，個人因素主要包括能力、價值觀念、興趣意志、機遇等。職業生涯目標的設定，是在遵循基本原則的基礎上，充分認識自我、對生涯機會進行評估後，對職業發展方向做出的抉擇。職業生涯目標的抉擇是以自己的最佳才能、最優性格、最大興趣和最有利環境等條件為依據的。同時要根據外界環境的變化，及時修正自己的目標。

關鍵術語表

職業生涯目標 匹配 價值觀 意志 SWOT 方法 職業錨

本章複習題

1. 長期目標一般年限為（ ）。

A.40 年左右　B.5～10 年　C.2～5 年　D. 少於 2 年

2. 中期目標一般年限為（ ）。

A.40 年左右　B.5～10 年　C.2～5 年　D. 少於 2 年

3. 追求認可的核心價值，例如：幫助他人，改善人們的安全，透過新的產品消除疾病服務型路線的人，適合的職業生涯路線是（ ）。

A. 創業型路線　B. 服務型路線　C. 安全／穩定型路線　D. 管理型路線

4. 可能隨著企業內外部形勢的變化而變化，在設計時以畫輪廓為主的目標是（ ）。

A. 人生目標　B. 長期目標　C. 中期目標　D. 短期目標

5. 有明確的努力方向，透過努力能達到適合環境需要的能力，實現起來完全有把握的目標是（ ）。

A. 人生目標　B. 長期目標　C. 中期目標　D. 短期目標

6. 職業生涯目標包括（ ）。

A. 人生目標　B. 長期目標　C. 中期目標

D. 短期目標　E. 暫時目標

7. 影響職業生涯目標的社會環境因素包括（ ）。

A. 經濟發展水平　B. 社會文化環境

C. 企業文化　D. 政治制度和氛圍

E. 社會價值觀念

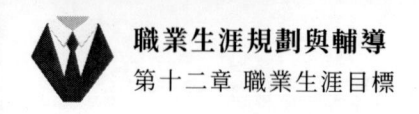

8. 影響職業生涯目標的個人因素包括（　）。

A. 能力　B. 運氣　C. 價值觀念

D. 興趣意志　E. 機遇

9. 確定職業生涯目標時的SWOT方法包括（　）。

A. 優勢分析　B. 劣勢分析　C. 機會分析

D. 性格分析　E. 挑戰分析

第十三章 職業生涯的心理輔導

　　擇業求職是大學生的重要人生課題，但是一些學生在職業生涯規劃過程中卻存在著不同程度的困惑與迷茫，甚至出現一些心理偏差與誤區。為了科學合理地規劃職業生涯，克服職業生涯中的心理問題，本章將學習職業生涯心理輔導的含義、職業生涯心理輔導的原理與技術、職業生涯心理輔導的策略、職業生涯心理輔導的個別諮詢模式、團體諮詢模式和環境支持模式、心理健康判斷標準的確立依據、心理健康的標準、心理健康的特點、心理異常的主要表現等內容。

第一節 職業生涯心理輔導概述

　　職業生涯規劃是個體人生發展中的重要課題。職業生涯心理輔導對個體的職業生涯發展具有重要的作用和意義。

一、職業生涯心理輔導的含義

　　職業生涯心理輔導是指按照個體職業心理發展的特點和規律，著眼於職業生涯發展過程，促進受輔者職業生涯良好適應與發展的過程。職業生涯心理輔導能夠幫助受輔者明確自我職業生涯發展的方向，整合和運用多種職業知識經驗去解決職業生涯發展中的問題。職業生涯心理輔導主要涉及制定個體職業生涯規劃、選擇個體職業生涯、澄清自我需要和價值觀、激發個體職業潛能、解決工作適應不良及其引發的心理障礙等方面的問題。

　　大學生的職業生涯心理輔導是指輔導人員運用其專業知識技能，幫助學生正確認識自我，根據自身條件確立有益於個人與社會的職業目標，克服成長中的障礙，充分發揮個人潛能，實現職業生涯的良好適應。學校內的職業生涯心理輔導既是大學生心理健康教育的組成部分，也是大學生就業輔導工作不可或缺的環節。與生涯教育相比，大學生的職業生涯心理輔導更具個別化，能夠滿足學生的個體需要，因此在實施時更專業、更複雜。其主要內容

職業生涯規劃與輔導

第十三章 職業生涯的心理輔導

是協助學生瞭解自己的能力傾向、職業興趣與價值觀，獲取就業政策和人才需求訊息，掌握擇業決策技巧，正確處理個人職業興趣和社會需要的關係等。

二、職業生涯心理輔導的原理和技術

（一）職業生涯心理輔導的原理

1. 發展性與整體性原則相結合

職業生涯心理輔導的實施必須遵循個體生理和心理的成長與發展、職業和社會的發展與變化的規律，透過個體職業生涯和職業心理發展有關問題的診斷與評價等心理輔導活動，解決職業生涯發展各階段中出現的問題，實現個體的生涯發展目標與任務。例如，從發展的角度看，職業生涯心理輔導具體可以分為五個階段（黃德祥，1991）：幼稚園到小學六年級的生涯認知階段，其主要任務是個體初步認識到自我、職業角色、工作中的社會角色、社會行為及自身責任等，從而使生涯意識初步覺醒；小學六年級到高一的生涯探索階段，其主要任務是個體發展有關自我和職業方面的知識和技能，並探索生涯方面的知識與生涯選擇的因素以及掌握生涯決策技能；國三到高一的生涯定向階段，其主要任務是個體進一步掌握相關的職業知識並能夠對工作角色進行評估，並可以進一步澄清自我概念、探索自我、瞭解社會與自身需求以及發展可接受的社會行為，同時還需把握生涯計劃和社會需求與自身需求的關係；高一到高三的生涯準備階段，其主要任務是個體進一步掌握某一行業的所需知識和職業道德，並進一步瞭解社會與自身需求以及澄清自身能力傾向與職業興趣和價值傾向，同時還應擬定相關的教育或訓練計劃；高中以後的生涯安置階段，其主要任務是個體進一步探索職業興趣與能力傾向或重新認定職業抉擇，發展生涯的專業知識與技能，建立人際關係並正式跨入選定的教育或職業征程。

職業生涯心理輔導是一項系統工程，要在整體與普遍聯繫中把握有關的影響因素和條件，把發展性與整體性原則結合起來，確保職業生涯心理輔導的效果。例如，職業生涯心理輔導的內容一般包括自我認知、教育認知、生涯認知、經濟認知、做決定、起始的能力、就業技巧及態度與價值八個方面。

由於職業生涯心理輔導的對象與目的不同，具體輔導內容可以有所側重，但職業生涯心理輔導的內容必須具有完整性。從滿足自我完善的需求來看，要注重知情意行的協調發展；就社會價值而言，應強調德智體美勞等的全面發展。

2. 廣泛綜合性與自主性相結合

職業生涯心理輔導的內容和範圍是非常廣泛的，既包括人生觀、世界觀和職業價值觀的形成與發展，又涉及對個人需要、動機、人格、情緒等的自我認知與瞭解，還有社會角色扮演及個體和社會需求滿足的問題。例如，職業學習心理問題、人際交往問題、情緒情感問題等都是職業生涯心理輔導所要解決的。要發揮職業生涯心理輔導的積極作用，僅僅依靠職業生涯心理輔導者提供的諮詢服務是不夠的。因此，職業生涯心理輔導需要社會、家庭和學校、社區等各方面的廣泛參與，密切合作，相互配合，形成合力，共同為職業生涯心理輔導服務。

職業生涯心理輔導是一種助人自助的過程。職業生涯心理輔導要培養個體分析自己的個性特點、自主規劃和抉擇職業生涯的能力，而不是由輔導者決定受輔者的職業目標和方向，更不是強制受輔者走自己不願走的職業道路。個體具有職業抉擇的能力和選擇職業目標與達成目標手段的自由。因此，在職業生涯心理輔導活動中要充分尊重個體的主體地位，從培養自我認知能力、自我激勵能力和自我決策能力入手，提高個體職業生涯選擇的自主性。

3. 教育性與實踐性原則相結合

教育性原則要求職業生涯心理輔導者必須幫助個體樹立正確的職業意識和求職動機，培養優良的個性心理品質，打下扎實的知識和能力基礎，並進行職業理想、職業價值觀和職業道德教育。只有遵循教育性原則，才能合理開發和配置人力資源，充分發揮個人的潛能，促進職業生涯的健康發展。例如，宋專茂和王湧（2009）對大學生進行以就業心理輔導為主線的全程式就業心理輔導教育活動，結果發現，參加就業心理輔導的實驗組學生無論在就業率還是在對口就業率上明顯好於未參加心理輔導的對照組。因此，職業生

涯心理輔導與教育對於提高大學畢業生的就業競爭力具有顯著作用，也使畢業生的實際就業質量得到很大的提升。

個體在職業活動的實踐中能夠不斷提高自己的認識水平和能力素質。因此，職業生涯心理輔導必須同實踐活動緊密結合，如進行工作考察和參觀訪問、開展社會調查和組織社會實踐等，在實踐活動中檢驗和鍛鍊自我，培養新觀念，開拓新視野，自覺調整行為以適應不斷變化的社會發展要求。

（二）職業生涯心理輔導的技術

職業生涯心理輔導需要的技術主要有角色扮演技術、心理測驗技術、研討診斷技術、交往訓練技術、行為塑造技術、理性情緒技術等。

1. 角色扮演技術

角色扮演技術也稱情境模擬技術，是讓受輔者在不同職業情境中去扮演一個具體的職業角色，透過角色扮演來體驗特定環境中的職業行為變化，從而幫助受輔導者充分認識自我和社會職業，發現自身的潛能和規劃自己的職業生涯。

心理劇表演是角色扮演的常見形式，其主要步驟是：設定目標，確定情景；對角色扮演進行解釋，排除受輔者的各種顧慮；輔導受輔者發展情節，準備劇本，設定和分派角色；輔導者在演劇時進行輔導與示範，亦可扮演一個角色；事後進行分析討論，表達感受。

角色扮演的方法還有很多，如獨白法，即讓扮演者以獨白形式表達自己此時此刻內心的真實感受與想法，大聲說出內心體驗，將隱藏於內心的思想流露出來。再如角色辯論會，是指每個辯手戴著角色面具或者扮演特定的角色，就某個主題進行辯論，以增強大學生對角色的認同和體驗。總之，教師在輔導過程中可以綜合應用多種方法，鼓勵角色扮演者自然、真誠、有創造性地進行角色扮演和探索，從而提高職業生涯心理輔導的效果。

2. 心理測驗技術

心理測驗技術是運用標準化的心理測驗工具，對個體的職業素質、職業興趣、職業能力、氣質和性格特徵等進行測試，以評估個體的職業心理特點，實現心理特性與職業因素的最佳匹配，幫助個體選擇適合自己的職業。

心理測驗技術是透過觀測個體在測驗情境中的行為樣本而推斷其日常的一般行為，根據測驗分數可以預測個體可能會存在哪些心理特徵或做出哪些方面的工作成就。心理測驗技術必須採用具有較高信度和效度的測量工具，根據具體情形選擇自評或專家評定兩種方式進行測評，從而保證測驗結果的可靠性和有效性。不過，測驗分數不僅決定於測量工具本身，也會受到測驗過程的影響。因此，心理測驗實施者應熟練掌握施測程序、具體步驟和計分方法，要嚴格遵照標準化測驗的要求進行心理測驗。

為確保心理測驗的嚴肅性和有效性，既不能誇大心理測驗的效能也不能故弄玄虛，對於規定不能公開的測驗內容、器材、評分標準和測驗常模都應嚴格保密。

3. 研討診斷技術

研討診斷技術是對職業生涯發展過程中的一些熱點問題進行研討，根據受輔者在職業生涯選擇中存在的具體問題而進行對症輔導的輔導與培訓。在研討過程中可以圍繞輔導者提出的問題進行討論、分析和答疑，受輔者本人也可以作為研討的主導者和訊息源，研討的問題較為隨意，從而增強個體的職業生涯意識和準確評估自己的職業生涯活動。

研討診斷技術可以採用團體診斷和個體診斷兩種方式。前者是指對全體受輔者在職業生涯選擇中所存在的共性問題進行綜合分析和研判，進行集體輔導與培訓；後者是指根據每個受輔者個體在職業生涯選擇中所存在的特定問題進行個別診斷與輔導。

4. 交往訓練技術

交往訓練技術又稱為信心訓練技術，目的是提高受輔者的社交能力和信心，支持和鼓勵其敢於自然坦誠地表達自己的情感或意見，培養其積極的訊息溝通能力和良好的情緒調整能力，從而增強工作的活力和業績。

交往訓練技術主要解決三個方面的問題：請求他人為自己做某件事以滿足自己的合理需求；拒絕他人無理要求而又不傷害對方；真實表達自己的情感或意見。具體步驟包括設置受輔者難以應對的交往情景，以角色扮演方式進行訓練並決定其他變通的方式，在職業活動中運用所學的交往方式，評價訓練的效果。

進入大學後的青年學生隨著生活環境的變化和自身角色的轉換，在心理上產生了強烈的交往意識和交往需求，希望自己成為人緣好並受人歡迎的人。但由於過去生活面狹窄和社會經驗不足，以及面臨著繁重的學習任務和較大的考試壓力，他們的交往意識淡漠並缺乏基本的交往知識、交往經驗和交往能力，許多人常常因處理不好人際關係而煩惱。有人曾調查大學生：你進入大學後感覺最使你煩惱的問題是什麼？（1）經濟問題；（2）獨立生活能力差；（3）學習成績不理想；（4）人際交往能力差；（5）其他。結果有79%的學生選擇的是「人際交往能力差」，如「不知道該怎樣表現和表達自己」「不知道怎樣才能處理好與同宿舍同學的關係」「不知道怎樣處理好與異性同學的關係以及與老師的關係」等問題。因此，大學生可採用一些自我訓練方法，例如，早上起床後對著鏡子進行自我積極肯定練習，把常用的禮貌用語貼在牆並每天看一次以提示自己，和同伴一起按照走姿的正確要求在校園裡來回走幾次並讓同伴予以提示進行互相監督練習，每天記錄自己的行動和細小成功並將之作為第二天早上自我肯定的內容，多參加集體活動並在活動中演示學過的禮儀與禮節等，以不斷提高自己的人際交往能力。

5. 行為塑造技術

行為塑造技術是指改變和矯正受輔者的不良職業行為，使之逐步接近和適應某一職業角色的要求。行為塑造技術建立在行為主義學習原理基礎之上，常用的具體方法有強化法、系統脫敏法、示範法、懲罰法和生物回饋法等。

在行為塑造技術中應將各種方法結合起來進行使用。如，懲罰只能暫時抑制而很難根除不良行為，並且只能讓受輔者知道什麼不能做，並不明白能做什麼和應該怎麼做。因此，懲罰不良的職業行為應與強化良好的職業行為相結合才能取得預期的效果。

6. 理性情緒技術

理性情緒技術的原理是合理的觀念導致健康的情緒，不合理的觀念導致消極的情緒，而這些情緒會影響個體的職業選擇與發展。在職業生涯中，人有許多非理性的觀念，例如，每個人終身只能有一個適合自己的職業；在家庭和事業之間只能擇其一而行。因此，要改變受輔者的這些非理性想法，幫助其建立理性的想法，從而改變其不愉快的情緒和不當的職業行為。

理性情緒技術強調讓個體難過和痛苦的不是事件本身，而是對事情的不正確解釋和評價。事情本身無所謂好壞，但當賦予其個體的偏好、慾望和評價時，便有可能產生各種煩惱和困擾。因此只有透過理性分析和邏輯思辨，改變造成情緒困擾的不合理觀念，並建立起合理的正確觀念，才能克服個體的情緒問題，促進人格的健康發展。ABC理論是理性情緒技術的核心理論，A代表外部誘發事件，B代表個體對這一事件的看法、解釋及評價，C代表個體對該事件的情緒和行為反應。一般情況下，人們都認為是A直接引起C，但實際上A並不是引起C的直接原因，個體對A產生的看法以及做出的解釋和評價B才是引起情緒和行為反應的直接原因。因此，透過改變個體的想法和觀念來改變與控制其情緒和行為結果是理性情緒技術的核心。

運用理性情緒技術可以分析並改變受輔者的非理性生涯決定，具體步驟包括：發生的事件；非理性的觀念或信念；不愉快的情緒與行為；駁斥個體的非理性觀念並重建合理的觀念。例如，某女生不僅成績優秀，而且思想素質高，但是卻總覺得自己並不完美，有點名不副實，因而有心理負擔。她希望同學都應該像她那樣勤奮、刻苦、樂於助人，想改變懶散的、消極的同學，但力量有限，因而心中十分痛苦。透過理性情緒技術分析可以發現，該生的不合理信念是世界一定是純淨的、萬事萬物都應是絕對完美的、世界上有消極事物存在是非常可怕的、自己的力量無法改變周圍的消極現象就說明自己是無能的。其實，世界是充滿矛盾的，任何事物都是相對的，人們正是在解決各種矛盾的過程中不斷進步並促進社會文明程度提高的。同時，個人的力量是有限的，只有人人都行動起來，整個社會才能進步發展。

三、職業生涯心理輔導的策略

為了順利實施職業生涯心理輔導，很多學者或學派提出了各自的輔導策略（沈之菲，2000）。

（一）威廉姆遜的職業生涯心理輔導策略

威廉姆遜（1939）認為，個體由於缺乏理性而無法做出職業生涯的正確抉擇，因此職業生涯輔導需要對受輔者進行個性心理特質診斷，並提供各種可能有用的訊息資料，幫助受輔者做出最佳的職業選擇與決策。

威廉姆遜的生涯心理輔導策略比較強調理性對瞭解受輔者個人的重要作用，是在心理測量科學取向影響下而形成的一套獨特的輔導方法。具體步驟是：

1. 分析

對有關個人的興趣、態度、能力傾向、教育程度、家庭背景和社會經濟地位等資料進行主客觀測量和多方收集。

2. 整理

根據測驗剖面圖和記錄要求，對個人資料加以綜合，展示個人的特異性。

3. 診斷

描述個人獨特的問題或特徵，對比各項測驗剖面圖與常模等資料，必要時應深入探索問題成因。

4. 預測

根據各項測驗結果，預測個人職業成功的可能性，或針對問題來判斷其可能發生的後果和調整的可能性，以此作為職業選擇和未來調整的依據。

5. 諮詢

協助個人瞭解、接受並運用各項有關個人與職業方面的資料，與其討論有關職業選擇或調整的計劃。

6. 追蹤

幫助個體執行計劃，如果產生新問題則應重複上述步驟。

威廉姆遜的職業生涯心理輔導策略是基於特質因素論而提出，比較重視個人心理特質的差異和心理測驗工具的使用，以實現個人特質與職業選擇的最佳匹配。但是，在具體輔導過程中應該意識到個人的特質和工作的性質並不是固定不變的，而是動態發展的，這樣才能更好地幫助受輔者做出科學的職業選擇。

（二）羅伊的職業生涯心理輔導策略

羅伊是一位臨床心理學家，在1960年代初期提出了其人格發展的理論，認為個體的早期經驗會影響以後的職業選擇行為，因此在心理輔導中應注重父母的養育方式和親子關係在個體需求滿足和職業選擇中的作用，幫助受輔者選擇適當職業以滿足其需求。

羅伊的生涯心理輔導策略比較注重個人心理需求與職業選擇的關係，是基於精神分析論、墨瑞人格論和馬斯洛需要層次論等人格理論而形成的。具體輔導策略包括：

1. 瞭解個體心理需求

可以透過談話或測量等方法真實地瞭解個體的心理需求狀況。

2. 協助個體選擇職業

依據羅伊的職業分類系統、各種職業所需的能力水準和責任層級，分析目前職業能否滿足個體需求，幫助其選擇適合需要的職業。

3. 重組需求形態

經過上述分析和診斷後，如果個體的需求仍然無法得到滿足，就需要以相應的諮詢或治療方式重組個體需求形態。如，輔導者可以幫助個體去瞭解早期經驗特別是父母管教方式及態度對其心理需求的影響，亦可借助個體中心或心理動力論的方法，重組個體的需求形態，協助個體發展高層次的心理需求，再根據重組後的需求形態和羅伊的職業分類系統選擇適合的職業方向。

羅伊的職業生涯心理輔導策略在注重個體心理需要的同時也培養滿足其需要的能力，以克服阻礙滿足需求的心理困惑或障礙。但是，心理需要不是影響職業選擇的唯一因素，教育或其他外界環境也是職業生涯選擇中應該考慮的重要方面。

（三）鮑丁的職業生涯心理輔導策略

鮑丁（1963）認為，內在動力與需要等動態因素的心理作用對職業選擇具有重要作用，因此職業生涯心理輔導必須首先瞭解個體的人格動力狀態，以動態的觀點對個體的問題進行診斷與分析。

鮑丁的生涯心理輔導的理論基礎是心理動力論，較為強調需要的滿足和焦慮的降低。輔導程序是：

1. 問題與診斷

只有在仔細觀察及診斷的基礎上，才能制訂出完善的心理輔導措施。個體可能存在五種問題情形：依賴（沒有獨立判斷與解決問題的能力，將問題的責任交付他人，根據他人指示來採取行動以獲得滿足）、知識缺乏（沒有適當資料，表現出困惑並需要他人的態度）、自我矛盾（自我觀念不協調或自我概念與環境產生衝突）、選擇上的焦點（遭遇到各種選擇衝突時所產生的情緒焦慮或挫折現象）、求證（尋求諮詢輔導並非有問題，而是想去驗證看看自己的選擇是否正確）。後來，鮑丁等人（1973）又提出一套診斷系統以有助於更深入地辨認所面臨的問題：認知統整困難（無法澄清或瞭解真實情況）、自我認同問題（缺乏正確或全面的自我認識）、心理需求滿足矛盾（對各種工作所給予的滿足產生矛盾）、企求改變的傾向（不滿意自己而企圖以選擇職業的方法進行自我改變）、明顯的精神疾病（致使個體無法抉擇）、不屬於前五項的動機衝突、既不屬於前五項的原因也沒有動機的衝突。

2. 輔導過程

心理動力論重視發展的歷程，因此職業生涯的心理輔導過程與個體的職業發展歷程類似而分為三個階段：探索階段（應持溫暖、關切和真誠的態度，採用澄清、比較和解釋等方法，協助受輔者對個人與職業間的動態關係尤其

是需求、心理防禦機制或幼年期經驗等方面做深入的探討分析)、人格與職業的整合階段(探索階段後的個體逐漸意識到理想與現實的差距,輔導者可適時提供進一步改變人格或職業的契機,從而將問題原來集中在職業選擇的焦點上,現在則拓展到人格癥結上)、改變階段(從自我覺察與瞭解開始,一旦覺得自己的人格應該有所改變,就實施適當的改變計劃。透過雙方良好的諮詢關係及適切的諮詢技巧,協助個體重組人格結構,發展合適的職業行為)。

3. 輔導方法

輔導方法具體包括:澄清(輔導初期應圍繞開放式的問題協助個體描述和思考與其困擾有關的資料,澄清問題的真實情況。這種方法威脅性少,可加強彼此關係,不會因輔導者的過早解釋而引發個體的抗拒反應,個體也有更多機會參與到輔導過程之中併負起責任來)、比較(找出個體有關情況的相似或相異之處,使其面對真實情況,引發對問題的進一步瞭解)、解釋防衛機制(防衛機制的解釋可使個體覺察其內在動機與職業選擇問題間的關係。在解釋測驗結果時需要個體一同參與,並鼓勵個體將測驗結果和個體的自身問題聯繫起來做統合考慮,以便做出決定或進行深入的自我探索)。

鮑丁的職業生涯心理輔導策略比較重視個體的需要、個體的自我探索功能和職業資料的完整性,並深入分析個體的心理動力,例如,個體需求得到滿足的程度以及如何獲得滿足。但是,在心理輔導過程中辨認個體的需求和滿足方式以及進行人格的改變並非易事,同時還應該注重高層次需求的滿足。

(四)庫倫伯茨的職業生涯心理輔導策略

庫倫伯茨(1979)認為,社會與心理對個人生涯均具有重要作用,遺傳因素和特殊能力、環境狀況和事件、學習經驗及工作取向的技能影響個人的生涯決定,因此在職業生涯心理輔導中應強調社會影響因素和學習經驗,發展行之有效的學習方式,增強個體的能力與發展。

庫倫伯茨的心理輔導的理論基礎是社會學習理論,其輔導策略是:

1. 對生涯選擇的基本看法

職業生涯的選擇是相互的、複雜的、終生的、因果聯繫的。人選擇職業的同時職業也選擇人，這既是個人自主的選擇結果，也反映社會所提供的就業機會與要求。個體所選擇的生涯方向是由個人的遺傳素質、環境的各種事物與狀況、各種學習經驗等複雜因素而交互決定的。生涯選擇不只是發生在一生中的某一時刻，而是由從出生到離職過程中連續不斷的各種事件與抉擇所決定的。生涯選擇不是偶發事件，而是由眾多複雜前因導致的結果。個人缺乏有關生涯的學習經驗，或者尚未學到系統而有步驟的前瞻性決策方法將導致其對生涯方向的把握不定，形成「生涯猶豫」現象，受輔者無須為此愧疚或抑鬱。

2. 輔導要點

在面對生涯抉擇時，個體決策方式不正確或無法做出妥善決策的原因在於其世界觀或工作取向的技能的不足，因此生涯輔導不僅僅是將個人特質和工作相匹配的過程，還應擴展受輔者的新的學習經驗，鼓勵其多參加與生涯有關的探索活動。同時，輔導者還應幫助個體學習合理有序的生涯決策的技能，幫助個體按照適當的順序進行各種學習與經驗探索（如實際試探、角色扮演、模擬活動、提供書面或試聽教材）以及輔導個體評估這些學習經驗對個人的影響。

3. 輔導模式

生涯決策輔導模式分為七個步驟：界定問題（必須完成的決策和估計完成該決策的所需時間）、擬定行動計劃（採取哪些行動或步驟進行決策並如何實施，估計每一步驟的所需時間或完成日期）、澄清價值（採取哪些標準作為評價每一可能選擇的依據）、找出可能選擇（描述所有已找出的可能的選擇）、評價可能選擇的結果（根據所定的選擇標準和評分標準對每種可能選擇進行評價）、系統地刪除不符合價值標準的可能選擇（選取最能符合決策者的理想選擇）、開始行動（將採取何行動以達到所定目標）。

庫倫伯茨的職業生涯心理輔導策略十分重視社會影響因素和學習經驗的作用和個體生涯決策能力的培養，並提出了系統的實施步驟和方法，這對於設計科學的訓練方法以培養個體的決策能力具有較高的實用價值和參考意

義。不過，在輔導過程中還應深入研究和分析個體在生涯抉擇歷程中的心理反應以及各種社會因素之間複雜的相互作用機制。

（五）克內菲爾坎姆和斯列皮茲的職業生涯心理輔導策略

克內菲爾坎姆和斯列皮茲是美國馬里蘭大學的教授，他們在1970年代從認知發展的觀點提出了認知發展的生涯發展模式，認為個體對於生涯發展、生涯知識和生涯抉擇的看法和觀點是從最簡單的層級逐漸向複雜而多元化的層級推進的，並影響其整個生涯發展的方式。因此生涯心理輔導應促進個體對其生涯發展各個時期的認知，並以當前時期和階段為基準而提供一些挑戰與支持，促使其向下一時期和階段的順利發展，做出更滿意的生涯抉擇與承諾。

克內菲爾坎姆和斯列皮茲的心理輔導是基於生涯認知發展模式的四個時期（二元關係期、多元關係期、相對關係期和相對關係承諾期）而展開的，從而使個體對自我的認定、價值觀與整體生活計劃歷程之間的互動關係有更趨整合的理解，以有利於做出恰當的職業抉擇。具體輔導策略是：

1. 對處於二元關係期的個體

可以充分運用測驗來引導其思考不同的解釋方式和各種可能的抉擇途徑，並透過輔導個體尋求更多不同方向的資料以突破「對與錯」的二分觀點。

2. 對處於多元關係期或相對關係期的個體

可以協助個體解決互有衝突的資料和進行自我澄清工作，確定抉擇過程中的各因素重要程度與優先順序並作為其負責做承諾的依據，輔導的重點是各因素的解釋方式和各種可能的抉擇途徑。

3. 對處於相對關係期和相對關係承諾期的個體

可以協助個體扮演在生涯中將承擔的獨特角色以及對職業自我和個體自我進行整合。

克內菲爾坎姆和斯列皮茲的職業生涯心理輔導策略比較重視生涯發展歷程中的認知因素，在具體輔導過程中應注意運用可靠的有效工具來測量和評

職業生涯規劃與輔導
第十三章 職業生涯的心理輔導

估個體所處的認知發展時期，並制定和實施合理的輔導方案以提高個體的生涯認知。

複習鞏固

1. 什麼是職業生涯心理輔導？
2. 職業生涯心理輔導的原理與技術有哪些？
3. 職業生涯心理輔導包括哪些策略？

第二節 職業生涯心理輔導的模式

職業生涯心理輔導是一項專業性很強的社會服務性工作，不僅需要發展良好的輔導關係，而且必須考慮彈性的輔導目標和處理技術，其最終目標是增強個體的自我瞭解，制定合理的行動計劃，促進受輔者的職業生涯發展和成長。

職業生涯心理輔導的過程可分為四個階段：

一是準備階段。輔導者要關注並仔細傾聽受輔者以示尊重和信任，建立初步的良好輔導關係。

二是探索與回應階段。鼓勵受輔者自由探索，協助其對問題進行澄清與整理，並做出適當回應。

三是行動階段。找到問題癥結後引導受輔者採取適當行動，使其發生積極轉變。

四是追蹤階段。對已有變化進行評估，鼓勵受輔者將習得經驗遷移至輔導以外的情景中去。

一般來說，職業生涯心理輔導的模式可分為個別諮詢模式、團體諮詢模式和環境支持模式。

第二節 職業生涯心理輔導的模式

一、個別諮詢模式

個別諮詢是指針對個體的自我認識和職業生涯規劃等問題而開展的面對面的心理輔導。與其他輔導模式相比，個別諮詢更具個別化和針對性，因而更容易滿足個體對特定問題解決的需要。

（一）個別諮詢的特點

第一，需要建立共同參與、相互信任的良好諮詢關係，始終保持友好氣氛。

第二，諮詢是動態的交互過程，常以言語的方式和平等的立場進行討論或溝通。

第三，諮詢技術的運用要充分考慮諮詢目標與個體的期望，靈活控制諮詢主題。

第四，諮詢目標必須促進個體的自我瞭解和職業生涯發展的合理規劃。

（二）個別諮詢的類型

1. 問題導向型

只向個體提供各種訊息資料來澄清問題，協助其解決問題，並注重不斷學習和摸索。

2. 自我認識型

將個人職業生涯發展視為一個長期歷程，諮詢重點放在增進個體的自我認識和把握上，協助其順利面對今後可能發生的一連串人生抉擇與適應。

3. 自我表現型

幫助個體充分發揮自身的優勢和潛能，創造未來更多可能的發展，以達到自我導向的目標。

4. 能力培養型

在諮詢過程的問題解決中，提高個體的決策和適應等能力。

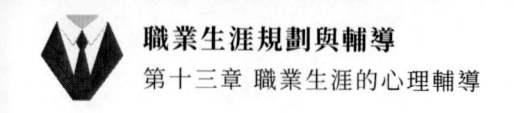

5. 共同探索和分析型

在諮詢過程中個體並不知道問題解決的答案，在共同探索和分析中協助個體自己找出合適的答案。

6. 輔助和引導型

在諮詢過程中個體對問題已有清楚的認識和解決的方法，為了學習過程的需要而引導個體自行摸索並找到合適答案。

（三）個別諮詢的基本過程

職業生涯心理輔導者由於自身的知識經驗、人格特徵等不同會導致諮詢過程的各種差異，但個別諮詢的基本過程大體可分為諮詢初期、中期、後期三個階段。

1. 初期——建立關係階段

諮詢初期的主要目標是建立友好信任的諮詢關係，具體內容是幫助個體願意接受諮詢並對之充滿期望；雙方進行充分溝通，積極創設平等信任的氣氛，消除個體內心的緊張和表達的困難；以同情、鼓勵的態度傾聽個體的需要，用關注的語言表達願意提供幫助的訊息；建立起良好的諮詢關係，瞭解受輔者的基本情況和主要問題，共同設定諮詢的目標。

2. 中期——探明問題階段

諮詢中期的主要任務是界定和分析問題，收集各種資料，瞭解問題的癥結，找出解決問題的對策和方法；協助個體增進自我瞭解，學會更全面地看待自身知識和技能，探明可利用的各種資源。

3. 後期——執行與評估階段

諮詢後期的主要任務是幫助個體制定解決問題的行動計劃；鼓勵個體在新的自我認識的基礎上學習新行為並對之負責；共同尋求介入建設性的行為訓練手段與方法；改變已有的不良行動及習慣，獲得更有效的生活及適應新的環境變化的技能，重塑新的自我；鞏固諮詢成果，建立必要的經常聯繫，獲得連續性的回饋資料，對諮詢結果進行評估。

總之，個別諮詢模式儘管存在費時較多等不足，但其諮詢方式比較靈活，可以採取面談的方法，也能透過電話與信函等途徑進行心理輔導，從而有效減輕個體的思想顧慮，並能表達自己的真實想法，有利於對其進行耐心而深入的有針對性的心理輔導。

二、團體諮詢模式

團體諮詢是指在團體情境下進行共同討論和相互交往而開展的集體輔導。與其他輔導模式相比，團體諮詢能夠提供與他人在共同的活動中彼此進行交往和互動的機會，有利於個體瞭解自己和他人的心理，增強社會適應性和促進自我成長。

（一）團體諮詢的特點

第一，諮詢目標是參與諮詢活動的全體成員一起制定的共同目標。

第二，團體諮詢是互動性的，成員擔任各自的角色，可以進行雙向和多向溝通。

第三，互相交流、互相幫助、共同探討問題的氣氛能夠感染和影響成員，有助於個體擺脫困境。

第四，團體成員擁有各自的人際關係和有關職業問題的豐富訊息，能給個體更好的啟發與幫助。

第五，團體諮詢效率高，省時省力，易於遷移到團體之外的現實工作中。

第六，團體諮詢特別適用於人際關係適應不良的個體，如存在害羞、孤僻等社交障礙的學生。

（二）團體諮詢的類型

1. 團體輔導

團體輔導的主要功能是為團體成員提供大量必要的有效訊息，讓其進行深入討論和分析，幫助個體更好地認識自己、他人和外部客觀世界。

2. 團體治療

團體治療比較關注團體成員已有的知識和經驗，以便有針對性地提出解決問題的方案。團體治療的目的是矯正和改變團體成員的態度和行為，提高職業的適應性。

3. 問題小組

問題小組是以解決職業發展問題為目標，不選擇有嚴重人格情緒障礙的人參與。所諮詢和討論的問題一般都帶有探究性，要求輔導者具有深厚的理論素養和人生閱歷。

4. 興趣小組

興趣小組是由若干具有共同興趣的人組成，解決的問題不很明確，諮詢問題具有開放性，團體成員數量不固定，允許新成員相互間有效互動。這種方式容易在團體成員之間建立起交互作用的合作模式，也容易形成一致的看法，避免矛盾。

（三）團體諮詢的基本過程

1. 團體形成階段

選擇合適的成員並使之團結為一體，形成共同的諮詢目標。

2. 團體前期活動階段

形成團體意識，透過講解、座談、交流等方式，探明團體內各成員的問題和行為，初步獲得解決問題的方法。

3. 團體後期行動階段

在共同討論和廣泛互動中，透過角色扮演和情景模擬，提高自我認知能力，獲得解決問題的具體方法，將決定付諸實踐。

4. 回饋與評估階段

對諮詢結果做出回饋並進行評價。

總之，團體諮詢模式對集中解決一些大學生共同的心理問題具有明顯的效果，不僅輔導效率高，而且效果易於鞏固。更重要的是，團體諮詢模式為

個體提供了人際互動和情感支持的平臺,團體成員的年齡接近,生活環境相似,有著相同或相近的問題與困惑,因此相互之間更容易溝通、交流、分享與探討,這種自我教育的形式更易產生效能。另外,團體諮詢模式也為個體的職業生涯規劃提供了社會技能的實踐平臺。團體諮詢模式以體驗式和情境式的方法,透過角色扮演、情境體驗、經驗分享、行為訓練等形式,營造了良好的社會活動場所,個體可以在開放接納的氣氛中探索團體成員的內在衝突、態度、人格和價值,學習和練習進行職業生涯規劃的步驟、方法和技巧。不過,團體心理諮詢也有一定的侷限性,個體在多人在場的場合中容易產生顧慮,不願暴露自己的內心想法。因此,深層的心理問題則需要透過個體諮詢模式加以解決。

生活中的心理學

職業生涯規劃的團體諮詢案例

職業生涯規劃的團體諮詢可以透過團體成員的互動與增強而達到較佳的學習效果,這不僅可以幫助個體解決職業生涯規劃的問題,而且還能透過學習遷移而廣泛運用在一生的各種問題的解決上。庫倫伯茨等人(1974)將職業生涯規劃的實施分成五個循序漸進的階段,各階段內又有一至兩個重要步驟。本案例將五個階段分為五次聚會,在具體實施中可以依照情況將每次聚會分成一兩次或多次的團體活動(金樹人,1988)。

聚會一:建立個人目標及時間表

1. 單元目標

(1)每位成員能建立至少一個生涯目標;

(2)每位成員能承諾參加六個小時的團體討論及四至六個小時的個人研究。

2. 諮詢過程

(1)團體成員彼此介紹;

(2)透過腦力激盪,建立團體常規;

（3）諮詢員界定行為目標的範圍，介紹目標發展的實際過程；

（4）團體成員每兩人一組，彼此協助建立個人的目標；

（5）宣布每一個人的目標，與團體成員共同討論，並適時給予輔導強化；

（6）諮詢員介紹時間表的建立對團體成員的重要性；

（7）綜合整理。

聚會二：行動階段

1. 單元目標

（1）使成員熟悉生涯資料系統以及可能要用到的測量工具；

（2）解釋運用測評工具及職業資料系統的目的。

2. 諮詢過程

（1）團體成員回憶上次聚會時個人所建立的目標；

（2）說明本次聚會的目的與目標；

（3）實施並解釋職業興趣測驗；

（4）經過職業興趣測驗的討論（諮詢員也參與），每個人選定兩至三種準備探索的職業或專業。

聚會三：資料蒐集

1. 單元目標

（1）介紹生涯資料的資源，說明其用意及使用方法；

（2）介紹生涯探索所需要的職業資料。

2. 諮詢過程

（1）討論生涯資料在生涯探索及決定過程中的地位；

（2）說明各種印刷媒體的形式，確定將要訪問的地點；

（3）諮詢員提出體驗職業經驗的模擬表演方式；

（4）討論各種體驗職業經驗的做法；

（5）每一團體成員均提出自己在生涯資料蒐集方面的目標；

（6）透過團體內的互動，每位成員承諾在以後兩週內預先看完所有職業資料；

（7）決定下次聚會時間時，檢討各人的成果及承諾。

聚會四：分享資料和預估結果

1. 單元目標

（1）每個成員能分享整理後的資料；

（2）每個成員能選擇一個暫時的生涯方向作為進一步探索的準備。

2. 諮詢過程

（1）首先界定討論的方式以及內容格式；

（2）在口頭報告時，每個團體成員與他人分享整理後的職業資料；

（3）每個團體成員均報告暫時的選擇結果，說明選擇原因及下一步探索的想法；

（4）諮詢員綜合各人的報告，介紹評估某一職業或事業方面取得成就所需的資料；

（5）諮詢員隨時協助團體成員估計選擇某項職業成功的機會，或看看是否需要再回到前面的步驟。

聚會五：重新評價、暫作決定或循環

1. 單元目標

（1）分析在不同職業中成功的概率；

（2）提供必要刺激，以確認對某項事業前程的決定，或改變方向而回到做決定過程的前一階段；

（3）檢討所做的決定。

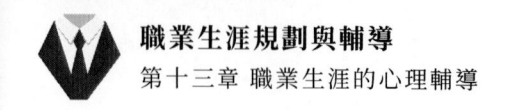

2.諮詢過程

（1）每個成員扼要地介紹其所選擇的職業，並說明其預估成功把握的可能性；

（2）團體成員預先設定下一步的做法；

（3）準備追蹤輔導。

三、環境支持模式

環境支持模式是指：在職業生涯的發展中為個體營造良好的、有助於獲得職業生涯發展成功的組織環境，讓每位成員都積極關注工作成就、工作績效與事業成功。採用環境支持模式進行職業生涯輔導，一般由企業或組織的領導者來擔當諮詢者，主要依賴於優良的組織文化和制度的潛移默化。因此，環境支持的主要立足點在於改善組織管理環境與轉變人的觀念。

（一）環境支持的特點

第一，成員能清楚理解自己的生涯目標和計劃，並把它作為每天的工作基礎。

第二，各部門和單位之間能有效聯合和合作，以實現組織的目標。

第三，各種重要訊息能快速準確在各個組織層級上傳遞，沒有身份和性別的歧視或偏見。

第四，個體成績的定義清晰，評價方法普遍被認可，每個人都把工作看成是發揮自己潛力的機會。

第五，重視與提倡創造性勞動，鼓勵無拘無束地提出各種問題和建議。

第六，工作團隊之間和職級之間的管理關係清晰，責權利明確而統一，成員在完成工作中能明顯感到上層管理者的支持。

第七，組織的活力和競爭力表現為完善的制度體系，簡明的目標計劃，科學民主的決策，積極應變的創新精神。

（二）環境支持的主要類型及技術

1. 組織發展

從發展的角度來說，組織是一個不斷設計自我、改變自我和提高完善自我的過程。組織發展對個體的成長起著十分重要的作用。

組織發展的主要內容包括：建立良好的有效管理系統，各層級管理者能有效行使管理職業發展的職責；促進組織內部有效的協作和配合，包括部門間和人際間的合作，形成上下的合力；公開民主地處理有利於組織的健康發展的建設性衝突；找準影響組織落後的問題和應對策略，包括對組織結構和管理層次進行調整；深刻認識組織發展過程對成員的工作業績的作用，實施積極的補救策略；給每位管理者及成員提供挑戰自我和充分發展與挖掘自我潛能的機會。

2. 管理開發

管理開發是有計劃地學習職業管理經驗的過程，不僅使組織充滿活力，而且還能激發個體的工作潛能並提高績效，為承擔更多的工作做好準備。

管理開發的主要任務是：安排並組織實施必要的培訓和行動計劃；為每位成員的成功開闢通路，使其在追求職業發展過程中為自己的成長負責並提供表現才能的各種機會；給潛在的管理者（後備人才）提供多樣化的工作經歷，保證各職位工作具有可替代性和連續性；組織管理制度具有良好連續性，保持組織所需要的人力資源。

3. 個體目標建立

在組織目標的背景中建立起個人的發展目標是個體職業生涯發展的重要環節。在實際工作中，個體的短期目標起著更為關鍵的作用。因此，在環境支持中，個體目標的建立主要是指個人的短期目標。

個人目標主要有：明確職業職責和職業發展的方向；學會有效處理與工作和發展有關的眾多目標，根據優先次序和重要程度進行選擇與決策；理解

個人目標與組織目標的一致性，制定評價職業發展目標的尺度和標準；主動承擔具有挑戰性的工作，把握各種發展機會並獲得成就感。

複習鞏固

1. 個別諮詢模式的特點與基本過程是什麼？
2. 團體諮詢模式的特點與基本過程有哪些？
3. 環境支持模式包括哪些主要類型及技術？

拓展閱讀

大學生的焦慮心理與自我評價

焦慮是個體主觀上預料將會有某種不良後果產生，但是因無法明確不良後果的性質與內容，因而無法採用有效手段加以控制時所產生的憂慮與不安的情緒體驗。大學生焦慮的外部特徵主要是愁眉鎖眼，面部緊繃，行動刻板；內部表現是煩躁不安，悶悶不樂，怨天尤人，脾氣古怪，並常常懷疑自己的能力和誇大失敗，處於無緣由的緊張恐懼狀態之中。

大學生在就業求職過程中普遍會出現焦慮心理。如，有的學生擔心自己的理想能否實現，能否找到專業對口且環境優越的單位，自己選擇的單位不能得到父母的認可時應該怎麼辦，自己到工作單位後能否勝任等。這些焦慮使大學生在畢業時精神負擔過重，緊張煩躁，萎靡不振，心神不寧，無所適從。甚至有些人在屢遭挫折後產生恐懼感，一提到畢業求職就心理緊張。

焦慮是人處於應激狀態時的正常反應，適度的焦慮可以喚起警覺和集中注意力，激發人的鬥志。心理學的研究表明，中等程度的焦慮是有益的，但過高或過低的焦慮則不利於任務的完成。過度而經常的焦慮就成了神經性焦慮症。大學生可以透過自我調節、放鬆訓練、適當降低期望值、藥物治療等多種方法來緩解焦慮。

為瞭解自己的焦慮傾向和焦慮程度，可以使用20個項目的焦慮自評量表進行自我評定。評定時間為過去一週內的自我狀況。

焦慮自評量表

評定項目	很少有	有時有	大部分時間有	絕大多數時間有
1.我感到比往常更加神經過敏和焦慮	1	2	3	4
2.我無緣無故感到擔心	1	2	3	4
3.我容易心煩意亂或感到恐慌	1	2	3	4
4.我感到我的身體好像被分成幾塊,支離破碎	1	2	3	4
5.我感到事事都很順利,不會有倒霉的事情發生	4	3	2	1
6.我的四肢抖動和震顫	1	2	3	4
7.我因頭痛、頸痛、背痛而煩惱	1	2	3	4
8.我感到無力且容易疲勞	1	2	3	4

續表

評定項目	很少有	有時有	大部分時間有	絕大多數時間有
9.我感到很平靜,能安靜坐下來	4	3	2	1
10.我感到我的心跳較快	1	2	3	4
11.我因陣陣的眩暈而不舒服	1	2	3	4
12.我有陣陣要昏倒的感覺	1	2	3	4
13.我呼吸時吸氣和吐氣都不費力	4	3	2	1
14.我的手指和腳趾感到麻木和刺痛	1	2	3	4
15.我因胃痛和消化不良而苦惱	1	2	3	4
16.我必須時常排尿	1	2	3	4
17.我的手總是很溫暖而乾燥	4	3	2	1
18.我覺得臉發燒發紅	1	2	3	4
19.我容易入睡,晚上休息很好	4	3	2	1
20.我做噩夢	1	2	3	4

計分與解釋:

評定採用 1～4 制計分，把 20 題的得分相加得總分，把總分乘以 1.25，四捨五入取整數，即得標準分。

焦慮評定的分界值為 50 分，如果得分為 50 分以上，就可診斷為有焦慮傾向。測驗的分值越高，說明焦慮傾向越明顯。

本章要點小結

職業生涯心理輔導活動的基本原理主要是發展性與整體性原則相結合、廣泛綜合性與自主性原則相結合、教育性與實踐性原則相結合。職業生涯心理輔導主要有角色扮演技術、心理測驗技術、研討診斷技術、交往訓練技術、行為塑造技術、理性情緒技術等。職業生涯心理輔導策略有威廉姆遜的職業生涯心理輔導策略、羅伊的職業生涯心理輔導策略、鮑丁的職業生涯心理輔導策略、庫倫伯茨的職業生涯心理輔導策略、克內菲爾坎姆和斯列皮茲的職業生涯心理輔導策略等。

生涯心理輔導的模式分為個別諮詢模式、團體諮詢模式和環境支持模式。個別諮詢的基本過程分為諮詢初期———建立關係階段、中期———探明問題階段、後期———執行與評估階段。團體諮詢的基本過程包括團體形成階段、團體前期活動階段、團體後期行動階段、回饋與評估階段。環境支持模式指在職業生涯的發展中為個體營造良好的有助於獲得職業生涯發展成功的組織環境，讓每位成員都關注工作成就、工作績效與事業成功。環境支持主要有組織發展、管理開發和個體目標建立等三種類型。

關鍵術語表

職業生涯心理輔導 角色扮演技術 心理測驗技術 研討診斷技術 交往訓練技術 行為塑造技術 理性情緒技術 個別諮詢模式 團體諮詢模式 環境支持模式

本章複習題

1. 大學生職業生涯心理輔導的主要內容是（　）。

A. 協助個體瞭解自己的能力、職業興趣與價值觀

第二節 職業生涯心理輔導的模式

B. 獲取就業政策和人才需求訊息

C. 掌握擇業的決策技巧

D. 正確處理個人職業興趣與社會需要的關係

2. 職業生涯心理輔導的最終目標是（　）。

A. 增強個體的自我瞭解

B. 由他人決定自己的職業目標

C. 制定合理的行動計劃

D. 促進個體的職業生涯發展與成長

3. 庫倫伯茨的職業生涯心理輔導策略的理論基礎是（　）。

A. 社會學習理論　　B. 認知發展理論

C. 心理動力論　　D. 特質因素論

4. 鮑丁的職業生涯心理輔導過程包括（　）。

A. 探索階段　　B. 人格與職業的整合階段

C. 預測階段　　D. 改變階段

5. 羅伊的職業生涯心理輔導策略有（　）。

A. 瞭解個體心理需求　　B. 協助個體選擇職業

C. 重組需求形態　　D. 問題與診斷

6. 職業生涯心理輔導的過程是（　）。

A. 準備階段　　B. 探索與回應階段

C. 行動階段　　D. 追蹤階段

7. 職業生涯心理輔導的模式包括（　）。

A. 患者中心模式　　B. 個體諮詢模式

C. 團體諮詢模式　D. 環境支持模式

8. 諮詢效率高，省時省力，更易於遷移到現實工作中的輔導模式是（　）。

A. 個別諮詢模式　B. 團體諮詢模式

C. 環境支持模式　D. 心理治療模式

第十四章 職業選擇

　　職業選擇是人們從自己的職業期望、職業理想出發，依據自己的興趣、能力、特點等自身素質，從社會現有的職業中選擇一種適合自己的職業。其特點是個人對於自己就業的種類、方向的挑選和確定。職業選擇的一般步驟是：探索、意向、選擇、澄清、就職、堅定或矯正、總結提高。影響職業選擇的因素有個人因素，包括自身興趣、氣質、性格、能力、價值觀等與職業選擇是否匹配；外部因素，包括就業政策、當年的經濟形勢、當年用人單位需求情況以及當年畢業生情況等對職業選擇的影響。一些求職者對職業選擇存在困惑，需要其克服心理誤區。

第一節 職業選擇的概念和方法

一、職業選擇的概念

　　所謂職業選擇，是指人們從自己的職業期望、職業理想出發，依據自己的興趣、能力、特點等自身素質，從社會現有的職業中選擇一種適合自己的職業。其中，職業能力、職業意向和職業職業是構成職業選擇的三個基本因素。其特點是個人對於自己就業的種類、方向的挑選和確定。它是人們真正進入社會生活領域的重要行為，是人生的關鍵環節。透過職業選擇，有利於人和勞動職業的較好結合，使個人順利進入社會勞動職業，有利於社會化的順利進行與實現。透過職業選擇，有利於取得經濟利益、社會效益等多方面共贏，促進人的全面發展。

　　職業選擇過程中勞動者是職業選擇主體，是擇業行為能動的主導方面，而各種職業則是被選擇的客體。職業選擇是勞動者根據自身條件在勞動職業之間互相選擇、互相適應的過程，這一過程在勞動者的職業生涯中可能不止一次發生。價值觀對職業選擇的導向和定位起著決定性作用。正確的就業價值觀應當是切合實際的、合理的，符合職業要求的限制，不能任意進行。而正確的職業選擇需要與自身實際、職業需求和形勢發展相適應。包括從業以前的選擇和從業以後的選擇，前者透過選擇實現就業，後者透過選擇實現職

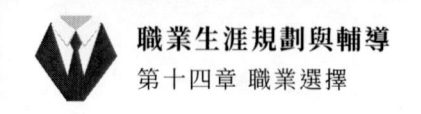

業變換。一個人職業選擇是否恰當，不僅關係到個人意願和興趣的滿足，也關係到自身才能的發揮和對社會貢獻的大小。

職業選擇理論探討人們進行職業選擇時的依據和規律。職業選擇理論以特質-因素理論為基礎，源於19世紀官能心理學的研究，核心是人與職業之間的匹配。後來的一些職業輔導專家如帕森斯、威廉姆斯等人進一步發展了該理論，再加之心理學的發展、職業訊息資料的建立，更充實豐富了職業選擇理論，使之成為職業生涯管理中的奠基性理論。其中，影響較大的是霍蘭德於1971年提出的職業傾向理論。

職業傾向理論假設人的職業選擇是其人格的反應。在同等條件下，人和環境的適配性或一致性將增加個體的工作滿意度、職業穩定性和職業成就感。霍蘭德的理論基礎主要由四個基本假設構成：大多數人的人格特質可以歸納為現實型、研究型、藝術型、社會型、管理型、常規型六種類型；工作環境也可分為現實型、研究型、藝術型、社會型、管理型、常規型六種；盡量尋找那些能運用自己的技術、體現自己的價值和能在其中扮演令自己愉快角色的職業；一個人的行為表現是職業環境類型和人格類型的相互作用的結果。基於此理論，霍蘭德編制了職業傾向測驗。該測驗量表有助於發現和確定自己的職業興趣和能力特長，從而更好地做出求職擇業的決策。如果已經考慮好或選擇好了自己的職業，該測驗將使這種考慮或選擇具有理論基礎，或展示其他合適的職業；如果尚未確定職業方向，該測驗有助於根據自己的情況選擇一個恰當的職業目標。上述各種理論見第二章詳細闡述。

二、職業選擇的步驟和方法

就業是民生之本，就業問題是構建社會主義和諧社會的重要內容，是社會經濟發展中的重大問題，也是影響個人前途與生涯的重大問題。因此，解決好就業問題歷來是勞動就業服務工作的重要方面，也是當前進一步加強就業服務工作的一個重點。談起就業，人們會想到日常生活中各種各樣的勞動職業以及與勞動職業相關的各種職業，諸如工人、農民、教師、醫生、警察、記者、部門經理、科技人員等（邵學東，2011）。因此就業和職業選擇密不可分。職業選擇的具體決策步驟一般如下：

(一) 探索

職業探索是根據自己的常識、經驗和能力,來收集各種感興趣的有關職業訊息。它是個體追求自我發展與現實侷限之間不斷協調的過程。這一過程描述了個體職業發展中兩個方向的動態過程,一方面體現在:個體透過各種策略不斷對自我和工作世界進行探索,這是對自我及未來發展廣度和深度上的追求;另一方面,現實狀況雖然為個體發展提供了平臺和機會,但也在一定程度上給這種發展限定了範圍。因此,個體為尋求一種既具有現實可行性,又符合自身特點的發展方向,在兩者之間不斷協調及匹配。具體來說,個體基於對於自我負責的態度,使用各種策略,如充實自己、請教他人、對目標的努力等,去探索適合未來發展的方向。這種探索最初是基於自身的興趣、性格、價值觀等方面的考慮,是一種泛化的模式。然而,在探索過程中,現實狀況不斷地呈現於眼前,這種探索開始轉變為在某一範疇之內的探索(曲可佳,鄒漲,2012)。

(二) 意向

在上述基礎上進行具體的定向。主要考慮所確定的職業意向的價值、目的和能夠獲得的報償等因素。職業意向又稱職業期望,是勞動者對某項職業的嚮往,也就是希望自己從事某項職業的態度傾向。職業意向是職業選擇的構成因素之一,直接影響人對職業的選擇。它反映一個人的理想、胸懷、情趣和價值觀,影響一個人的職業目標及成就大小。

職業期望屬於個性傾向性的範疇,是職業價值觀的外化,也是個體人生觀、世界觀的折射。每種職業有各自特性,不同人對職業特性可能有不同的評價和取向,這就是所謂的職業價值觀。沒有意向的職業選擇是盲目的。因此,在職業選擇時,首先要確立意向,這是職業選擇的關鍵。

(三) 選擇

所謂職業選擇,是從個人的職業能力和意向出發,在社會的不同職業職業中選擇其一的過程。職業選擇是就業的微觀決策行為,它決定著人的職業生涯,對人一生的各個方面都有著重要影響。構成職業選擇要具備三個要素:

一是職業能力個性，即從事某種職業的勞動能力與個性心理特徵。二是職業意向，即個人對於社會職業的評價和選擇偏好。三是職業職業需求，即微觀經濟單位的職業空缺。職業選擇作為個人的一種抉擇行為，對個人的職業生涯有著決定性的影響。在漫長的人生道路上，職業選擇往往不是一次單獨的行動，而是多次抉擇構成的一個鏈條。在職業選擇時往往受其過去的經驗和對今後生活長期考慮的影響。因此，決策選擇具有一定的目的性和足夠的訊息。人們面臨若干種不同的可能職業時進行職業選擇決策，要對可能選擇的所有結果做出評價，分析各種抉擇的價值大小，分析、考慮並初步選擇確定具體的職業目標（王冠宇，2009）。

（四）澄清

就是在初步選擇的基礎上，從多方面自我質疑，最終確定好具體的職業目標。

由於市場經濟的影響，會使擇業觀趨向於理想化、務實化。尤其是大學生畢業之後還會產生一定的優越感，因此在確定職業目標時會過高地估計自己的能力，過多的要求用人單位的薪資、規模、地理位置、工作環境等，以至於很多求職者的職業目標會與現實情況發生衝突。透過一定範圍內的調查研究表明，在應屆大學生中有將近 40% 的人表示希望能去經濟發達的城市工作，同時還要求單位給個人很大的發展空間。只有很少一部分大學生願意從基層做起，希望透過自己的努力得到自己希望的社會地位。當然，就工作而言每一個人都希望自己的工作有比較好的個人發展、薪資水平高、公司規模大，但是要求這些的同時，求職者也應該清楚自己現在所掌握的資源是什麼，能給單位帶來多大的效益，即自我質疑。只有這樣才能最終確定好具體的職業目標，達到用人單位與求職者的雙贏局面（周美琦，2012）。

（五）就職

即按照既定職業目標盡快實施，走上工作職業。求職者在樹立與社會經濟體制相適應的求職擇業新觀念的前提下，認識自我，準確定位，客觀地評價自我是成功就業的關鍵。只有明確自己的位置，確定適合自己的職業目標，

增強就業的信心，提高自身素質、心理承受能力，才能為成功就業奠定堅實的基礎。

（六）堅定或矯正

包含兩層意思：一是如果所選擇的職業目標是正確的，那就堅定地走下去，努力走出名堂來；二是如果所選擇的職業目標是部分不正確或完全錯誤的，那就適時部分地更正，或重新選擇更合適的正確職業目標。

（七）總結提高

對於自己的職業選擇和就業，在實踐中不斷自我反思、自我總結，積累職場智慧，豐富自己的職業人生。

三、影響職業選擇的因素

（一）個人因素

包括自身興趣、氣質、性格、能力、價值觀等與職業選擇是否匹配。

1. 興趣與擇業

興趣是指一個人力求認識、掌握某種事物，並經常參與該種活動的心理傾向。興趣與職業是否匹配，決定了個人在工作中的積極性與主動性。職業興趣特徵包括現實型、探索型、藝術型、社會型、事業型和傳統型，根據這些特徵可以將職業大體上分為現實型、探索型、藝術型、社會型、事業型和傳統型六類。人的興趣在職業活動中起著十分重要的作用。據有關研究資料表明，如果一個人對某一工作有興趣，能發揮他的全部才能的80%～90%，並且長時間保持高效率不感到疲勞。相反對工作沒有興趣的人，只能發揮全部才能的20%～30%，也容易精力疲乏。

2. 氣質與擇業

氣質是個人在生活早期就表現出來的穩定的個性差異，即那些由遺傳和生理決定的心理與行為特徵。典型地表現於人們心理過程的速度（如知覺的快慢，思維的靈活性程度）和穩定性（如注意集中時間的長短）、心理過程

的強度（如情緒的強弱，意志努力的程度）以及心理活動的指向性（有的傾向於外部事物，從外界獲得參考訊息；有的人傾向於內部，經常體驗自己的情緒和思想）等動力方面的特點。在日常生活中，氣質也被稱為「性情、脾氣」。人的性情、脾氣差別很大，有的人脾氣很急，走路、辦事總是急急匆匆；有的人說話辦事慢條斯理，很少發急；有的人喜形於色，大大咧咧；有的人沉默寡言，深思熟慮。這些心理特徵，往往一輩子也難以改變，可謂「青山易改，稟性難移」。氣質對人們所從事的職業性質和工作效率都有一定的影響。什麼氣質類型的人適於從事什麼職業，這是古往今來許多專家研究的一門學問。比較普遍的提法是把人的氣質分為四種類型：多血質型、膽汁質型、黏液質型和抑鬱質型。氣質類型無好壞之分，也不能決定人的社會價值大小與社會成就的高低。任何氣質類型既有積極作用也有消極影響。但有些工作對氣質類型有特殊的要求，氣質特點可以作為職業選擇的依據之一。

需要說明的是，這裡不能絕對的看氣質類型與職業選擇的關係。實踐證明，影響工作效率的主要因素有思想覺悟、工作熱情、文化技術水平、實際工作經驗等。

3. 性格與擇業

性格是一個人在對現實的穩定的態度和習慣化了的行為方式中表現出來的人格特徵。一個人性格的各個方面越適應他的工作，他對自己的工作就越滿意。近年來，在國外用人單位人員選拔中流行一種新觀念，他們認為，性格比能力更重要。其原因是，如果一個人能力不足，可透過培訓提高；但一個人的性格與職業不匹配，要改變起來，就困難多了。因此，在選擇職業時，務必考慮個人的性格與職業需求是否相匹配。

需要注意的是，與氣質不同，人的性格不僅有個別差異而且有好壞之分。有的人嬌嗔、傲氣、潑辣，有的人熱情、開朗、活潑、外露，有的人深沉、內在和多思；有的人大膽自信，有的人羞怯自卑，有的人乾脆果斷，有的人慢條斯理等。這些差異、好壞都在不同程度上影響著個體職業選擇的傾向和成功與否（程正方，2009）。

一般說來，開朗、活潑、熱情、溫和的性格，比較適合於從事外貿、涉外工作、文體工作、教育工作、服務工作以及其他同人群交往多的職業；多疑、好問、倔強的性格，比較適合於從事科學研究、治學方面的工作；深沉、嚴謹、認真的性格，比較適合做人事、行政、政務工作；而勇敢、沉著、果斷與堅定是新型企業家和管理者不可缺少的性格。我們不可能設想讓一個脾氣暴烈的人去搞公關、談生意或做服務性工作，也不可能設想讓一個性格怯懦、柔弱的人去從事安全保衛工作；讓做事大大咧咧、馬馬虎虎的人去當醫生或會計，其結果必然不堪設想。因此，應根據自己的性格特徵並參照此來確定自己的職業選擇

4. 能力與擇業

能力是一種心理素質，是順利完成某種活動的心理條件。如：觀察的精確性，記憶的準確性和思維的敏捷性是完成許多活動所不可缺少的；節奏感和曲調感對從事音樂的人來說是必須具備的；缺乏充分的想像力，就很難使他與作家、藝術家結緣。能力在不同個體身上，以及同一個體的不同方面的表現都是有差異的，不同的職業根據工作性質、內容和環境的不同，對人的能力也有不同的要求和側重。例如空間判斷能力極強的人適合從事工程、建築等工作以及內外科醫生等職業；語言表達能力很強的人則適合從事教師、服務員、護士等職業。因此，在選擇職業時，要對個人的能力有個客觀、全面的認識。

按能力的傾向劃分，可分為一般能力和特殊能力。一般能力是指在不同種類的活動中表現出來的共同能力，適用於廣泛的工作範圍，是有效地掌握知識和順利地完成活動所不可缺少的心理條件。例如觀察力、思維力、記憶力、注意力、語言表達能力和操作能力、想像力都屬於一般能力，也就是通常所說的智力，其核心是邏輯思維能力。特殊能力是指在某些特殊領域的活動中所表現出來的能力。如節奏感、色彩鑑別力、準確估計比例關係等就屬於特殊能力。特殊能力總是建立在一般能力基礎上，經過一般能力的專業性訓練發展而來的。因此，一般能力必然包含在特殊能力之中。一般能力與特殊能力在發展中相互作用，構成有機整體，保證有效地完成某種活動。對自

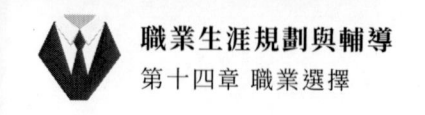

己的能力，無論是一般能力或特殊能力、現有能力或傾向能力的自我認識和評價，對求職者的職業定向與職業選擇往往起著篩選和定位的作用。

當然，要順利成功地完成某項活動，單靠某一種能力是不夠的，它需要多種能力的有機結合。例如，要當作家，單有想像力是不夠的，它還需要文字表達能力、觀察能力、邏輯思維能力等。在從事某種活動中，各種能力的獨特結合稱之為才能。如果一個人的各種能力能在活動中最完備地結合，那他就能最大限度地實現自己的人生理想，從而創造出更多的社會財富。

5. 價值觀與擇業

價值觀是指一個人對周圍的客觀事物的意義、重要性的總評價和總看法。而職業價值觀是指人生目標和人生態度在職業選擇方面的具體表現，也就是一個人對職業的認識和態度以及他對職業目標的追求和嚮往。美國心理學家洛特克在其所著《人類價值觀的本質》一書中，提出13種價值觀：成就感；美感的追求；挑戰；健康；收入與財富；獨立性；愛、家庭、人際關係；道德感；歡樂；權力；安全感；自我成長；協助別人。

從以上13種價值觀的內涵可以看出，不同的人有不同的價值觀念，而不同的價值觀念適合從事不同的職業或職業。如果在制定職業生涯規劃時，沒有考慮自己的價值觀念，選擇了不適合自己的職業，也就很難在這個職業上堅持下去，當然也就談不上事業發展與成功（韋朝帥，2012）。

（二）外部因素

包括就業政策、當前的經濟形勢、當前用人單位需求情況以及當前畢業生情況等對職業選擇的影響。

1. 就業政策

就業政策是國家為實現一定的方針而制定的人力資源配置的行動準則，體現了一定時期社會發展的需要，以及在特定時期制定的特殊政策或者補充政策，對擇業者就業提供了導向、約束作用，是其就業過程中所應遵循的基本規範。

2. 當前的經濟形勢

國家或地區一定時期內的經濟狀況,直接影響勞動就業狀況。當前,地區經濟發展不平衡,城鄉之間還存在差距。這直接導致地區的人才需求不平衡以及擇業者流向不平衡。經濟發展了,對高層次人才的需求也自然會增多。

3. 當前用人單位需求情況

用人單位的自身效益以及對人才的需求是動態變化的。擇業者需要根據其需求的變化調整自己的職業選擇。

4. 當前畢業生情況

畢業生的總人數、專業、層次等都將對畢業生就業有所影響,所以畢業生就業時要瞭解當前畢業生的供求形勢。即哪些專業急需、哪些專業供大於求等。

複習鞏固

1. 什麼是職業選擇?職業選擇的構成因素是什麼?

2. 職業選擇的一般步驟是什麼?

3. 影響職業選擇的因素有哪些?

第二節 職業選擇的心理誤區及克服

一、職業選擇的誤區及困惑

瞭解了職業選擇的概念及影響因素,有些求職者還是不能順利地或正確地進行職業選擇。這是由於人們在職業選擇時往往會陷入誤區或存在迷惑。

通常,大多數人都是在探索———意向———選擇的求職怪圈中周而復始的循環。即從多種媒體的招聘廣告、招聘會場中獲得有關訊息,然後根據這些訊息確定自己的多個求職目標,繼而海量投遞簡歷,然後靜候通知,加以選擇。其實,這種求職方式的成功率幾乎微乎其微。殘酷的現實告訴我們,在求職之路遭遇挫折的時候,我們必須重新審視自己,充分搞清楚問題到底

出在哪？「知己知彼，百戰不殆」，清楚地認識和把握自己才是最關鍵的。但這恰恰卻是為大多數求職者所忽略的。由於種種原因，特別是就業教育存在的缺陷，使人們對求職擇業存在一些誤解和困惑。例如，找工作求高薪、求名氣的心態普遍存在；相互攀比心理較重，造成期望與現實嚴重錯位；在遭遇求職挫折後，誇大社會陰暗面，出現悲觀心理和信任危機。大學生求職普遍缺乏技巧，比較注重外包裝，不注重對自己求職行動的計劃，盲目地在招聘攤位前擁擠，雖然有一份精美的簡歷和一堆證書，卻不懂得針對用人單位的招聘職位展示和表現自己的能力。還有的眼高手低，不願從基層做起。這些人當然會被拒之門外。他們捨本求末，不懂得或不願意花時間「重新審視自己一眼」，更沒有明確自我與工作之間的關係。在沒有把自己的優勢、劣勢、機會和威脅摸清並理順的情況下，就貿然行事實在是太盲目了。職業顧問歸納整理了下列求職種種誤區。

（一）不求實際，好高騖遠

有人認為在知名的大公司才是好工作，認為在那兒既賺錢多，又風光體面；也有人認為只有到緊跟時代發展、炙手可熱的行業去工作，才是最好的選擇，遠大的前途，比短暫的「錢途」更重要；還有人厭惡變化，只想到可靠的，有穩定收入預期的行業去施展才華……當然這些想法並不為錯，但他們更需要的是辨證的思維和開闊的眼光，千萬不能抱定一種固有的思維模式來看待職業，所謂「好工作」是因人而異的，一份風光體面，待遇優厚，人人羨慕的職業，卻不一定適合你，這只能使自己陷入誤區，不能自拔。

（二）自我認識不足

求職之路上布滿的荊棘會使許多人步履維艱。大家都在忙著爭分奪秒地遊蕩於招聘會、網路和面試考場之間，而無暇顧及對自己的重新審視和定位。正確認識自己，也就是自我剖析，在求職過程中始終應該是處於第一位的。它包含兩個層面：一是審視；二是挖掘。前者著重對自我價值的瞭解，對個人資本的識別定位以及個人對職業生涯的態度；後者則是對個人潛在能力的挖掘。事實上，在社會活動中，顯能雖然猶如一座冰山的尖角，只是人生命能量的一小部分，但它作為對個人能量的直接體現早已被人們接受。而潛能

猶如冰山的水下部分，雖然龐大卻孤獨地沉睡在人的潛意識中。人們的潛能包括慾望、能力、氣質和資源。在求職過程中對自我認識不足，得到的只能是悲劇性的結果。

（三）缺乏環境調研，倉促上陣

也許因為你剛剛畢業，缺乏對工作和事業的深刻認知；也許因為生活的壓力已不允許你「瞻前顧後」；也許因為周圍的環境使得形勢緊迫，來不及仔細權衡，從容選擇。但無論如何，對招聘訊息及用人單位的必要篩選和取捨是必不可少的。

有許多求職者，在未對所處的求職環境和用人單位進行充分的分析、研究之前就倉促上陣，投入求職大潮，妄想「奇蹟」發生。須知，上蒼從不將機遇白白送人，總是在給予他東西時，又從他身上取走了另一種東西。機遇總是青睞有準備的人，如果能事先對環境進行掃描，對招聘單位進行仔細研究，就會在求職的成功路上多一份把握。

（四）投機心理，廣種難收

許多人在求職之初錯誤地認為，只要投遞足夠數量的簡歷，就一定會得到工作機會的垂青。也可能天真地認為不會每次都失敗，一定會有贏的時候。在一種焦灼浮躁心理狀態之下，心急火燎地大量發送簡歷，急於把自己「推銷」出去。尤其在電腦網路早已普及的今天，將一份簡歷進行複製、黏貼，然後群發電子郵件，簡直易如反掌。但這種行為與站在街頭，不分對象地散發廣告和傳單又有什麼區別？顯然，這種不肯腳踏實地地為目標奮鬥而靠撞大運的投機心態，簡直就是在賭博。當然贏得成功的概率也只能微乎其微了。人力資源專家曾做過統計，一個人至少要經歷 6 場～ 10 場把握較大的不同公司面試，在 3 ～ 4 個到手的工作機會中比較篩選，才能獲得一份稱心如意的工作。

求職者得到一個工作機會的代價起點是 100 份簡歷，而要得到理想的好工作，恐怕得需 500 份以上。既然如此，看到每場招聘會結束之後，滿地散

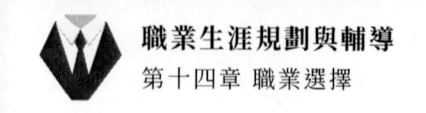

落任人踐踏的簡歷你也許會見怪不怪了。如何讓自己的簡歷更出彩，贏得考官的青睞，為自己爭得面試機會，這才是求職前期的重中之重。

近幾年來，因成本低、效率高，網上求職招聘大行其道。可是成功率怎麼樣呢？不少知名企業收到的電子簡歷的數量大大超過公司以前能收到的書面簡歷的數量。在這種情況下，很多公司都建立了能夠過濾某些電子簡歷的系統。下面例子可見一斑：

A 網站有 654321 份簡歷，但在 3 個月裡只有 1336 個用人機構看過這些簡歷；

B 網站有 78901 份簡歷，但在 3 個月裡只有 458 個用人機構光顧過；

C 網站上有 5456 份簡歷，但只有 69 個用人機構瀏覽過。

這就是嚴酷的現實。有人把網上求職喻為網戀，誘惑挺大，結局難以理想。畢竟網上是虛幻的，不可信的成分居多。可見最好的求職的方法一直是（將來也還會是）人與人之間的直接交往和溝通。

當下，各種媒體上招聘廣告鋪天蓋地，儘管如此，但機會卻少得可憐。大量求職中介機構充斥市場，很多機構不講誠信，運作也不規範。對許多公司來說，招聘管道不斷變換，刊登廣告，訊息也未必完整。即使你把簡歷送到了心儀的公司，也免不了再經磨難。據調查，一些大公司每年收到的簡歷多達十幾萬份，平均每天達數百份。人力資源部門幾乎陷入了簡歷的汪洋大海之中。千萬別指望他們會慧眼識珠，明察秋毫，認真地看每一份簡歷。他們為了把大堆簡歷減少到便於管理的數目，只能採用排除法，本來一些挺不錯的簡歷往往因為一點點小瑕疵而被棄之如敝屣，讓人深感可惜。為什麼人們把簡歷像雪片一樣撒出，卻遲遲收不到面試邀請呢？恐怕這就是個中原因。有資料顯示，即使在美國經濟形勢最好的年份，平均 245 個求職者當中也只有 1 人會接到面試的邀請。

（五）自信心缺失

在經歷了數次失敗之後，不少人在心靈深處會產生一些畏怯情緒，結果導致在職業生涯中變得無所適從。

每個人都是一個矛盾的統一體，當你開始認真考慮要做某種事情時，在潛意識中經常會出現兩種不同的反應在鬥爭，即積極的心態和消極的心態。特別是在遭受挫折後，消極心態易占上風。這時人們也許會想，那份工作不可能輪到自己，比自己優秀的大有人在，還是承認現實聽天由命吧；或者想自己的學歷太低，恐怕人家看不上吧；或者想年月不饒人，自己的年齡太大了；或者又會想，在這個領域自己的資歷太低，無能為力……諸如此類的心理障礙的困擾，使人們自信心受到打擊。這裡大家要記住一句話，叫做「自助者天助」。

（六）反客為主，受制於人

人在面臨事業的抉擇時有兩大致命弱點：一是過分依賴於外界的支持；二是讓別人的意志凌駕於自己的願望之上。

你也許常常會有這樣的困擾：在父母、老師和其他人的眼中你被寄予厚望，你可能是他們的寄託所在，因此在選擇職業中，時常顧及他們的感受，這將成為你職業生涯道路上的一種隱形的障礙。如果沒有擺脫外力的支配以及還在童年時所接受的訓導結果，這無疑會使你對世界和對自己的認識受到侷限。著名作家羅茲洛·勒納曾說過：「當我還是個小孩子的時候，大人們使我懂得：不要自己思考，不要相信自己，別把自己的想法當真。父母培育了我對他們的依賴，而我對自己的聰明才智卻越來越沒有信心，我開始依賴他人幫我做出決定。長大以後，所有的直覺變得十分遲鈍，於是我總是做出錯誤的選擇並使自己深受其害。」這種影響顯然是潛移默化的，在求職過程中極易體現出來。

（七）職業生涯規劃失誤

許多人把找工作看成是一件孤立的事情，有的人為錢而工作；有的人衝著有好的老闆；有的人尋求公司品牌；也有的人為了追求發展空間而工作。這些人一旦找到職位就覺得萬事大吉了，這只能是一種對人生不負責任的短視行為。與之相反，你應該把開始求職當作職業生涯的序曲，由它引領你奏響整個職業人生。因此，從找工作開始，就要認真規劃自己的職業生涯。孔子曰：「三十而立，四十不惑。」GE 董事長兼 CEO 杰克·韋爾奇也曾忠告

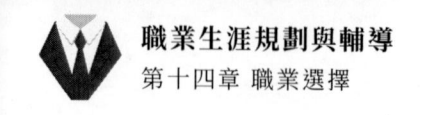

年輕人:「30 歲是一個巨大的禮物,不要浪費它!」現實中太多的人 30 歲仍找不到自己的立足之地,幾乎接近不惑之年卻仍然迷茫無措,惶惶不可終日,這就是職業生涯規劃失誤造成的惡果。

(八) 缺乏有效的求職策略和方法

即使你可能已經客觀深刻地認識了自己,清晰地瞭解了自己的個人資本,透過職業環境分析,找到了一個自己滿意的工作趨向,這時千萬別認為好工作已唾手可得,實際上它與你距離遙遠。現實中有很多人,歷盡千辛萬苦終於找到了適合自己的工作蹤跡,然而卻得不到它。這時他們會抱怨也許被上帝愚弄了。其實是那套早已過時了的陳舊呆板又沒有效率的求職方法害了他們,使他們與好工作失之交臂。實際上,可以說這些求職者對真正有效的求職方法還是一無所知,當然也就更談不上制定一套系統化的求職策略了。如果求職者沒有平日的細心積累,只是在耍花槍,根本沒有令人信服的立足點,反而會造成消極的作用。

(九) 價值觀的侷限性

在這個物慾橫流的社會中,貨幣已經成為衡量個人價值的標準。每個求職者都不得不面對「你的價值觀是什麼?」「你工作的意義又在哪裡?」這兩個問題。當人們普遍把目光聚集在金錢和待遇上時,「薪酬」這個詞無疑成為萬眾矚目的焦點。每個人在社會中工作,得到回報是理所當然的事。但是如果把薪酬的多寡作為唯一的求職目標,那麼你就很難找到好工作。因為貨幣的價值從某種意義上來說並不完全等同於工作的價值。過分地依賴薪酬,只會讓你的視野侷限在狹小的範圍內,它會矇蔽你的雙眼,使你無法正確判斷一份工作的好壞。

(十) 不懂得未來形成於現在

即使是在被作家沃倫·本尼斯稱為「經理時代」的當下,對許多人來說,抓住現在的時間贏得未來,仍然是個陌生的概念,這的確有些不可思議。對「現在應該做什麼?」這樣的問題,許多求職者居然都回答不上來。他們從來就沒有認真地考慮過未來形成於現在,未來必須從現在開始塑造,將自己

的興趣、能力和熱情融合為一份個人職業生涯的發展計劃，我們真不敢想像他們的未來將會怎樣。

總之，每個人在求職歷程中，或多或少都會陷入上述的某種或某幾種誤區而難以自拔。如何能擺脫和防止陷入這些求職誤區與困惑，是我們每個求職者必須深入思考和認真探討的問題（鄢敬新，2005）。

二、走出職業選擇的心理誤區

（一）排除從眾心理

所謂從眾心理，是在社會或群體的壓力下個人放棄自己的意見而採取順從行為的心理傾向。從眾心理重的人容易接受暗示，無主見、依賴性大、不能獨立思考而是迷信名人和權威。

在大學畢業生擇業問題上從眾心理表現在願意到大城市、大機關去工作。其實到大機關、大城市工作並不一定是你最佳的職業選擇，而只是從眾心理影響的結果。古往今來大多數成才者都具有很強的創造和思維能力，併力求擺脫從眾心理的束縛。作為大學生應當具有很強的獨立思考能力，逐步培養自己獨立分析問題、解決問題的能力。克服從眾心理的影響，為今後走向社會培養良好的心理素質。

（二）摒棄虛榮心理

虛榮心理也是妨礙求職擇業的一種不健康的心理狀態。虛榮心過強者在擇業中往往把注意力集中在社會知名度高、經濟上實惠的就業職業。這些人不從發揮自身優勢出發，不考慮自己的競爭能力，甚至不考慮自己的專長愛好，他們選擇職業是為了讓別人羨慕，做給別人看而不是為自己尋找用武之地。

建議在選擇職業時首先自問———我需要什麼樣的工作？我適合做什麼樣的工作？我能得到什麼樣的工作？經過冷靜思考得出結論並付諸行動才可能真正丟掉虛榮心理的思想包袱，選擇真正屬於自己的職業。

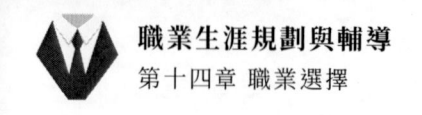

(三) 克服挫折心理

挫折心理是指人在從事有目的的活動時遇到障礙所表現出來的情緒反應。當一個人產生心理挫折後就可能陷入苦悶、焦慮、失望、悔恨、憤怒等多種複雜的情緒的體驗之中。因此挫折心理是一種消極的心理狀態。

在就業問題上大學生受到挫折是因為他們的去向和抱負不能為社會和親友所理解和接受，從而產生的懷才不遇的感覺。這往往是大學生自我評價甚高造成的，而且通常是期望值越高挫折感就越重。如果在挫折中不是認真反思，而是失去理智盲目地一意孤行，就可能形成人格障礙，由此引起內心世界的嚴重扭曲，對健康人格塑造構成嚴重威脅。

要正確對待挫折、戰勝挫折首先要進行自我分析。這就是透過自我認識自覺地調整自己的需要、動機、目的、情緒。其次要進行自我冷化。就是對自我實行冷處理，用自己的理智駕馭情感。為了使自己冷靜下來可以試著進行呼吸訓練、肌肉放鬆訓練、氣功入靜等訓練方法。此外還有自我暗示激勵法、自我宣洩與轉移目標法等等都可以造成良好的效果。

如果你是充滿自信而又腳踏實地的人，相信你一定能克服擇業中的挫折心理。

(四) 抑制羞怯心理

新時期的大學生接觸實際、接觸社會的機會很少。在校內熟人圈子裡他們還能應付，一出校門便感到手足無措。特別是畢業生分配製度改革方案出臺後在供需見面中普遍存在的羞怯心理直接影響到用人單位對他們的取捨。

如何在求職擇業活動中抑制並克服自己的羞怯心理呢？第一，要增強自信心。古代有駝背成為捕蟬能手者，國外有從小口吃的人成為雄辯家。關鍵要善於發現自己的優勢，切不要為自己的短處所禁錮。第二，不要過多地計較別人的評論，因為只有自己最瞭解自己的實力。第三，平時就爭取機會迎難而上，多多鍛鍊。第四，要學會意念控制，遇到陌生場合預感自己可能緊張、羞怯時，暗示自己鎮靜下來，提醒自己別胡思亂想自己嚇唬自己。

拓展閱讀

求職中的不當做法

生活中，求職者處理職業選擇的一些做法值得商榷，現在提出來給大家思考，最好能夠避免；

一是讓家長出面處理自己的職業選擇問題———從選專業、到找實習單位、到推薦工作，老讓自己的家長幫自己去說話，這基本上就是自廢武功。有些單位甚至很明確，那麼大的孩子還讓家長來說事的，基本就不用考慮了。

二是一通簡歷散天下———海投產生的習慣。沒有專業愛好、沒有實習經驗、沒有職業特長的同學，更喜歡到處發簡歷，而且是統一格式，這類找法最笨、效率最低，遠不如研究下人家單位，寫一封針對性的應聘函加上一些自己的作品、實習資料、社會實踐推薦信有效。

三是只有課程意識沒有職業意識———學校的課程相當於供方、單位的職業相當於需方，有職業意識後就可以充分收集相關訊息，並在這方面做一些必要的相關人員的專門訪問，掌握瞭解情況尤其是基層基礎職業的工作要求，從而大大提高自己應對的針對性。

四是自貶身價而不是適當的姿態———什麼是適當的姿態？就是願意從基層做起，願意多付出些努力，願意與團隊配合，願意學習新知；什麼是自貶身價？就是表示可以不要錢幹活，表示幹啥都行，表示啥都聽領導的，表示自己真的啥也不知道。

五是爭當官而不是爭做業務主力———大部分組織的基石是業務主力，儘管成為業務主力以後有很大的機率擔任管理者，但是很多既沒專業愛好也沒專長的同學卻更願意選擇管理職業，在大部分情況下應屆學生爭取管理職業恰恰不是受人歡迎的做法。做管理者有更多的業務表率、協調能力與示範能力的要求，而以己之短易其所嚴，被剔除的可能性更大。

六是關心待遇而不是關心專屬職業能力。實際上在今天的單位中，有了專屬的職業能力———方法論、專門經驗、交流而得到的新知識，往往直接意味著得到更好的待遇，或者有了更好的籌碼來談判更好的待遇，但更多的

職業生涯規劃與輔導
第十四章 職業選擇

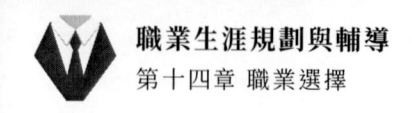

求職者在職業選擇時對於這類能力的價值意識不夠，因此對於待遇給予更多的關注，反而成為功利色彩更濃的易被挑剔群體。

複習鞏固

1. 職業選擇的誤區及困惑有哪些？

2. 如何走出職業選擇的心理誤區？

3. 如何在求職擇業活動中抑制並克服自己的羞怯心理？

本章要點小結

職業選擇的一般步驟是：探索、意向、選擇、澄清、就職、堅定或矯正、總結提高。影響職業選擇的因素有：個人因素，包括自身興趣、氣質、性格、能力、價值觀等與職業選擇是否匹配；外部因素，包括就業政策、當年的經濟形勢、當年用人單位需求情況以及當年畢業生情況等對職業選擇的影響。求職者在瞭解了職業選擇的理論知識後，可能仍對職業選擇存在一些困惑，需要其克服心理誤區，走出困惑。

關鍵術語表

職業選擇 職業選擇理論 特質-因素理論 職業傾向測驗 職業意向 職業期望 從眾

本章複習題

1. 下列哪項不是構成職業選擇的三個基本因素（　）。

　　A. 職業能力　　B. 職業意向　　C. 職業職業　　D. 職業成就

2. 霍蘭德的職業傾向理論將大多數人的人格特質歸納為（　）。

　　A. 現實型和研究型　　B. 藝術型和社會型

　　C. 理想型和開拓型　　D. 管理型和常規型

3. 根據自己的常識、經驗和能力，收集各種感興趣的有關職業訊息屬於職業選擇具體決策步驟的哪一步（　）。

A. 職業選擇　B. 職業意向　C. 職業探索　D. 職業評估

4. 勞動者對某項職業的嚮往，即希望自己從事某項職業的態度傾向，也稱職業期望是職業選擇具體決策步驟的哪一步（　）。

A. 職業選擇　B. 職業意向　C. 職業探索　D. 職業評估

5. 一個人在對現實的穩定的態度和習慣化了的行為方式中表現出來的人格特徵指的是人的（　）。

A. 氣質　B. 性格　C. 能力　D. 習慣

6. 通常，哪種氣質類型的人活潑好動、外向、情緒發生快而多變、直率、浮躁，適合做政府及企事業管理工作、外事工作、公關工作等工作？（　）。

A. 膽汁質　B. 黏液質　C. 多血質　D. 抑鬱質

7. 在社會或群體的壓力下個人放棄自己的意見而採取順從行為的心理傾向稱為（　）。

A. 從眾　B. 順從　C. 同化　D. 暗示

8. 在求職擇業中存在一種不健康的心理狀態，當這種心態過強時，求職者在擇業中往往把注意力集中在社會知名度高、經濟上實惠的就業職業。這種心理誤區是（　）。

A. 從眾　B. 虛榮　C. 羞怯　D. 務實

9. 如何走出職業選擇的心理誤區？（　）

A. 排除從眾心理　B. 摒棄虛榮心理

C. 克服挫折心理　D. 抑制羞怯心理

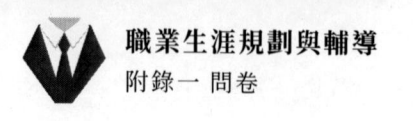

職業生涯規劃與輔導
附錄一 問卷

附錄一 問卷

第一部分：新進員工職業生涯規劃「5W」問卷

一、我是誰？

請從以下幾個方面對你自己做一個全方位的介紹。

姓名：

生肖：

血型：

星座：

你的性格特徵：

學歷：

所學專業：

興趣愛好：

特長：

缺陷或不足：

專業技能：

二、我想幹什麼？（不少於 200 字）

你的人生理想是什麼？

三、我能幹什麼？（不少於 200 字）

請從自身知識結構、學習能力、性格特徵、興趣愛好、溝通能力等方面對自己的能力和潛能做全面總結。

四、現有的環境下我能幹什麼？（不少於 200 字）

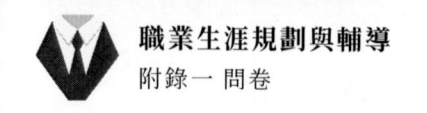

請結合你周圍的客觀環境和主觀環境加以分析說明（客觀環境包括企業規模、企業制度、人事政策、職業空間等，主觀環境包括同事關係、領導態度、家庭因素、親戚關係等）。

五、最後我將成為什麼？（不少於 200 字）

透過對上面四個問題的詳盡回答，綜合分析，請對你的職業規劃自我定位，確定你的職業選擇和最終的職業目標。

第二部分：MBTI 職業性格測試（邁爾斯 - 布里格斯類型指標）

MBTI 測試前須知：

1. 參加測試的人員請務必誠實、獨立地回答問題，只有如此，才能得到有效的結果。

2.《性格分析報告》展示的是你的性格傾向，而不是你的知識、技能、經驗。

3. MBTI 提供的性格類型描述僅供測試者確定自己的性格類型之用，性格類型沒有好壞，只有不同。每一種性格特徵都有其價值和優點，也有缺點和需要注意的地方。清楚地瞭解自己的性格優劣勢，有利於更好地發揮自己的特長，而盡可能的在為人處事中避免自己性格中的劣勢，更好地和他人相處，更好地做重要的決策。

4. 本測試分為四部分，共 93 題；需時約 18 分鐘。所有題目沒有對錯之分，請根據自己的實際情況選擇。將你選擇的 A 或 B 所在的〇塗黑，例如：●

只要你是認真、真實地填寫了測試問卷，那麼通常情況下你都能得到一個確實和你的性格相匹配的類型。希望你能從中或多或少地獲得一些有益的訊息。

一、哪一個答案最能貼切的描繪你一般的感受或行為？

第二節 職業選擇的心理誤區及克服

序號	問題描述	選項	E	I	S	N	T	F	J	P
1	當你要外出一整天，你會 A.計劃你要做什麼和在什麼時候做 B.說去就去	A								
		B								
2	你認為自己是一個 A.較為隨興所至的人 B.較為有條理的人	A								
		B								
3	假如你是一位老師，你會選教 A.以事實為主的課程 B.涉及理論的課程	A								
		B								
4	你通常 A.與人容易混熟 B.比較沉靜或矜持	A								
		B								
5	一般來說，你和哪些人比較合得來？ A.富於想象力的人 B.現實的人	A								
		B								
6	你是否經常讓 A.你的情感支配你的理智 B.你的理智主宰你的情感	A								
		B								
7	處理許多事情上，你會喜歡 A.憑興所至行事 B.按照計劃行事	A								
		B								
8	你是否 A.容易讓人了解 B.難於讓人了解	A								
		B								

355

職業生涯規劃與輔導
附錄一 問卷

續表

序號	問題描述	選項	E	I	S	N	T	F	J	P
9	按照程序表做事， A.合你心意 B.令你感到束縛	A								
		B								
10	當你有一份特別的任務，你會喜歡 A.開始前小心組織計畫 B.邊做邊找需做什麼	A								
		B								
11	在大多數情況下,你會選擇 A.順其自然 B.按程序表做事	A								
		B								
12	大多數人會說你是一個 A.重視自我隱私的人 B.非常坦率開放的人	A								
		B								
13	你寧願被人認為是一個 A.實事求是的人 B.機靈的人	A								
		B								
14	在一大群人當中，通常是 A.你介紹大家認識 B.別人介紹你	A								
		B								
15	你會跟哪些人做朋友? A.常提出新主意的 B.腳踏實地的	A								
		B								
16	你傾向 A.重視感情多於邏輯 B.重視邏輯多於感情	A								
		B								
17	你比較喜歡 A.觀望事情發展才作計畫 B.很早就做計畫	A								
		B								
18	你喜歡花很多的時間 A.一個人獨處 B.和別人在一起	A								
		B								
19	與很多人一起會 A.令你活力倍增 B.常常令你心力交瘁	A								
		B								
20	你比較喜歡 A.很早便把約會、社交聚集等事情安排妥當 B.無拘無束，看當時有什麼好玩就做什麼	A								
		B								
21	計劃一個旅程時，你較喜歡 A.大部分的時間都是跟當天的感覺行事 B.事先知道大部分的日子會做什麼	A								
		B								
22	在社交聚會中，你 A.有時感到鬱悶 B.常常樂在其中	A								
		B								

第二節 職業選擇的心理誤區及克服

續表

序號	問題描述	選項	E	I	S	N	T	F	J	P
23	你通常 A.和別人容易混熟 B.傾向自處一隅	A								
		B								
24	哪些人會更吸引你？ A.一個思維敏捷及非常聰穎的人 B.實事求是，具豐富常識的人	A								
		B								
25	在日常工作中，你會 A.頗為喜歡處理迫使你分秒必爭的突發事件 B.通常預先計劃，避免要在壓力下工作	A								
		B								
26	你認為別人一般 A.要花很長時間才認識你 B.用很短的時間便認識你	A								
		B								

　　二、在下列每一對詞語中，哪一個詞語更合你心意？請仔細想想這些詞語的意義，而不要理會他們的字形或讀音。

職業生涯規劃與輔導
附錄一 問卷

序號	問題描述	選項	E	I	S	N	T	F	J	P
27	A.注意隱私 B.坦率開放	A								
		B								
28	A.預先安排的 B.無計劃的	A								
		B								
29	A.抽象 B.具體	A								
		B								
30	A.溫柔 B.堅定	A								
		B								
31	A.思考 B.感受	A								
		B								
32	A.事實 B.意念	A								
		B								
33	A.衝動 B.決定	A								
		B								
34	A.熱衷 B.文靜	A								
		B								
35	A.文靜 B.外向	A								
		B								

續表

序號	問題描述	選項	E	I	S	N	T	F	J	P
36	A.有系統 B.隨意									
37	A.理論 B.肯定									
38	A.敏感 B.公正									
39	A.令人信服 B.感人的									
40	A.聲明 B.概念									
41	A.不受約束 B.預先安排									
42	A.矜持 B.健談									
43	A.有條不紊 B.不拘小節									
44	A.意念 B.實況									
45	A.同情憐憫 B.遠見									
46	A.利益 B.祝福									
47	A.務實的 B.理論的									
48	A.朋友不多 B.朋友眾多									
49	A.有系統 B.即興									
50	A.富想象的 B.就事論事									
51	A.親切的 B.客觀的									

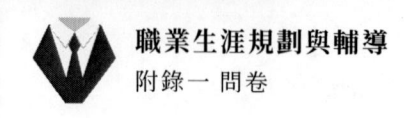

續表

序號	問題描述	選項	E	I	S	N	T	F	J	P
52	A.客觀的 B.熱情的	A								
		B								
53	A.建造 B.發明	A								
		B								
54	A.文靜 B.愛合群	A								
		B								
55	A.理論 B.事實	A								
		B								
56	A.富同情 B.合邏輯	A								
		B								
57	A.具分析力 B.多愁善感	A								
		B								
58	A.合情合理 B.令人著迷	A								
		B								

三、哪一個答案最能貼切地描繪你一般的感受或行為

第二節 職業選擇的心理誤區及克服

序號	問題描述	選項	E	I	S	N	T	F	J	P
59	當你要在一個星期內完成一個大項目，你在開始的時候會 A.把要做的不同工作依次列出 B.馬上動工	A								
		B								
60	在社交場合中，你經常會感到 A.與某些人很難開啟話題和保持對話 B.與多數人都能從容地長談	A								
		B								
61	要做許多人也做的事，你比較喜歡 A.按照一般認可的方法去做 B.構想一個自己的想法	A								
		B								
62	你剛認識的朋友能否說出你的興趣？ A.馬上可以 B.要待他們真正了解你之後才可以	A								
		B								
63	你通常喜歡的科目是 A.講授概念和原則的 B.講授事實和數據的	A								
		B								
64	哪個是較高的讚譽 A.一貫感性的人 B.一貫理性的人	A								
		B								
65	你認為按照程序表做事 A.有時是需要的，但一般來說你不太喜歡這樣做 B.大多數情況下是有幫助而且是你喜歡做的	A								
		B								

職業生涯規劃與輔導
附錄一 問卷

續表

序號	問題描述	選項	E	I	S	N	T	F	J	P
66	和一群人在一起，你通常會選 A.跟你很熟悉的個別人談話 B.參與大夥的談話	A								
		B								
67	在社交聚會上，你會 A.是說話很多的一個 B.讓別人多說話	A								
		B								
68	把週末期間要完成的事列成清單，這個主意會 A.合你意 B.使你提不起勁	A								
		B								
69	哪個是較高的讚譽 A.能幹的 B.富有同情心	A								
		B								
70	你通常喜歡 A.事先安排你的社交約會 B.隨興之所至做事	A								
		B								
71	總的說來，要做一個大型作業時，你會選 A.邊做邊想該做什麼 B.首先把工作按步細分	A								
		B								
72	你能否滔滔不絕地與人聊天 A.只限於跟你有共同興趣的人 B.幾乎跟任何人都可以	A								
		B								
73	你會 A.跟隨一些證明有效的方法 B.分析還有什麼毛病，及針對尚未解決的難題	A								
		B								
74	為樂趣而閱讀時，你會 A.喜歡奇特或創新的表達方式 B.喜歡作者直話直說	A								
		B								
75	你寧願替哪一類上司(或者老師)工作？ A.天性純良，但常常前後不一的 B.言辭尖銳但永遠合乎邏輯的	A								
		B								
76	你做事多數是 A.按當天心情去做 B.照擬好的程序表去做	A								
		B								
77	你是否 A.可以和任何人按需求從容地交談 B.只是對某些人或某種情況下才可以暢所欲言	A								
		B								
78	要做決定時，你認為比較重要的是 A.根據事實衡量 B.考慮他人的感受和意見	A								
		B								

四、在下列每一對詞語中，哪一個詞語更合你心意？

第二節 職業選擇的心理誤區及克服

序號	問題描述	選項	E	I	S	N	T	F	J	P
79	A.想象的 B.真實的	A								
		B								
80	A.仁慈慷慨的 B.意志堅定的	A								
		B								
81	A.公正的 B.有關懷心	A								
		B								
82	A.製作 B.設計	A								
		B								
83	A.可能性 B.必然性	A								
		B								
84	A.溫柔 B.力量	A								
		B								
85	A.實際 B.多愁善感	A								
		B								
86	A.製造 B.創造	A								
		B								
87	A.新穎的 B.已知的	A								
		B								
88	A.同情 B.分析	A								
		B								
89	A.堅持己見 B.溫柔有愛心	A								
		B								
90	A.具體的 B.抽象的	A								
		B								
91	A.全心投入 B.有決心的	A								
		B								
92	A.能幹的 B.仁慈	A								
		B								
93	A.實際 B.創新	A								
		B								
	每項總分		E	I	S	N	T	F	J	P

五、評分規則

1.當你將●塗好後，把8項（E、I、S、N、T、F、J、P）分別加起來，並將總和填在每項最下方的方格內。

2.請複查你的計算是否準確，然後將各項總分填在下面對應的方格內。

每項總分

外向	E	
實感	S	
思考	T	
判斷	J	

	I	內向
	N	直覺
	F	情感
	P	認知

六、確定類型的規則

1.MBTI 以四個組別來評估你的性格類型傾向：

「E-I」「S-N」「T-F」和「J-P」。請你比較四個組別的得分。每個子別中，獲得較高分數的那個類型，就是你的性格類型傾向。例如：你的得分是：E（外向）12分，I（內向）9分，那你的類型傾向便是 E（外向）了。

2.將代表獲得較高分數的類型的英文字母，填在下方的方格內。如果在一個組別中，兩個類型獲同分，則依據下邊表格中的規則來決定你的類型傾向。

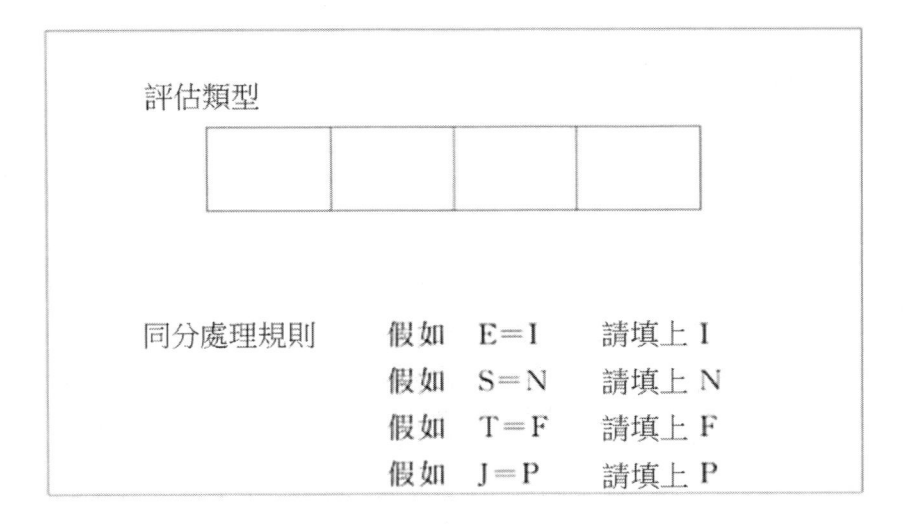

第二節 職業選擇的心理誤區及克服

```
評估類型
┌────┬────┬────┬────┐
│    │    │    │    │
└────┴────┴────┴────┘

同分處理規則    假如  E＝I    請填上 I
               假如  S＝N    請填上 N
               假如  T＝F    請填上 F
               假如  J＝P    請填上 P
```

性格解析

「性格」是一種個體內部的行為傾向,它具有整體性、結構性、持久穩定性等特點,是每個人特有的,可以對個人外顯的行為、態度提供統一的、內在的解釋。

MBTI 把性格分成 4 個維度,每個維度上的包含相互對立的 2 種偏好:

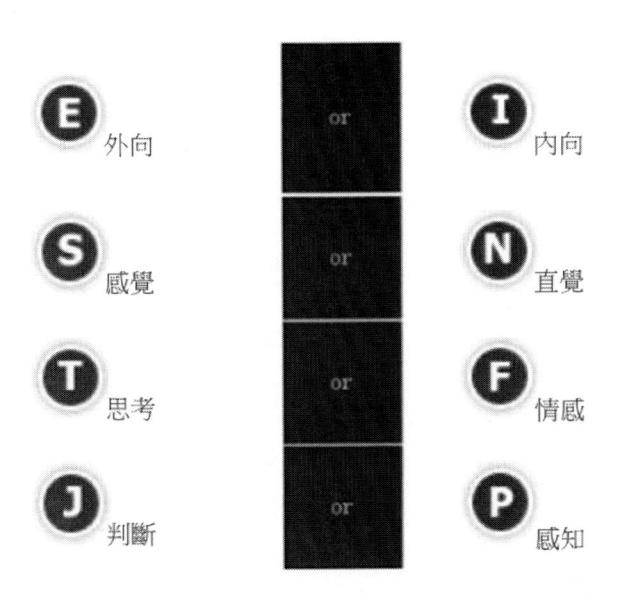

E 外向	or	I 內向
S 感覺	or	N 直覺
T 思考	or	F 情感
J 判斷	or	P 感知

其中，「外向 E—內向 I」代表著各人不同的精力（Energy）來源；「感覺 S—直覺 N」「思考 T—情感 F」分別表示人們在進行感知（Perception）和判斷（Judgement）時不同的用腦偏好；「判斷 J—感知 P」針對人們的生活方式（Life Style）而言，它表明我們如何適應外部環境———在我們適應外部環境的活動中，究竟是感知還是判斷發揮了主導作用。

ISTJ	ISFJ	INFJ	INTJ
ISTP	ISFP	INFP	INTP
ESTP	ESFP	ENFP	ENTP
ESTJ	ESFJ	ENFJ	ENTJ

註：根據1978—MBTI—K量表，以上每種類型中又分625個小類型

每一種性格類型都具有獨特的行為表現和價值取向。瞭解性格類型是尋求個人發展、探索人際關係的重要開端。

【MBTI 十六種人格類型】

ISTJ

1. 嚴肅、安靜、藉由集中心志與全力投入及可被信賴獲致成功。

2. 行事務實、有序、實際、邏輯、真實及可信賴。

3. 十分留意且樂於任何事（工作、居家、生活均有良好組織及有序）。

4. 負責任。

5. 照設定成效來做出決策且不畏阻撓與閒言，會堅定為之。

6. 重視傳統與忠誠。

7. 傳統性的思考者或經理。

ISFJ

1. 安靜、和善、負責任且有良心。

2. 行事盡責投入。

3. 安定性高，常居項目工作或團體之安定力量。

4. 願投入、吃苦及力求精確。

5. 興趣通常不在於科技方面。對細節事務有耐心。

6. 忠誠、考慮周到、知性且會關切他人感受。

7. 致力於創構有序及和諧的工作與家庭環境。

INFJ

1. 因為堅忍、創意及必須達成的意圖而能成功。

2. 會在工作中投注最大的努力。

3. 默默強力的、誠摯的及用心的關切他人。

4. 因堅守原則而受敬重。

5. 提出造福大眾利益的明確遠景而為人所尊敬與追隨。

6. 追求創見、關係及物質財物的意義及關聯。

7. 想瞭解什麼能激勵別人及對他人具洞察力。

8. 光明正大且堅信其價值觀。

9. 有組織且果斷地履行其願景。

INTJ

1. 具有強大動力與本意來達成目的與創意───固執頑固者。

2. 有宏大的願景且能快速在眾多外界事件中找出有意義的模範。

3. 對所承負職務，具良好能力於策劃工作並完成。

4. 具懷疑心、挑剔性、獨立性、果決，對專業水準及績效要求高。

ISTP

1. 冷靜旁觀者───安靜、預留餘地、彈性及會以無偏見的好奇心與未預期原始的幽默觀察與分析。

2.有興趣於探索原因及效果，技術事件是為何及如何運作且使用邏輯的原理組構事實、重視效能。

3.擅長於掌握問題核心及找出解決方式。

4.分析成事的緣由且能實時由大量資料中找出實際問題的核心。

ISFP

1.羞怯的、安寧和善地、敏感的、親切的且行事謙虛。

2.喜於避開爭論，不對他人強加己見或價值觀。

3.無意於領導卻常是忠誠的追隨者。

4.辦事不急躁，安於現狀，無意於以過度的急切或努力破壞現況，且非成果導向。

5.喜歡有自有的空間及照自訂的時程辦事。

INFP

1.安靜觀察者———具理想性與對其價值觀及重要之人具忠誠心。

2.希望外在生活形態與內在價值觀相吻合。

3.具好奇心且很快能看出機會所在。常擔負開發創意的觸媒者。

4.除非價值觀受侵犯，行事會具彈性、適應力高且承受力強。

5.具想瞭解及發展他人潛能的企圖。想做太多且做事全神貫注。

6.對所處境遇及擁有不太在意。

7.具適應力、有彈性除非價值觀受到威脅。

INTP

1.安靜、自持、彈性及具適應力。

2.特別喜愛追求理論與科學事理。

3.習慣於以邏輯及分析來解決問題———問題解決者。

4. 最有興趣於創意事務及特定工作，對聚會與閒聊無大興趣。

5. 追求可發揮個人強烈興趣的生涯。

6. 追求發展對有興趣事務之邏輯解釋。

ESTP

1. 擅長現場實時解決問題———解決問題者。

2. 喜歡辦事並樂於其中及過程。

3. 傾向於喜好技術事務及運動，結交同好友人。

4. 具適應性、容忍度、務實性；投注心力於工作會很快具成效。

5. 不喜歡冗長概念的解釋及理論。

6. 最專精於可操作、處理、分解或組合的真實事務。

ESFP

1. 外向、和善、接受性、樂於分享喜樂予他人。

2. 喜歡與他人一起行動且促成事件發生，在學習時亦然。

3. 知曉事件未來的發展並會熱烈參與。

4. 最擅長於人際相處能力及具備完備常識，很有彈性能立即適應他人與環境。

5. 對生命、人、物質享受的熱愛者。

ENFP

1. 充滿熱忱、活力充沛、聰明的、富想像力的，視生命充滿機會但期能得自他人肯定與支持。

2. 幾乎能達成所有有興趣的事。

3. 對難題很快就有對策並能對有困難的人施予援手。

4. 依賴能改善的能力而無須預做規劃準備。

5. 為達目的常能找出強制自己為之的理由。

6. 即興執行者。

ENTP

1. 反應快、聰明、長於多樣事務。

2. 具激勵夥伴、敏捷及直言專長。

3. 會為了有趣對問題的兩面予以爭辯。

4. 對解決新的及挑戰性的問題富有策略，但會輕視、忽略或厭煩經常的任務與細節。

5. 興趣多元，易傾向於轉移至新生的興趣。

6. 對所想要的會有技巧地找出邏輯的理由。

7. 長於看清楚他人，有智慧去解決新或有挑戰的問題。

ESTJ

1. 務實、真實、事實傾向，具企業或技術天分。

2. 不喜歡抽象理論；最喜歡學習可立即運用事理。

3. 喜好組織與管理活動且專注以最有效率方式行事以達至成效。

4. 具決斷力、關注細節且很快做出決策———優秀行政者。

5. 會忽略他人感受。

6. 喜作領導者或企業主管。

ESFJ

1. 誠摯、愛說話、合作性高、受歡迎、光明正大的———天生的合作者及活躍的組織成員。

2. 重和諧且長於創造和諧。

3. 常做對他人有益事務。

4. 給予鼓勵及稱許會有更佳工作成效。

5. 最有興趣於會直接及有形影響人們生活的事務。

6. 喜歡與他人共事去精確且準時地完成工作。

ENFJ

1. 熱忱、易感應及負責任的———具能鼓勵他人的領導風格。

2. 對別人所想或希求會表達真正關切且切實用心去處理。

3. 能怡然且技巧性地帶領團體討論或演示文稿提案。

4. 愛交際、受歡迎及富同情心。

5. 對稱許及批評很在意。

6. 喜歡帶引別人且能使別人或團體發揮潛能。

ENTJ

1. 坦誠、具決策力的活動領導者。

2. 長於發展與實施廣泛的系統以解決組織的問題。

3. 專精於具內涵與智慧的談話，如對公眾演講。

4. 樂於經常吸收新知且能廣開訊息通道。

5. 易生過度自信，會強於表達自己創見。

6. 喜於長程策劃及目標設定。

職業生涯規劃與輔導

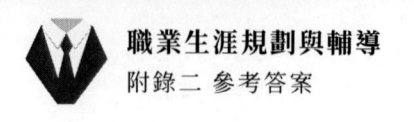

附錄二 參考答案

附錄二 參考答案

第一章

複習鞏固：

第一節

1. 答：職業是人們為了維持生計，承擔社會分工角色，發揮個性才能的一種持續進行的社會活動。具有時代性、差異性和層次性特徵。其功能為：維持生計；承擔社會角色；發揮個性。

2. 答：生涯是生活中各種事件的演進方向和歷程，它統合了個人一生中各種職業和生活角色，由此表現出個人獨特的自我發展形態。生涯作為一個人終其一生所扮演角色的整個過程，由三個層面構成：第一，時間，即個人的年齡或生命的歷程；第二，經歷，即每個人一生所扮演各種不同的角色；第三，個人所扮演的各種角色投入的程度。

3. 答：職業生涯規劃（career planning）是指個人與組織相結合，在對一個人職業生涯的主客觀條件進行測定、分析及總結的基礎上，對自身素質，例如興趣、愛好、能力、特長、經歷及不足等各方面進行綜合分析與權衡，結合時代特點，根據自己的職業傾向，確定最佳的職業奮鬥目標，並為實現這一目標做出行之有效的安排。其要素為：第一，瞭解自己；第二，瞭解工作環境；第三，抉擇能力；第四，培養自己面對調整和轉變的彈性。

第二節

1. 答：長期性原則；差異性原則；發展性原則；階段性原則；挑戰性原則。

2. 答：社會層面：有助於適應快速變化的社會；有助於適應終身學習的社會。組織層面：有助於組織開發人力資源；有助於減少人才流失。個人層面：有助於促進個人的成功；有助於認識自己和環境。

本章複習題：

1.A 2.B 3.D 4.B 5.D 6.A

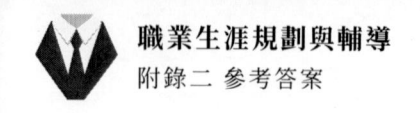

第二章

複習鞏固：

第一節

1. 答：條件匹配（活找人）、特性匹配（人找活）。

2. 答：特質因素理論是職業生涯管理理論中最為悠久的一種理論。它源於 19 世紀的官能心理學，並由美國職業輔導專家、波士頓大學教授帕森斯創立，後又經由美國職業心理學家威廉姆斯發展而成。特質因素理論的核心是人格特性與職業因素的匹配。其理論前提是每個人都有一系列獨有的特性，這些特性是可以客觀而有效地進行測量的；每一種職業都有其特定的因素，不同職業需要具備不同特性的人員；每個人的獨特特質又與特定的職業相關聯；不同的職業需要具有不同個性特質的職員，這樣才能獲得成功；選擇一種職業是一個相當易行的過程，而且人職匹配是可能的；個人特性與工作要求之間配合得愈緊密，職業成功的可能性就愈大。

3. 答：（1）自我瞭解，包括瞭解個人的能力、天賦、能力、興趣、志向、資源、限制條件以及其他特質；（2）對工作環境和性質的瞭解，包括瞭解不同行業、各種職業成功的必備條件、優缺點、成功要素、對工作的要求、薪酬水平、發展前景和機會等。此外，個人還需要制定為準備就業而設置的教育課程計劃，並瞭解提供這種課程的教育機構、學習年限、入學資格和費用等；（3）整合有關自我與職業世界的知識。

第二節

1. 答：鮑定與納奇曼、施加等人，在弗洛伊德人格心理分析理論的基礎之上，吸收了特質因素論和心理諮詢理論的一些概念和技術，對職業團體進行了大量研究，於 1960 年代後期提出了一種「強調個人內在動力和需要等動機因素在個人職業選擇過程中的重要性」的職業選擇和職業輔導理論，稱之為「心理動力論」。心理動力論者認為職業選擇是個人綜合快樂原則與現實原則的結果。個人在人格與衝動的引導下，透過昇華作用，選擇可以滿足其需要與衝動的職業。職業輔導的重點強調「自我功能」的增強。若心理問

題獲得解決，則包括職業選擇在內的日常生活問題將可順利完成而不需再加輔導。

2. 答：(1) 人類的發展是連續的過程，嬰兒期最簡單和最早的心理生理發展歷程與成人階段最複雜的智力與生理發展是息息相關的；(2) 需求滿足的本能，就複雜的成人行為與簡單的嬰兒行為而言，並沒有兩樣；(3) 每一個人的需求類型在人生的前 6 年就已經決定，只有少部分可能在人生的後期得到修正；(4) 人所尋求的職業由其需求決定，而其需求在其 6 歲前就已經發展完成；(5) 這個理論適用於所有不同年齡的人，以及不同類型和教育程度的工作，唯有兩項例外：①受到外界文化或經濟困難限制的人，或是受到這些外在因素刺激的人；②在工作上得不到滿足的人；(6) 工作是一種嬰兒期衝動得到昇華作用的表徵，工作就是將嬰兒期的衝動昇華成社會能接受的行為；(7) 缺乏對職業的瞭解可能使個人所選擇的工作無法實現其心理預期。因情緒（或神經系統）而使就業機會的訊息受到干擾阻隔，這種現象屬於心理機制範疇，是該理論關注的一個部分；(8) 每一種工作都可列入不同的職業群，而各個職業群都代表著不同心理需求的滿足類型。

3. 答：心理動力理論吸收了精神分析、特質因素論以及來訪者中心療法的優勢，提倡從探究「過去」生活經驗與動機中發現個體的職業需求點，為只關注「現在」與「未來」的職業生涯觀注入了新鮮的血液。該理論對個體的需要給予了特別關注，同時還十分注重加強個體自身對職業的自我探索。此外，該理論提倡深入分析職業資料，以期從中窺視個體的心理動力，掌握個體需求獲得滿足的程度、如何獲得滿足等，從而為個體的職業決策提供詳細完備的訊息。

雖然心理動力論對於個人內在的動力因素（如需要、心理機制等）特別重視，可以彌補「特質因素論」忽略人深層心理需要的缺陷，但該理論過於強調內在因素，對於可能影響職業選擇的外在因素略而不談，甚至假定「個人有自由選擇職業機會」。此外，該理論在分析具體職業與需要滿足的方式上，多偏向低層次需要的滿足，幾乎沒有涉及高層次需要，這些問題構成了該理論的缺點。

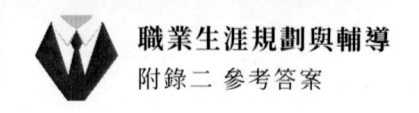

第三節

1. 答：成長、試探、建立、保持和衰退五個階段。

2. 答：舒伯認為人在一生當中必須扮演九種主要的角色，依次是：兒童、學生、休閒者、公民、工作者、夫妻、家長、父母和退休者。

3. 答：舒伯是生涯輔導理論的大師，其生涯發展論綜合了差異心理學、發展心理學、自我心理學以及有關職業行為發展方向的長期研究結果，建構了一套完整的生涯發展理論。其理論觀點是現今生涯輔導重要的理論基礎，輔導了目前生涯輔導的具體實施，得到了各國生涯輔導界的普遍支持。

他用動態的「生涯發展」概念取代了靜態的「職業」概念，將職業生涯概念拓展到人的一生。「生活廣度與生活空間的生涯發展」，即生涯彩虹圖既包含橫向的發展階段、發展任務（即生活廣度的部分），也包含縱向的生涯角色的發展（即生活空間的部分），交織成一個具體的生涯發展結構，這對促進個體的自我瞭解、自我實現有很大裨益。

但是，職業生涯發展理論中關於中年期、老年期的角色與任務，還有待研究，理論尚不夠完整。而且生涯發展論似乎較少關注經濟、社會因素對生涯發展方向的影響，且學習因素與職業發展歷程的關係也需進一步深入研究。

第四節

1. 答：現實型（realistic）、研究型（investigative）、藝術型（artistic）、社會型（social）、企業型（enterprising）和常規型（conventional）。

2. 答：(1) 適宜原則。(2) 相近原則。(3) 中性原則。(4) 相斥原則。

3. 答：瞭解自己的性格類型，尋找與自己性格相符的職業，做到人職匹配。

第五節

1. 答：(1) 遺傳因素和特殊能力。(2) 環境因素。(3) 學習經驗：①工具式學習經驗。②聯結式學習經驗。(4) 工作取向技能。

2. 答：克朗伯茲認為，職業選擇的關鍵在於廣義的學習，其他理論所強調的興趣也是學習的結果。因此，為了做出更加合理的職業選擇，需要獲得多種多樣的學習經驗，例如尋找參與學習電腦、進行體育鍛鍊、與朋友交往等各種不同性質的活動，因為所有這些技能都有可能在未來的工作中派上用場，並有助於拓展個人的興趣，培養個人適當的自我信念和世界觀。

3. 答：克朗伯茲的理論強調社會影響以及學習經驗對生涯選擇的重要性，並從社會學習的視角解釋了人類的職業選擇行為，彌補了其他理論的不足之處，具有重要的意義。此外，它為生涯輔導工作提供了很多實用的方法和技術，具有較高的實用價值。例如，該理論提出的系統職業決策步驟和方法，對於輔導人員設計適當的訓練計劃，培養個體決策能力具有輔導意義。

但是，該理論試圖解釋個人教育與職業愛好和技能是如何形成、並如何影響職業和工作領域的選擇的，但由於其作用機制相當複雜，該理論僅為進一步研究提供了思路。

本章複習題：

1.C 2.C 3.B 4.B 5.D 6.D 7.D 8.D 9.C 10.A

第三章

複習鞏固：

第一節

1. 答：職業環境分析可以從以下幾個方面入手：（1）家庭環境分析；（2）瞭解職業狀況；（3）調查就業市場訊息；（4）瞭解勞動法律規範及政府就業政策。

2. 答：樹立並固守核心的價值觀，勤勉有效的執行力，日常的回饋和調整。

第二節

1. 答：自行設計法、職業諮詢法、生活計劃（生命計劃）。

2. 答：技能評估策略、職業訊息整合策略、決策策略。

3. 答：霍蘭德職業傾向測量、SWOT 分析、「5W」思考模式、性格自我測試、職業素質測試、米子圖等（任選三種表述）。

本章複習題：

1.D 2.B 3.C 4.C 5.B 6.A 7.C 8.D 9.A 10.B

第四章

複習鞏固：

第一節

1. 答：「5W」模式是職業規劃輔導時常採用的一種稱為五個「what」的歸零思考模式，具體來說就是要解決職業生涯規劃中的五個具體問題：(1)「我是誰？」(2)「我想做什麼？」(3)「我能幹什麼？」(4)「環境支持或允許我幹什麼？」(5)「我的職業與生活規劃是什麼？」

第二節

1. 答：(1) 技術／職能型；(2) 管理型；(3) 自主／獨立型；(4) 安全／穩定型；(5) 創造型；(6) 服務型；(7) 挑戰型；(8) 生活型。

2. 答：(1) 提高職業適應性。(2) 借助組織的職業計劃表，選定職業目標，發展職業角色形象。(3) 培養和提高自我職業決策能力和決策技術。

第三節

1. 答：(1) 根據自身條件選擇合適的績效標準；(2) 透過訪問調查抽取並分析效標樣本；(3) 獲取效標樣本有關勝任特徵的數據資料，進行行為事件訪談；(4) 組建合適的勝任特徵模型；(5) 檢驗和證實勝任特徵模型。

2. 答：美國職業輔導專家霍蘭德在《職業決策》一書中提出了人職匹配理論，強調興趣與職業之間的關係。霍蘭德提出了四個假設：(1) 大多數人的人格可以分為現實型（R）、研究型（I）、藝術型（A）、社會型（S）、企業型（E）和常規型（C）這六種類型，這些是在個人與環境的相互作用

中形成的。每一種特定人格類型的人會對相應的職業類型中的活動感興趣。（2）人們所生活的職業環境也同樣可以劃分為上述六種類型。各種職業環境大致由同一種人格類型的人占據。（3）人們尋求的是能夠充分施展自己的能力，充分表現、發展自己價值的職業環境。（4）個人的行為是由個人的人格和其所處的環境相互作用決定的。

本章複習題：

1.A 2.ABCD 3.ABCDEF

第五章

複習鞏固：

答案略。

本章複習題：

1.A 2.D 3.D 4.A 5.D 6.AB 7.C 8.B 9.B

第六章

複習鞏固：

第一節

1. 答：膽汁質的人精力旺盛，激動暴躁，神經活動具有很高的興奮性。他們能以極大的熱情去工作，主動克服工作中的困難；但如果對工作失去信心，情緒就馬上會低沉下來。他們更適合做導遊、推銷員、節目主持人、勘探工作者、演員、公關人員等工作。

多血質的人感受性低而耐受性高，不隨意的反應性強，具有較大的可塑性和外傾性。他們反應迅速而靈活，工作能力較強，情緒豐富易興奮，並且表現明顯。他們極易適應環境，但注意力不穩定，興趣易轉移。他們不適宜從事單調機械的工作和要求細緻的工作。而管理、導遊、外交、警察、軍官等職業更適合他們。

黏液質的人具有較強的自我克制能力，能埋頭苦幹、態度持重不易分心，由於靈活性相對較差，他們可能有因循守舊的傾向。黏液質的人適宜的工作有會計、法官、調解人員、管理人員、外科醫生等。

抑鬱質的人感受性高而耐受性低，不隨意反應性低，嚴重內傾，情緒興奮性高，而且體驗深刻，反應速度慢，相對刻板而不靈活。他們情感細膩，做事謹慎小心，觀察力敏銳，善於覺察別人不易察覺的細小事物，但工作的耐受性差，容易感到疲勞，並且容易產生驚慌失措的情緒。他們適宜承擔的工作與膽汁質的人正好相反，諸如打字員、校對員、檢查員、化驗員、數據登記人員、文字排版人員、機要祕書等適合他們。

2. 答：氣質與性格都在人的生活實踐中形成，二者互相滲透、彼此制約。就氣質與性格各自形成的特點講，氣質更多地受到遺傳素質的影響，而性格是在人自身的素質同環境的相互作用中形成的，比氣質更具有可塑性。

氣質與性格的聯繫十分緊密。一方面，人的氣質特徵直接影響一個人的性格，同樣是勤勞的人，具有多血質氣質的人在勞動中容易表現為情緒飽滿，精力充沛，而有黏液質氣質的人則可能表現為踏實肯幹、操作精細。另一方面，性格也會在一定程度上掩蓋、改造氣質，使其服從於實踐要求的行為方式。如長期從事需要精細操作、耐心堅持的性格特徵的工作，有可能逐步地改變膽汁質的衝動與多血質的注意力容易轉移等特性。

3. 答：（1）功能性技能、內容性技能和適應性技能；（2）一般能力和特殊能力；（3）流體能力和晶體能力。

第二節

1. 答：價值觀在職業中的體現就是職業價值觀，是人們對待職業的一種信念和態度，是人們在職業生活中表現出來的一種價值取向。例如，在選擇職業的過程中，有人喜歡工作環境輕鬆愉快、有人追求豐厚的收入、有人希望奮鬥到較高的社會地位等等。

工作價值觀則通常與某種具體職業相聯繫。例如，創造性對個體來說是一項重要的工作價值，那麼建築師、設計師、廣告創意人員、工程師和藝術

家就是最好的選擇；而獨立、變化、時效性強、有影響力則被認為是記者這一行業的工作價值。

2. 答：個人需要和個性、個人認識和情感、家庭環境、受教育程度、社會因素、職業需求。

3. 答：London 的職業動機理論模型包括三部分：情境條件、個體特徵、職業決策和行為。

個體特徵是指與個體的職業潛在相關的個人興趣、需要等變量，包含三個結構維度，分別是職業認同、職業洞察和職業彈性。

職業決策和行為是與職業有關的決策和行為，包括產生備選行動方案、蒐集訊息、分析訊息、設立目標、做決定、執行決定等。

4. 答：職業動機內化，是指將外部的生活實踐與個體內在的價值目標相聯結，以確立職業目標的過程。即將自己的現實生活狀態、個人能力傾向、職業發展資訊同自我內在心理衝突和心理體驗相聯繫，從自我價值和人生意義的角度去建構自己的職業目標，以便使自己更清晰地意識到為什麼從事這一職業。

第三節

1. 答：職業人格是指人作為職業權利和義務的主體所應具備的基本人品和心理面貌。它是一定社會的政治制度、物質經濟關係、道德文化、價值取向、精神素養、理想情操、行為方式的綜合體。職業人格既是人的基本素質之一，又是人的職業素質的核心部分。

2. 答：「大五」人格理論包括五種人格特質：神經質、外傾性、經驗開放性、認真性、宜人性。

神經質（N）評鑑順應與情緒不穩定，識別那些容易有心理煩惱、不現實的想法、過分的奢望式要求以及不良反應的個體。外傾性（E）評鑑人際間互動的數量和強度、活動水平、刺激需求程度和快樂的容量。經驗開放性（O）評鑑對經驗本身的積極尋求和欣賞；喜歡接受並探索不熟悉的經驗。

宜人性（A）評鑑某人思想、感情和行為方面在同情至敵對這一連續體上的人際取向的性質。認真性（C）評鑑個體在目標取向行為上的組織性、持久性和動力性的程度，把可靠的、嚴謹的人與那些懶散的、邋遢的人做對照。

本章複習題：

1.B 2.B 3.A 4.A 5.D 6.C 7.D 8.D 9.C 10.C 11.A 12.D 13.B 14.ABC 15.ABCD

第七章

複習鞏固：

第一節

1. 答：喬韓窗口理論把「自我」劃為四個領域，分別為：公開的領域、盲目的領域、隱祕的領域和未知的領域。

2. 答：SWOT分析法中「S」代表優勢（是個人內部因素，如樂觀積極等），「W」代表弱勢（是個人的內部因素，如過於憂鬱等），「O」代表機會（是指外部環境因素，如出國深造機會等），「T」代表威脅（是外部環境因素，如人才市場競爭激烈等）。

3. 答：略。

第二節

1. 答：職業心理測評是心理測驗的一個分支，是指透過心理測評的方法來認識自我，是一種簡單易行的自我認識方法。

2. 答：職業能力傾向測驗把人的職業能力傾向分成九種，分別為一般學習能力傾向、語言能力傾向、算術能力傾向、空間判斷能力傾向、形態知覺能力傾向、書寫知覺能力傾向，眼手運動協調能力傾向、手指靈巧度、手腕靈巧度。

3. 答：艾森克人格問卷由三個人格維度和一個效度量表組成，分別為：E量表（內外向）、N量表（神經質）、P量表（精神質）和L量表（掩飾性）。

第三節

1. 答：投射測驗是指觀察個體對一些模糊的或者無結構材料所做出的反應，透過被試的想像而將其心理活動從內心深處暴露或投射出來的一種測驗。

2. 答：羅夏墨跡施測過程一般分為四個階段：（1）自由反應階段，即自由聯想階段。（2）詢問階段。（3）類比階段。（4）極限探詢階段。

3. 答：投射測驗的優點是：彈性大，被試不受限制；材料僅為圖片，沒有閱讀能力的被試也可以進行測評。缺點是：評分缺乏客觀標準，測驗的實施程序、記分以及對結果的解釋都必須經過長期的訓練等。

第四節

1. 答：在與他人比較時，我們應該注意比較的參照對象：首先，跟別人比較的是我們做事的條件，還是我們做事的結果。其次，跟他人比較的標準是可變的還是不可變的。最後，與什麼樣的人比較。

2. 答：我們可以從以下幾個方面來認識自己：第一，認識自己眼中的「我」；第二，認識別人眼中的「我」；第三，認識自己心中的「我」，指自己對自己的期許，即理想我。

3. 答：行為結果根據內外部、控制點和穩定性對行為進行歸因。

本章複習題：

1.D 2.C 3.A 4.C 5.C 6.B 7.ABCD 8.ABD 9.ACD 10.BCD 11.ABCD 12.ABC

第八章

複習鞏固：

第一節

1. 答：職業期望又稱職業意向，是勞動者對某種職業的嚮往，也就是希望自己從事某項職業的態度傾向。

2. 答：過於追求優越的待遇和條件；受虛榮心影響，存在攀比心理；自傲自大、好高騖遠；存在從眾心理，盲目跟風。

3. 答：防止偏離自己的擇業目標；防止期望值過高；通常採取「分步達標」和自我調整的辦法，不斷調整期望值直至達到最佳。

第二節

1. 答：職業聲譽也稱職業聲望，是某職業在公眾心目中留下的總體印象，是人們根據個體生活經驗對不同職業社會地位高低的評價，反映了一定社會發展階段和一定時期的職業觀。

2. 答：影響職業聲譽的因素有：職業環境、職業功能、任職者素質、社會報酬。

3. 答：測量職業聲譽的基本方法是：列出一些職業讓被調查者主觀感覺的聲譽高低程度進行等級排序，研究人員再根據被試排列的結果賦予相應的分值。然後計算出每種職業的聲譽得分，再根據得分高低排列各種職業的聲譽等級。

本章複習題：

1.AC 2.BD 3.ABCD 4.AC 5.ABCD 6.ABCD 7.AB 8.ABCD 9.ABC

第九章

複習鞏固：

第一節

1. 答：（略）職業訊息是對與職業有關的所有訊息的統稱。完整的職業訊息應包括：職業資源訊息、職業新聞訊息、職業政策訊息、職業測評訊息以及透過對完整的職業訊息的採集、對社會上提供的各職業類型、數量、需求、職業人員的要求、提供的薪酬及待遇等資料。

2. 答：（略）職業訊息具有目的性、社會性、不穩定性、規範性、統一性、時效性等特點。

3. 答：職業訊息分為總體職業訊息和個體職業訊息。總體職業訊息包括整個社會背景、經濟形勢和政策、整體就業狀況、國家總的就業政策等；個體職業訊息包括人才供求情況、系統的就業政策、各類考試和培訓訊息以及用工制度、工作性質等具體的訊息。

第二節

1. 答：（略）就業者個人自身因素（主動性、偏好）、社會背景訊息因素（訊息的真實性）、訊息獲取管道因素（訊息管道）。

2. 答：（略）全面收集法、分領域或地區收集法、定向收集法、分階段收集法、分管道收集法、分類型收集法等。

3. 答：（略）職業訊息收集工作是否有計劃地開展，是否能夠運用已掌握的職業訊息收集方法多方面多管道地對訊息加以收集整理，是否能夠對收集的訊息加以辨別，等等。

本章複習題：

1.ABC 2.BC 3.ABCD 4.CD 5.ABD 6.BCD 7.ABD 8.ABCDEF 9.ABC

第十章

複習鞏固：

第一節

1. 答：社會認知主要指個體在人際活動中，對認知對象的外在特徵的認知、推測、判斷其內在屬性的過程。

2. 答：社會認知的特徵有：互動性、選擇性、間接性、防禦性、認知的完形特性。

3. 答：影響個體社會認知的因素主要有三個方面，即認知者因素、認知對象因素和認知情境因素。

第二節

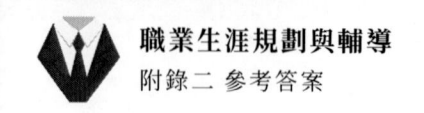

1. 答：家庭環境分析指的是對家庭軟、硬環境的分析。

2. 答：家庭軟環境主要指家庭的心理環境，是指籠罩著特定場合的特殊氣氛或氛圍，它訴諸人的內在情緒和感受，對人起著潛移默化的作用，是人的個性和社會化發展的「溫床」。家庭硬環境是指可以用量化指標來評判和衡量的環境因素，比如家庭的成員結構、資源分配、生活方式等。

3. 答：家庭教養方式有專制型、溺愛型、放任型和民主型。

第三節

1. 答：學校環境是指所在學校的辦學特色與教學優勢、專業的設置、社會實踐經驗等。

2. 答：SWOT 分析法又稱態勢分析法，此方法能夠較客觀而準確地分析和研究一個單位現實情況，是一種根據企業或組織自身的既定內在條件進行分析，找出自身的優勢、劣勢及核心競爭力所在的企業戰略分析方法。

3. 答：影響職業發展的社會環境因素有社會政治環境、經濟環境、法制環境、科技環境、文化環境等。

本章複習題：

1.ABCD 2.ABC 3.ABCD 4.ABCD 5.ABC 6.ABC 7.ABCD 8.ABCD 9.ABC

第十一章

複習鞏固：

第一節

1. 答：宏觀角度、中觀角度以及微觀角度。

2. 答：（略）集體主義和個人主義；對權力與權威的服從；物質主義與關注他人；儀式化和非儀式化；緊急時間取向和隨意時間取向；工作取向和閒暇取向；高情境與低情境文化。

第二節 職業選擇的心理誤區及克服

3. 答：（略）有限資源的競爭；代際和個性衝突；好鬥的個性；文化多元的團隊；工作和家庭需求之間的競爭；性別衝突。

4. 答：休閒活動和工作是一種相互作用並達到平衡的關係，兩者之間存在相互的影響。

第二節

1. 答：略。

2. 答：（略）比方說在大型會議前一天晚上 12 點左右發現所影印的上千份宣傳冊中缺了一個重要部分，負責印刷任務的人員已關機，這時你該怎麼辦？

3. 答：職業環境適應、職業角色適應、職業技能適應、職業人際適應和職業心態適應。探索和自我調適。

本章複習題：

1.B 2.A 3.C 4.A 5.D 6.ABCD 7.D 8.B 9.B 10.C

第十二章

複習鞏固：

第一節

1. 答：職業生涯目標定義為：個人希望從自己的職業生涯中獲得的成果。

2. 答：職業生涯目標包括人生目標、長期目標、中期目標與短期目標。

3. 答：外部因素主要包括：（1）社會環境：經濟發展水平、社會文化環境、政治制度和氛圍、社會價值觀念；（2）組織環境：企業文化、管理制度、領導者素質和價值觀。個人因素主要包括：（1）能力；（2）價值觀念；（3）興趣意志；（4）機遇。

第二節

職業生涯規劃與輔導
附錄二 參考答案

1.答：對於大學生，制定職業生涯目標規劃，有利於自我定位、認識自我、瞭解自我，明確自己的方向，明確自己的人生目標，使大學生能夠立足的是所選職業，它不僅是生活的基礎，更重要的是它能體現出每個人存在的價值；對於員工，制定職業生涯目標，有助於促進員工對自己的瞭解，同時實現對工作環境、組織環境乃至地區就業環境的充分瞭解。

2.答：制定職業生涯目標的原則主要有：SCI（ENCE）-ART（科學與藝術原則）、A+B（積極平衡原則）、先理智後情感原則、實事求是原則、切實可行原則、協調一致原則。

3.答：確定職業生涯目標的具體步驟包括：

（1）自我分析，主要包括：優勢分析、劣勢分析、機會分析和挑戰（威脅）分析。

（2）職業目標路線選擇。選擇方法包括：預測、衡量和比較；選擇路線包括：技術／職能型路線、管理型路線、自主／獨立型路線、安全／穩定型路線、創業型路線、服務型路線、挑戰型路線和生活型路線。

（3）職業目標分解。目標分解程序包括：確定長期目標、確定中期目標和確定短期目標。

4.答：（1）長期目標特徵：

①目標是自己認真選擇的，和組織、社會的發展需求相結合；

②目標很符合自己的興趣、價值觀，能為自己的選擇感到驕傲；

③目標能用明確的語言定性說明；

④有實現的可能，並有更大的挑戰性；

⑤目標與志向相吻合，能夠立志透過努力實現理想；

⑥目標與人生目標相融為一，輔導自己為創造美好未來堅持不懈。

（2）中期目標特徵：

①目標是結合自己的志願、組織的環境及要求制訂的,與長期目標相一致;

②目標基本符合自己的興趣、價值觀,使人充滿信心,且願意公之於眾;

③目標切合實際,並且未來的發展有所創新,有一定的挑戰性;

④目標能用明確的語言定量與定性說明;

⑤目標有比較明確的執行時間,根據外部環境變化可做適當的調整;

⑥目標可以發揮自己的能動性,實現的可能性非常大。

(3) 短期目標特徵:

①目標表述清晰、明確;

②目標對於本人具有意義,與自我價值觀和中長期目標一致,有可能暫時不能完全滿足自己的興趣要求,但可「以迂為直」;

③目標切合實際,並非幻想;

④有明確的具體完成時間;

⑤有明確的努力方向,透過努力能達到適合環境需要的能力,實現起來完全有把握;

⑥目標精練。

本章複習題:

1.B 2.C 3.B 4.B 5.D 6.ABCD 7.ABDE 8.ACDE 9.ABCE

第十三章

複習鞏固:

第一節

1. 答:職業生涯心理輔導是指:按照個體職業心理發展的特點和規律,著眼於職業生涯發展過程,促進受輔者職業生涯良好適應與發展的過程。

職業生涯規劃與輔導
附錄二 參考答案

2. 答：基本原理是發展性與整體性原則相結合、廣泛綜合性與自主性原則相結合、教育性與實踐性原則相結合。主要技術有角色扮演技術、心理測驗技術、研討診斷技術、交往訓練技術、行為塑造技術、理性情緒技術等。

3. 答：職業生涯心理輔導策略有：威廉姆遜的職業生涯心理輔導策略、羅伊的生涯心理輔導策略、鮑丁的生涯心理輔導策略、庫倫伯茲的職業生涯心理輔導策略、克內菲爾坎姆和斯列皮茲的職業生涯心理輔導策略等。

第二節

1. 答：個別諮詢模式的特點是：需要建立共同參與、相互信任的良好諮詢關係，始終保持友好氣氛；諮詢是動態的交互過程，常以言語的方式和平等的立場進行討論或溝通；諮詢技術的運用要充分考慮諮詢目標與個體的期望，靈活控制諮詢主題；諮詢目標必須促進個體的自我瞭解和職業生涯發展的合理規劃。基本過程分為：諮詢初期———建立關係階段、中期———探明問題階段、後期———執行與評估階段。

2. 答：團體諮詢模式的特點是：諮詢目標是參與諮詢活動的全體成員一起制定的共同目標；團體諮詢是互動性的，成員擔任各自的角色，可以進行雙向和多向溝通；互相交流、互相幫助、共同探討問題的氣氛能夠感染和影響成員，有助於個體擺脫困境；團體成員擁有各自的人際關係和有關職業問題的豐富訊息，能給個體更好的啟發與幫助；團體諮詢效率高，省時省力，易於遷移到團體之外的現實工作中；團體諮詢特別適用於人際關係適應不良的個體。基本過程包括：團體形成階段、團體前期活動階段、團體後期行動階段、回饋與評估階段。

3. 答：環境支持模式包括組織發展、管理開發和個體目標建立等。

本章複習題：

1.ABCD 2.ACD 3.A 4.ABD 5.ABC 6.ABC 7.BCD 8.B

第十四章

複習鞏固：

第一節

1. 答：所謂職業選擇，是指人們從自己的職業期望、職業理想出發，依據自己的興趣、能力、特點等自身素質，從社會現有的職業中選擇一種適合自己的職業。其中，職業能力、職業意向、職業職業是構成職業選擇的三個基本因素。

2. 答：職業選擇的一般步驟包括：探索、意向、選擇、澄清、就職、堅定或矯正、總結提高。

3. 答：影響職業選擇的因素有：

(1) 個人因素，包括自身興趣、氣質、性格、能力、價值觀等與職業選擇是否匹配；(2) 外部因素，包括就業政策、當年的經濟形勢、當年用人單位需求情況以及當年畢業生情況等對職業選擇的影響。

第二節

1. 答：不求實際，好高騖遠；自我認識不足；缺乏環境調研，倉促上陣；投機心理，廣種難收；自信心缺失；反客為主，受制於人；職業生涯規劃失誤；缺乏有效的求職策略和方法；價值觀的侷限性；不懂得未來形成於現在。

2. 答：排除從眾心理；摒棄虛榮心理；克服挫折心理；抑制羞怯心理。

3. 答：首先是要增強自信心；其次是不要過多地計較別人的評論；再次是平時就爭取機會迎難而上，多多鍛鍊；最後是要學會意念控制，遇到陌生場合預感自己可能緊張、羞怯時，暗示自己鎮靜下來，提醒自己別胡思亂想自己嚇唬自己。

本章複習題：

1.D 2.ABD 3.C 4.B 5.B 6.C 7.A 8.B 9.ABCD

國家圖書館出版品預行編目（CIP）資料

職業生涯規劃與輔導 / 呂厚超 主編 . -- 第一版 .
-- 臺北市：崧燁文化，2019.07
　　面；　公分
POD 版

ISBN 978-957-681-887-5(平裝)

1. 職業輔導 2. 生涯規劃

542.75　　　　　　　　　　　　　　　　108010160

書　　名：職業生涯規劃與輔導
作　　者：呂厚超 主編
發 行 人：黃振庭
出 版 者：崧燁文化事業有限公司
發 行 者：崧燁文化事業有限公司
E - m a i l：sonbookservice@gmail.com
粉絲頁：　　　　　網址：
地　　址：台北市中正區重慶南路一段六十一號八樓 815 室
8F.-815, No.61, Sec. 1, Chongqing S. Rd., Zhongzheng
Dist., Taipei City 100, Taiwan (R.O.C.)
電　　話：(02)2370-3310　傳　真：(02) 2370-3210
總 經 銷：紅螞蟻圖書有限公司
地　　址：台北市內湖區舊宗路二段 121 巷 19 號
電　　話:02-2795-3656 傳真:02-2795-4100　　網址：
印　　刷：京峯彩色印刷有限公司（京峰數位）

　　本書版權為西南師範大學出版社所有授權崧博出版事業股份有限公司獨家發行
　　電子書及繁體書繁體字版。若有其他相關權利及授權需求請與本公司聯繫。

定　　價：580 元
發行日期：2019 年 07 月第一版
◎ 本書以 POD 印製發行